高职高专汽车三融合新型教材
汽车故障诊断与维修　学习领域2

汽车维修常用工具与仪器设备的使用

主　编　黄景鹏　张永栋
副主编　郭海龙　李　化　郑少鹏
参　编　李　林　张小霞　徐艳民
　　　　邱志华　黄志永　蒋翠翠
　　　　严朝勇　李　波　杨敏坚
　　　　蓝文宝

机械工业出版社

本书分为 7 大模块、18 个任务，主要讲述汽车维修常用工具与仪器设备的认识、类型、作用和使用，主要内容包括常用扭力类拆装工具、发动机常用拆装工具、底盘及内饰饰板拆装工具、常用钳工工具、常用测量量具与检测仪器、电气测量设备与检测仪器、其他常用工具设备与检测仪器。

本书紧密结合现阶段汽车维修行业中常用的工具使用情况，按工具的标准使用流程为导向，以实际任务为驱动，以实际职业要求为目标，模拟企业流程，按照学生认知规律，从感性到理性，由浅入深组织教材内容，其间插入"学习工作页"，促进学生学、做结合，理论紧密联系实际，着力提高学生实践技能、综合素质和就业能力。

本书配有大量教学资源可供下载（含 PPT、微课视频、动画、学习工作页题解、教学文件等），通过扫描二维码链接教学资源，方便教师授课和学生课外学习。

本书可以作为高职高专院校、应用型本科院校及中专学校（技校）汽车类专业用教材，还可以作为汽车维修基础培训教材。对于广大汽车维修从业人员来说，本书也是一本值得收藏的参考资料。

图书在版编目（CIP）数据

汽车维修常用工具与仪器设备的使用/黄景鹏，张永栋主编.—北京：机械工业出版社，2018.9（2025.1重印）
高职高专汽车三融合新型教材
ISBN 978-7-111-61488-3

Ⅰ.①汽… Ⅱ.①黄… ②张… Ⅲ.①汽车-车辆修理-工具-高等职业教育-教材 ②汽车-车辆修理-仪器设备-高等职业教育-教材 Ⅳ.①U472.46

中国版本图书馆 CIP 数据核字（2018）第 267835 号

机械工业出版社（北京市百万庄大街 22 号　邮政编码 100037）
策划编辑：蓝伙金　危井振　责任编辑：蓝伙金
责任校对：王　延　　　　封面设计：鞠　杨
责任印制：单爱军
北京虎彩文化传播有限公司印刷
2025 年 1 月第 1 版第 6 次印刷
184mm×260mm・28 印张・688 千字
标准书号：ISBN 978-7-111-61488-3
定价：79.00 元

电话服务　　　　　　　　　网络服务
客服电话：010-88361066　　机　工　官　网：www.cmpbook.com
　　　　　010-88379833　　机　工　官　博：weibo.com/cmp1952
　　　　　010-68326294　　金　书　网：www.golden-book.com
封底无防伪标均为盗版　　　机工教育服务网：www.cmpedu.com

高职高专汽车三融合新型教材
编审委员会

主　　任：刘越琪（广东交通职业技术学院）
副主任：欧阳惠芳（广州汽车集团股份有限公司）
　　　　　　贺　萍（深圳职业技术学院）
　　　　　　毛　峰（东莞职业技术学院）
　　　　　　蔡兴旺（韶关学院）
秘书长：蓝伙金（机械工业出版社职业教育分社）
委　　员：（按姓氏拼音排序）
　　　　　　曹晓光（广州科技职业技术学院）
　　　　　　邓志君（深圳职业技术学院）
　　　　　　黄　伟（广东机电职业技术学院）
　　　　　　潘伟荣（广东交通职业技术学院）
　　　　　　孙龙林（深圳职业技术学院）
　　　　　　王兆海（深圳职业技术学院）
　　　　　　王一彪（深圳风向标教育资源股份有限公司）
　　　　　　王章杰（深圳风向标教育资源股份有限公司）
　　　　　　夏长明（广州珠江职业技术学院）
　　　　　　杨玉久（广州科技职业技术学院）

高职高专汽车三融合新型教材编写委员会

主　　任：蔡兴旺（韶关学院）
副主任：欧阳惠芳（广州汽车集团股份有限公司）
　　　　曹晓光（广州科技职业技术学院）
　　　　毛　峰（东莞职业技术学院）
　　　　潘伟荣（广东交通职业技术学院）
　　　　王兆海（深圳职业技术学院）
　　　　黄　伟（广东机电职业技术学院）
　　　　夏长明（广州珠江职业技术学院）
　　　　王一彪（深圳风向标教育资源股份有限公司）
委　　员：（按姓氏拼音排序）
　　　　邓志君（深圳职业技术学院）
　　　　郭海龙（广东交通职业技术学院）
　　　　刘奕贯（南京交通职业技术学院）
　　　　林锡彬（广汽传祺汽车销售有限公司）
　　　　廖一峰（韶关学院）
　　　　欧阳思（广州汽车集团零部件有限公司）
　　　　邱今胜（深圳信息职业技术学院）
　　　　黄景鹏（广东交通职业技术学院）
　　　　孙龙林（广东交通职业技术学院）
　　　　王庆坚（广东交通职业技术学院）
　　　　王章杰（深圳风向标教育资源股份有限公司）
　　　　王丽丽（广州汽车集团股份有限公司）
　　　　王　斌（韶关学院）
　　　　谢少芳（广东交通职业技术学院）
　　　　许睿奇（广州汽车集团零部件有限公司）
　　　　杨庭霞（广州松田职业技术学院）
　　　　叶冰雪（华南理工大学）
　　　　张永栋（广东交通职业技术学院）
　　　　郑锦汤（广州华商职业学院）
　　　　周　逊（广州珠江职业技术学院）

出版说明

教材是教学过程的主要载体,加强教材建设是深化教学改革的有效途径,是推进人才培养模式改革的重要条件,也是保障教学基本质量、培养高端技能型人才和技术应用型人才的重要基础。

一、培养目标说明

从职业分析入手,对职业岗位进行能力分解(包括倾听客户抱怨、技术咨询、维修检测、专业工具和仪器设备操作、故障诊断和维修保养),确定高职汽车检测与维修专业的培养目标是:面向汽车"后市场",培养具有良好的职业道德,掌握一定的专业理论知识,具备较强的实践技能以及实际工作能力和经营管理能力,包括德、智、体、美等方面全面发展的高等技术应用型人才。

二、职业素养的内容体系

1. 职业基本素养

(1)意识素养和道德素养 意识素养包括敬业乐业意识、责任意识和团队合作意识,有明确的职业规划。

德道素养包括社会基本道德品质素养和职业品行修养,养成诚信、文明礼貌、勤俭自强和乐于助人的良好品质。

(2)文化素养 不但要有计算机知识、外语和专业基础等相关文化知识,也要了解有关汽车企业的文化和发展理念。

2. 能力素养

(1)一般能力 一般能力包括智商和情商。智商包括记忆力、思维能力、逻辑推理能力、空间想象能力和表达能力等,情商包括情绪控制能力、自我控制能力和人际交往能力。

(2)专业技能 专业技能主要通过专业课学习、培训开发转化而成,专业课应以岗位工作任务为依据,以项目为导向、任务驱动为原则构建教学内容,采取"教、学、做"一体化来开展教学活动,并重视通过校企合作、工学交替、顶岗学习等人才培养模式改革来培养和提高专业技能。

① 一般专业能力是应用能力、汽车阅读能力和汽车驾驶能力。

② 核心专业能力是汽车拆装、检查、修理能力,汽车故障诊断能力,汽车性能检测能力和汽车维修企业管理能力。

(3)综合能力 综合能力是一般能力和专业技能的综合运用能力,既涉及特定的专业综合能力,又涉及跨专业的职业核心能力。

1)专业综合能力。

① 专业地使用有关维修工具、诊断系统、测量仪和信息系统。

② 能按照维修手册、电路图和工作说明进行操作作业，会选取材料和备件并完成订购过程；熟练地拆卸和安装部件和总成，并对不同部件进行维修。维修时采取质量保证措施，保持工位的有序（5A）和整洁（5S）。

③ 能独立制订工作计划并进行实施，使工作过程可视化。遵守有关工作、安全规定和环保法规。能够查找资料与文献，以取得有用的知识。

④ 能处理优惠和索赔委托任务。

2）专业的职业核心能力。专业的职业核心能力包括职业道德、信息处理能力、沟通能力、组织协调能力和创新能力。

① 信息处理能力，即对信息的识别、整合和加工的能力。

② 沟通能力，是指人在交往过程中所表现出来的联络与协调能力。

③ 组织协调能力，是指从工作任务出发，对资源进行分配、调控、激励和协调，以实现工作目标。

④ 创新能力，是指创新事物、新方法的一种心理品质。近年来我国大力提倡教育要培养具有创新精神、创新意识和创新能力的人才。有必要在相关课程和教学活动中引导、培养学生创新创业、技改的意识和能力，养成勤用脑、多用手、大胆想、敢突破的创新精神和能力。

三、资源说明

本套教材围绕职业教育"教、学、做"三个服务维度开发。每种教材由课堂教材和工作页两部分组成。课堂教材部分主要由构造、原理和检修内容组成，工作页部分包含理论学习和实训两部分。理论学习又包括课前预习和课后习题（如填空、填图、问答、班级交流等），以此评价学习是否达标，实训部分则注重流程和方法。

本套教材在内容选材、编写和呈现方式等多方面加强精品化建设。本套书采用双色印刷，同时配有微课视频/动画、教学课件、习题答案、课程标准等教学资源，为教、学、练、考提供便利。

微视频/动画 对于课本中的部分重点、难点，以视频形式给予讲解，读者可以用手机或平板电脑扫描书中二维码连接观看。

教学课件 供教师上课使用，学生课前预习和课后复习，可以登录机械工业出版社教材服务网 www.cmpedu.com 注册下载。咨询邮箱 cmpgaozhi@sina.com，咨询电话 010-88379284。

习题答案 每个项目都配课后习题解答，供做作业时参考。

机械工业出版社

序

为认真贯彻执行教育部《国家中长期教育改革和发展规划纲要（2010—2020年）》《关于全面提高高等职业教育教学质量的若干意见》《教育部关于"十二五"职业教育教材建设的若干意见》等系列文件精神，服务汽车产业升级需要，在市场调研和专家论证的基础上列出了"高职高专汽车三融合新型教材"选题21种，并组建一流的编写队伍，在一线行业专家和院校名师组成的编审委员会的指导下编写了本套教材。

一、编写的指导思想和原则

本套教材以高职汽车检测与维修技术专业为主，兼顾汽车运用技术、汽车电子技术等专业教学需要，包括汽车各专业诸多平台课（"汽车企业文化""汽车机械识图""汽车机械基础""汽车电工电子技术基础"等）、核心专业课（"汽车维修接待、沟通与管理""汽车维护""车载网络系统的故障诊断与维修""汽车发动机管理系统的故障诊断与维修""电动汽车与燃气汽车的故障诊断与维修""汽车美容与装饰"等12门）和以比亚迪为主要车型的部分典型品牌汽车维修案例等大量教学资源。

1. 编写指导思想

以就业为导向，以岗位需求为核心，努力将职业素养、专业技能与企业文化深度融合（三融合），使学生在学习专业知识和技能的同时，接受职业素养和企业文化的熏陶，树立牢固的爱国爱岗、敬业守信、精益求精的思想，培养学生健全的人格和良好的素养，崇尚工匠精神，建立社会主义核心价值观。

2. 编写原则

以"必需、够用"为编写原则。一是以企业需求为基本依据，以培养职业素养、专业技能与企业文化深度融合为主线；二是兼顾行业升级需要和降低城市雾霾等环境保护的新要求，突出新能源汽车等新知识、新技术、新工艺和新方法；三是教材资源包括主教材和学习工作页，为教学组织提供较大的选择空间。

二、教材特色

以企业实际出发，以培养技术应用型技术人才为目标，在总结多年教学经验和已有教材的基础上，充分吸取先进职教理念和方法，形成如下特点：

1. 吸收国内外先进职教经验，吸取国内示范院校、骨干院校的最新教学成果

认真吸取了中德职业教育汽车机电合作项目（SGAVE）、国家示范性院校、骨干院校专业建设项目等近年来国内外的最新教学改革成果，认真总结借鉴了参加教材编写院校的许多成功经验，有效提升了教材的思想性、科学性和时代性。

2. 以"项目引领、任务驱动"为主线，实现"知行合一"

本套教材以客户要求和汽车维修过程为导向，以实际任务为驱动，以实际职业要求为目标，模拟企业流程，包括任务接受、任务接待、任务准备（含信息资料收集与学习、任务

汽车维修常用工具与仪器设备的使用

分析、维修计划制订、设备材料准备等)、任务实施(含故障检测、使用维修、安全环保、任务检查等)和任务交付的完整行动过程。有些教材直接由企业(广州汽车集团)主编(如《汽车企业文化》和《汽车维修接待、沟通与管理》)。结合国内保有量较大的汽车车型,按照学生认知规律,从感性到理性,由浅入深,将汽车的结构、原理、运用、维护、故障检测与维修有机融合,其间插入"学习工作页",促进学、做结合,理论紧密联系实际,着力提高学生的实践技能、综合素质和就业能力。本套教材注重科学性和时代性。

3. 内容上力求反映行业最新技术发展动态

为了尽可能满足行业升级需要、降低城市雾霾等环境保护的新要求,本套教材引入了车载网络系统、电控管理系统和新能源汽车等汽车前沿最新技术,突出汽车新知识、新技术、新工艺和新方法。

4. 体现中高职的有效衔接,避免重复或空白

本套教材从课程体系上既考虑普遍性,也考虑专项针对性,以适应不同层次、不同起点的教学需要。

5. 教材形式活泼,教学资源丰富

本套教材适应高职学生特点,除了主教材外,还配以"学习工作页"和大量的教学资源(含PPT、微课视频、动画、学习工作页题解、教学文件等),通过扫描二维码可链接教学资源,方便教师授课和学生课外学习。

三、教材编写队伍

本套教材由机械工业出版社、广东交通职业技术学院、深圳职业技术学院、南京交通职业技术学院等10多所职业院校和广州汽车集团股份有限公司、深圳风向标教育资源股份有限公司等组织编写,并成立了教材编审委员会和教材编写委员会。编写团队包括企业高管、企业专家、技术骨干和院校院/校长、专业名师、学科带头人、骨干教师,结合优质院校、一流专业等建设项目,充分体现了"产教结合、校企合作"的开发特色,有利于本套教材反映最新的技术和最新的教学成果。

编写大纲、体例和样章是保证高质量教材的关键。在教材编审委员会的指导下,参考中德职业教育汽车机电合作项目(SGAVE)课程大纲要求,结合企业需要,列出选题计划,并统一教材编写的指导思想、原则和体例等。通过自荐或他荐方式,拟定了10多名教授领衔主编,并要求主编拟定各自负责的教材编写大纲、体例和样章。每一本教材的编写大纲、体例和样章都经过三名专家审定,以便集思广益。为了精益求精,许多教材的编写大纲经过多次反复修改,最后由蔡兴旺教授统一定稿,为保证教材的质量和水平奠定了坚实的基础。

"高职高专汽车三融合新型教材"编审委员会
"高职高专汽车三融合新型教材"编写委员会
2017.8

前　言

本书基于我国大力发展职业教育，以职业教育改革与发展为背景，借鉴了国际职业教育先进理念，突出"做中学、学中做"的原则，把行业能力标准作为专业课程教学目标和鉴定标准，按照能力标准组织教学内容，着重介绍汽车常用维修工具、测量工具、维修设备、维修仪器以及车间装备的使用和维护等内容。学习者可以根据教材中的工作任务正确选用维修工具、设备和仪器，实施维修作业过程中的拆装与测量工作等操作，并能对各类常用工具、设备和仪器进行正确使用和维护。

本教材编写形式新颖，内容详实，重在实践能力的培养，可以用作职业院校汽车检测与维修及相关专业教材，也可作为汽车服务人员及企业员工培训用书。

本书编写以教育部《关于全面提高高等职业教育教学质量的若干意见》《教育部关于"十二五"职业教育教材建设的若干意见》、全国职业教育工作会议精神等为指导，以客户要求和汽车维修过程为导向，以实际工作任务为驱动，以实际职业要求为目标，按照学生认知规律，从感性到理性，由浅入深，组织编写内容，其间插入"学习工作页"，促进学生学、做结合，理论紧密联系实际，着力提高学生实践技能、综合素质和就业能力。

全书分为7大模块、18个任务，主要讲授汽车维修常用工具与仪器设备的认识、类型、作用和使用，主要内容包括常用扭力类拆装工具、发动机常用拆装工具、底盘及内饰饰板拆装工具、常用钳工工具、常用测量量具与检测仪器、电气测量设备与检测仪器、其他常用工具设备与检测仪器。

本书配有大量教学资源可供下载（含PPT、微课视频、动画、学习工作页题解、教学文件等），通过扫描二维码链接教学资源，方便教师授课和学生课外学习。

本书由黄景鹏、张永栋任主编。编写分工如下：黄景鹏编写任务2~任务10，并对全书进行审阅统稿和教学资源加工制作；张永栋编写任务16、17；郭海龙编写任务1；李化编写任务14；郑少鹏编写任务11、12；黄志永编写任务15；蒋翠翠、严朝勇编写任务13；李波、杨敏坚、蓝文宝编写任务18。

本书在编写及课件制作过程中，得到了机械工业出版社、韶关学院、广州珠江职业技术学院、广州丰田汽车特约维修服务有限公司等单位和个人的大力支持与帮助，书中检索了大量汽车网站及汽车教材、论文资料，在此一并对以上单位和相关人士表示深深的谢意。

本书内容新颖，知识面广，限于作者水平和能力，书中难免有误漏之处，诚恳期望得到同行专家和广大读者批评指正。

编者
2017年9月

目 录

出版说明

序

前　言

总论　汽车维修常用工具与仪器设备 ········· 1
 任务1　汽车维修常用工具与仪器设备的初步认识 ········· 1
  1.1　汽车维修工具与设备准备 ········· 2
  1.2　汽车维修工具与设备重要性认识 ········· 2
  1.3　汽车维修常用工具与仪器设备的类型认识 ········· 2
  1.4　汽车维修常用工具和仪器设备的选用原则 ········· 5
  1.5　汽车维修工具箱与工具车的认识 ········· 6

模块1　常用扭力类拆装工具 ········· 8
 任务2　套筒类扳手的使用 ········· 8
  2.1　套筒类扳手工具准备 ········· 9
  2.2　套筒类扳手的使用 ········· 9
  2.3　套筒转换器的使用 ········· 15
  2.4　万向接头的使用 ········· 17
  2.5　接杆的使用 ········· 18
  2.6　套筒手柄的使用 ········· 21
 任务3　其他常用扳手的使用 ········· 31
  3.1　其他常用扳手的工具准备 ········· 32
  3.2　梅花扳手的使用 ········· 32
  3.3　梅花棘轮扳手的使用 ········· 35
  3.4　呆扳手的使用 ········· 37
  3.5　两用扳手的使用 ········· 41
  3.6　油管扳手的使用 ········· 43
  3.7　活扳手的使用 ········· 46
  3.8　内六角扳手的使用 ········· 49
  3.9　动力扳手的使用 ········· 53
  3.10　扭力扳手的使用 ········· 61

模块2　发动机常用拆装工具 ········· 74
 任务4　活塞拆装常用工具的使用 ········· 74
  4.1　活塞环拆装常用工具准备 ········· 75
  4.2　活塞环拆装钳的使用 ········· 75
  4.3　活塞环压缩器的使用 ········· 78
 任务5　气门修理常用工具的使用 ········· 85

目 录

  5.1 气门修理工具准备 …………………………………………………………… 86
  5.2 气门弹簧压缩器的使用 ……………………………………………………… 86
  5.3 气门油封钳的使用 …………………………………………………………… 91
  5.4 气门铰刀的使用 ……………………………………………………………… 93
  5.5 气门研磨器的使用 …………………………………………………………… 99
 任务 6 机油滤清器常用拆装工具的使用 ……………………………………………… 105
  6.1 机油保养作业的工具准备 …………………………………………………… 106
  6.2 杯式机油滤清器扳手的使用 ………………………………………………… 106
  6.3 钳式机油滤清器扳手的使用 ………………………………………………… 108
  6.4 链式机油滤清器扳手的使用 ………………………………………………… 109
  6.5 带式机油滤清器扳手的使用 ………………………………………………… 110
  6.6 爪式机油滤清器扳手的使用 ………………………………………………… 110
  6.7 铐式机油滤清器扳手的使用 ………………………………………………… 112
 任务 7 其他发动机常用拆装工具的使用 ……………………………………………… 113
  7.1 其他发动机常用拆装工具准备 ……………………………………………… 114
  7.2 氧传感器拆装工具的使用 …………………………………………………… 114
  7.3 曲轴带轮拆装工具的使用 …………………………………………………… 117
  7.4 火花塞套筒扳手的使用 ……………………………………………………… 121
  7.5 铲刀的使用 …………………………………………………………………… 126

模块 3 底盘及内饰饰板拆装工具 …………………………………………………………… 129
 任务 8 底盘拆装常用工具的使用 ……………………………………………………… 129
  8.1 底盘拆装常用工具准备 ……………………………………………………… 130
  8.2 减振器拆装工具的使用 ……………………………………………………… 130
  8.3 球头分离器的使用 …………………………………………………………… 133
  8.4 拉拔器的使用 ………………………………………………………………… 134
  8.5 制动分泵压缩器的使用 ……………………………………………………… 138
  8.6 冲子的使用 …………………………………………………………………… 140
  8.7 錾子的使用 …………………………………………………………………… 143
 任务 9 内饰饰板拆装常用工具的使用 ………………………………………………… 145
  9.1 内饰饰板拆装常用工具准备 ………………………………………………… 145
  9.2 饰板撬板的使用 ……………………………………………………………… 146
  9.3 胶扣起子的使用 ……………………………………………………………… 149

模块 4 常用钳工工具 ……………………………………………………………………… 153
 任务 10 钳子类常用工具的使用 ………………………………………………………… 153
  10.1 钳子类常用工具准备 ……………………………………………………… 154
  10.2 尖嘴钳的使用 ……………………………………………………………… 155
  10.3 钢丝钳的使用 ……………………………………………………………… 159
  10.4 鲤鱼钳的使用 ……………………………………………………………… 162
  10.5 大力钳的使用 ……………………………………………………………… 165
  10.6 剥线钳的使用 ……………………………………………………………… 168
  10.7 斜口钳的使用 ……………………………………………………………… 170
  10.8 水泵钳的使用 ……………………………………………………………… 172

汽车维修常用工具与仪器设备的使用

10.9	卡簧钳的使用	175
10.10	台虎钳的使用	177
任务 11	丝锥和板牙的使用	182
11.1	丝锥和板牙准备	182
11.2	丝锥的使用	183
11.3	板牙的使用	188
任务 12	锉削工具的使用	192
12.1	锉削工具准备	192
12.2	锉刀的使用	193
12.3	锯削工具的使用	200
任务 13	其他钳工工具的使用	205
13.1	其他钳工工具准备	205
13.2	螺钉旋具的使用	205
13.3	锤子的使用	212

模块 5　常用测量量具与检测仪器　217

任务 14	尺类测量量具的使用	217
14.1	尺类测量量具准备	218
14.2	钢直尺的使用	218
14.3	卷尺的使用	220
14.4	游标卡尺的使用	222
14.5	高度尺的使用	227
14.6	千分尺的使用	230
14.7	百分表的使用	235
14.8	量缸表的使用	240
14.9	塞尺的使用	246
14.10	轮胎花纹深度卡尺的使用	250
14.11	直角尺的使用	253
14.12	塑料间隙规的作用	255
任务 15	压力测量量具的使用	257
15.1	压力测量量具准备	258
15.2	机油压力表的使用	258
15.3	真空表的使用	261
15.4	燃油压力表的使用	265
15.5	气缸压力表的使用	267
15.6	排气背压表的使用	271
15.7	冷却系统压力测试仪的使用	274
15.8	空调压力表的使用	276
15.9	轮胎气压表的使用	285

模块 6　电气测量设备与检测仪器　290

任务 16	电气测量设备与检测仪器的使用	290
16.1	电气测量设备与检测仪器准备	291
16.2	汽车万用表的使用	291

目录

  16.3 测电笔的使用 …………………………………………………………… 297
  16.4 高率放电计的使用 ……………………………………………………… 300
  16.5 蓄电池测试仪的使用 …………………………………………………… 302
  16.6 示波器的使用 …………………………………………………………… 303
  16.7 故障诊断仪的使用 ……………………………………………………… 307

模块 7 其他常用工具设备与检测仪器 ………………………………………… 310

 任务 17 其他常用工具设备的使用 ………………………………………………… 310
  17.1 其他常用工具设备的准备 ……………………………………………… 311
  17.2 轮胎动平衡机的使用 …………………………………………………… 311
  17.3 扒胎机的使用 …………………………………………………………… 313
  17.4 液压压床的使用 ………………………………………………………… 315
  17.5 千斤顶的使用 …………………………………………………………… 316
  17.6 举升机的使用 …………………………………………………………… 321
 任务 18 其他常用检测仪器设备的使用 …………………………………………… 328
  18.1 其他常用检测仪器设备准备 …………………………………………… 328
  18.2 听诊器的使用 …………………………………………………………… 328
  18.3 冰点测试仪的使用 ……………………………………………………… 329
  18.4 红外测温仪的使用 ……………………………………………………… 331
  18.5 传动带张紧器的使用 …………………………………………………… 336
  18.6 空调检漏仪的使用 ……………………………………………………… 339
  18.7 四轮定位仪的使用 ……………………………………………………… 341

参考文献 ……………………………………………………………………………… 348

总论　汽车维修常用工具与仪器设备

任务1　汽车维修常用工具与仪器设备的初步认识

学习目标

1. 掌握汽车维修工具与仪器设备的重要性。
2. 熟悉汽车维修工具与设备的分类。
3. 学会识别不同的汽车维修工具与仪器设备。
4. 熟悉汽车维修工具与设备的选用原则。
5. 培养良好的职业道德与安全、环保意识。

汽车维修常用工具与仪器设备的使用

任务接受

一班学生到汽车维修服务站实习，车间王主任接到公司任务，给学生介绍汽车维修工具与仪器设备的基本知识和选用及使用原则。

任务接待参见"学习领域1 汽车维修接待、沟通与管理"。

任务准备

1.1 汽车维修工具与设备准备

汽车维修工具与设备清单见表1-1。

表1-1 汽车维修工具与设备清单

名 称	数 量	名 称	数 量
工具箱	1套/5人	压力类测量量具	1套/5人
工具车	1套/5人	电气测量类仪器	1套/5人
扭力类拆装工具	1套/5人	其他类型工具和仪器	1套/5人
发动机常用拆装工具	1套/5人	钳子类工具	1套/5人
底盘及内饰饰板拆装工具	1套/5人	尺类量具	1套/5人

任务实施

1.2 汽车维修工具与设备重要性认识

随着汽车工业的迅速发展，汽车保有量不断上升，因此对汽车技术性能的要求越来越高。如何保证汽车运行的安全，降低能源的消耗，减少汽车排放对环境的污染等，已成为当今世界迫切需要解决的课题。而提高汽车检测与维修设备的水平，正确地使用先进的检测维修测量设备，则是提高维修质量至关重要的一环。

汽车维修作业最基本的工作是拆卸和装配，而在拆卸过程中使用最频繁的是通用工具。通用工具的种类很多，用途也各不相同，通用工具使用得正确与否，直接关系到维修工作的效率。若使用不正确，不但影响工作效率，还会造成各部分部件和工具的损坏，甚至会发生人身伤亡事故。因此作为一个汽车维修人员，应该了解通用工具的用途，并熟练掌握通用工具的使用方法。

汽车维修常见量具的正确使用是广大汽车维修人员必须掌握的知识，是保证测量数据的准确性，维修质量优良性的前提，也是必须掌握的知识。通过学习，学生应更加了解汽车通用工具及测量仪器的使用和操作注意事项，更加合理地使用工具，提高工作效率，保护工具，保护人身安全。

1.3 汽车维修常用工具与仪器设备的类型认识

汽车在拆装和维修过程中，需大量使用各种各样的维修工具和专用工具，其中手动工具使用频率特别高。常用维修工具和仪器如下：

1. 扭力类拆装工具

扭力类拆装工具有套筒扳手、梅花扳手和呆扳手等，如图1-1所示。

总论　汽车维修常用工具与仪器设备

 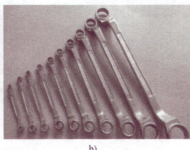 

a)　　　　　　　　　　　　b)　　　　　　　　　　　　c)

图 1-1　扭力类工具

a) 套筒扳手　b) 梅花扳手　c) 呆扳手

2. 发动机常用拆装工具

发动机常用拆装工具有活塞环拆装钳、气门弹簧钳和气门铰刀等，如图 1-2 所示。

a)　　　　　　　　　　　　　　　　b)

图 1-2　发动机常用拆装工具

a) 气门弹簧钳　b) 气门铰刀

3. 底盘及内饰饰板拆装工具

底盘及内饰饰板拆装工具，如减振器拆装工具、球头分离器和胶扣螺钉旋具等，如图 1-3 所示。

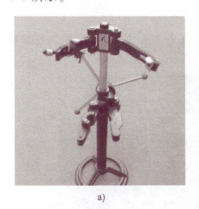  

a)　　　　　　　　　　　　b)　　　　　　　　　　　　c)

图 1-3　底盘及内饰饰板拆装工具

a) 减振器拆装工具　b) 球头分离器　c) 胶扣螺钉旋具

4. 常用钳工工具

钳工工具包括钳子类工具、丝锥、板牙和锉削工具等。

钳子类工具,如尖嘴钳、钢丝钳和卡簧钳等,如图1-4所示。

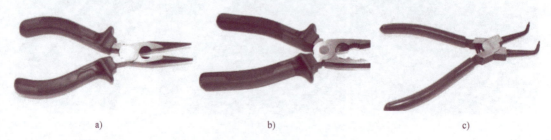

图1-4 钳子类工具

a)尖嘴钳 b)钢丝钳 c)卡簧钳

5. 常用测量量具与检测仪器

测量量具包括尺类测量量具和压力类测量量具。

尺类测量量具,如直尺、卷尺和游标卡尺等,如图1-5所示。

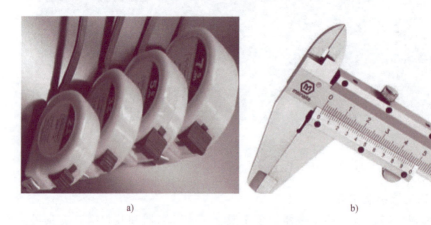

图1-5 尺类测量量具

a)卷尺 b)游标卡尺

压力类测量量具,如机油压力表、真空表、燃油压力表和气缸压力表等,如图1-6所示。

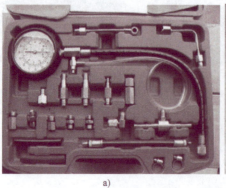 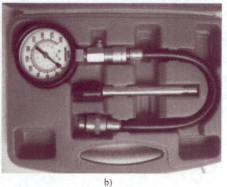

图1-6 压力类测量量具

a)机油压力表 b)气缸压力表

总论　汽车维修常用工具与仪器设备

6. 电气测量类仪器

电气测量类仪器，如万用表、测电表和示波器等，如图1-7所示。

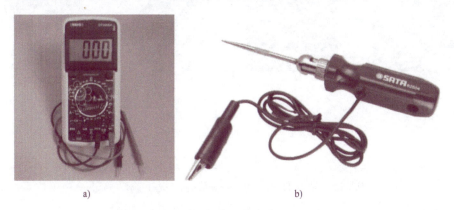

图1-7　电气测量类仪器

a）万用表　b）测电笔

7. 其他类型的工具和仪器

其他类型的工具和仪器，如四轮定位仪、压床和听诊器等，如图1-8所示。

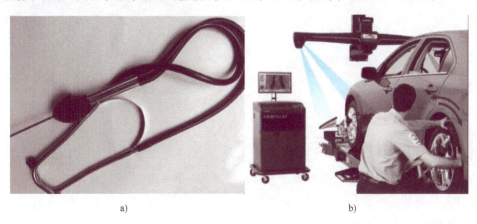

图1-8　其他工具及仪器

a）听诊器　b）四轮定位仪

1.4　汽车维修常用工具和仪器设备的选用原则

汽车日常维修工作中应根据不同的作业项目，以"安全生产"为第一原则，选择合适的工具或者仪器进行作业，提升作业效率，提高维修质量，防止工件或者工具仪器的损坏，防止事故的发生。

如用扭力类工具拆卸螺栓时，应按照"先套筒扳手、后梅花扳手、再呆扳手、最后活扳手"的选用原则进行选取，如图1-9所示。

在选用扳手时，要注意扳手的尺寸，尺寸是指它所能拧动的螺栓或螺母正对面间的距离，例如扳手上标示有17mm，即表示此扳手所能拧动螺栓或螺母棱角正对面间的距离为17mm，选用的扳手尺寸必须与螺栓或者螺母的尺寸相符，如图1-10所示。

汽车维修常用工具与仪器设备的使用

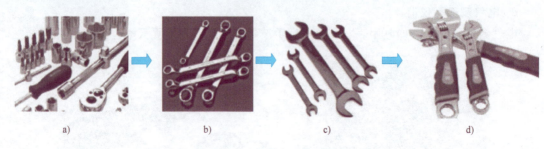

图1-9 扳手的选用原则
a）套筒扳手 b）梅花扳手 c）呆扳手 d）活扳手

现在常见的工具都有米制和英制两种尺寸单位，如图1-11所示。米制和英制之间的换算关系为：1mm=0.03937in。禁止使用一种单位系统的扳手旋动另外一种单位系统的螺栓或螺母，例如，不能使用英制单位的扳手松紧米制单位的螺栓或螺母。

图1-10 工具与螺栓的配合　　　　图1-11 英制与米制单位的套筒扳手

1.5 汽车维修工具箱与工具车的认识

汽车工具箱与工具车是用来存放汽车维修工具的一种箱体容器。汽车工具箱和工具车呈现出多种多样规格，根据厂家不同，其外观、尺寸和型号等都有所区别，如图1-12所示。

工具箱的介绍　　　　　　　　　　　　　　　　　　　工具车的介绍
a）　　　　　　　　　　　　　　　　　　　　　　　b）

图1-12 工具箱和工具车
a）工具箱 b）工具车

任务总结

1. 工具的选用是否合适会直接影响工作效率、工作质量及维修人员的安全。

2. 工具与设备的分类：扭力类工具、发动机常用拆装工具、底盘及内饰饰板拆装工具、钳工工具、尺类测量量具、压力类测量量具、电气测量设备和其他常用检测仪器。

3. 工具与设备的选用原则：以"安全生产"为第一原则，以"先套筒扳手、后梅花扳手、再呆扳手、最后活扳手"的选用原则。

作　业

完成"学习工作页"任务1各项作业。

模块 1
常用扭力类拆装工具

任务 2　套筒类扳手的使用

学习目标

1. 熟悉并能够识别各种套筒类扳手。
2. 掌握各种套筒类扳手的类型。
3. 学会对套筒类扳手进行日常保养。
4. 能选择及安全使用套筒类扳手。
5. 掌握套筒类扳手的使用注意事项。
6. 培养良好的职业道德与安全、环保意识。

任务接受

修理车间王主任要求学生练习套筒类扳手的选择和正确使用。
任务接待参见"学习领域 1 汽车维修接待、沟通与管理"。

模块 1　常用扭力类拆装工具

任务准备

2.1　套筒类扳手工具准备

套筒类扳手清单见表 2-1。

表 2-1　套筒类扳手清单

名　称	数　量	名　称	数　量
各类型套筒扳手	1套/5人	接杆	1套/5人
套筒转换器	1套/5人	套筒手柄	1套/5人
万向接头	1套/5人	—	—

任务实施

2.2　套筒类扳手的使用

套筒类扳手一般配合手柄、接杆等多种附件组成完整的拆装工具，特别适用于拧转位置十分狭小或凹陷很深处的螺栓或螺母。当螺母端或螺栓端完全低于被连接面，且凹孔的直径不能用于呆扳手或活扳手及梅花扳手，就用套筒类扳手，另外就是螺栓件空间限制，也只能用套筒扳手。

套筒有米制和英制之分，套筒虽然内凹形状一样，但外径、长短等是针对对应设备的形状和尺寸设计的，国家没有统一规定，所以套筒的设计相对来说比较灵活，符合大众的需要。

套筒类扳手一般都附有一套各种规格的套筒头以及摆手柄、接杆、万向接头、旋具接头和弯头手柄等用来套入螺母。扳手通常由碳素结构钢或合金结构钢制成，扳手头部具有规定的硬度，中间及手柄部分则具有弹性。

套筒的分类及使用

2.2.1　套筒类扳手的分类

1. 按方榫部分尺寸（指四方头的尺寸）分类

按方榫部分尺寸（指四方头的尺寸）可分为 1/4in、3/8in、1/2in 三种规格（in 是英寸的意思，1in 等于 25.4mm），这个尺寸指的是四方口两个边之间的距离，如图 2-1 所示。

2. 按套筒长短分类

按套筒长短可分为长套筒和短套筒，如图 2-2 所示。

3. 按照钳口形状分类

按照钳口形状可分为双六角形（也叫作梅花套筒）、六角形、花形套筒（包括 T 形、TS 形、E 形）、螺钉旋具形套筒（包括十字形、一字形）和内六角形套筒。

（1）双六角形套筒　图 2-3 所示为双六角形套筒的结构图，双六角形套筒有长、短两种规格。

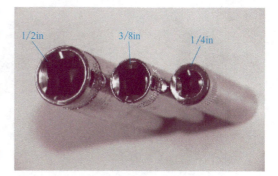

图 2-1　按方榫部分尺寸大小分类

图 2-2 按套筒长短分类

（2）六角形套筒 图 2-4 所示为六角形套筒的结构图，六角形套筒也有长、短两种规格。

图 2-3 双六角形套筒的结构图

图 2-4 六角形套筒的结构图

（3）花形套筒 图 2-5 所示为花形套筒的结构图。花形套筒是一种特殊的套筒，根据基钳口形状可分为 T 形套筒、TS 形套筒和 E 形套筒三个种类。

T形套筒

TS形套筒

E形套筒

图 2-5 花形套筒的结构图

（4）螺钉旋具形套筒 图 2-6 所示为十字螺钉旋具和一字螺钉旋具套筒的结构图。

（5）内六角形套筒 图 2-7 所示为内六角形套筒的结构图。

模块 1　常用扭力类拆装工具

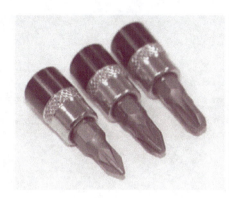

图 2-6　十字螺钉旋具和一字螺钉旋具套筒的结构图

4. 按照套筒钳口规格尺寸所遵循的标准分类

按照套筒钳口规格尺寸所遵循的标准可分为米制和英制两种，如图 2-8 所示。米制用 mm 表示，如 8mm、10mm、12mm、14mm、17mm、19mm、21mm 等；英制用 in 表示，如 3/4in、5/8in、11/16in、13/16in 等。

5. 按照用途的分类

按照用途可分为手动套筒类扳手、气动套筒扳手和电动套筒扳手三种，如图 2-9 所示，其中呈现黑色的为气动套筒扳手或者是电动套筒类扳手，其材料是铬钼钢，并且在制作工艺上加大厚度，降低强度，增强韧性，使其能适应恶劣的工作环境，表面呈现黑色。一般在其方榫部位都设计有 O 形锁圈，用来防止套筒在工作时从风动工具上飞出去。

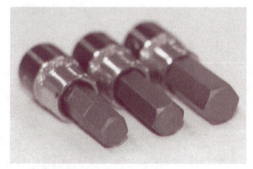

图 2-7　内六角形套筒的结构图

图 2-8　按钳口规格尺寸分类

其中气动套筒扳手和电动套筒扳手又称为冲击类套筒类扳手，如图 2-9a 所示。

6. 按照外观形状不同分类

按照外观形状不同可分为单沟形套筒、双沟形套筒、滚花套筒、直筒套筒、镀铬套筒和镀镍套筒等。

图 2-9 按照用途分类

a）气动/电动六角套筒扳手 b）手动六角套筒扳手

以世达工具为例，米制套筒有双沟，英制套筒则是单沟，如图 2-10 所示。

图 2-10 按照外观形状分类

a）滚花形 b）单沟形

7. 按套筒的表面处理方式不同分类

按套筒的表面处理方式不同可分为以下四种：

（1）亮铬 表面像镜面一样，很亮。

（2）亚铬 无光泽。

（3）电泳 黑色，有亮度。电泳处理是在外加直流电源的作用下，使带电粒子在分散的介质里向阴极或者阳极做定向移动，促使物质的分离。

（4）磷化 黑色，但无光泽。把套筒浸入磷化液，在表面沉积形成一层不溶于水的结晶磷，也就是磷酸盐的转换过程。

2.2.2 套筒类扳手的操作使用

套筒是套筒扳手的核心组成部件，其规格尺寸和钳口形状种类繁多，能够满足不同工作空间大小、扭矩和螺栓/螺母尺寸等的要求，具有更换方便、使用灵活、安全的优点，且不易损坏螺母的棱角。

1. 双六角套筒的使用

双六角套筒与螺栓/螺母的接触面较小，容易损坏螺栓的棱角或出现滑脱而产生安全事模块 1　常用扭力类拆装工具

故,所以不能拆卸大扭矩或棱角已经磨损的螺栓,但由于其各角之间只间隔30°,可以很方便找到合适的角度套住螺栓,因此适合于在狭窄的空间中拆卸螺栓。

注意,在进行螺栓拆装时,双六角套筒可以用于拆装六角头螺栓和双六角头螺栓的拆装,但当螺栓或者螺母的棱角已经磨损时,不能用双六角套筒拆卸,只能用六角套筒进行拆卸。

2. 六角套筒的使用

六角形套筒的六角部分与螺栓/螺母的表面有很大的接触面,这样就不容易损坏螺栓/螺母的表面,另外,此类套筒相对来说可以承受更大的扭矩。

另外,六角形套筒扳手可分为冲击型和手动型两种。

图2-11所示为冲击型六角套筒扳手,它有长、短两种规格型号,其四方头部分的规格基本上为1/2in,可适应不同螺栓的冲击拆卸。

图2-12所示为手动型六角套筒扳手,它也分为长、短两种规格型号,同时其具有1/4in、3/8in、1/2in 三个规格。

图 2-11　冲击型六角套筒扳手

图 2-12　手动型六角套筒扳手

注意,在进行螺栓拆装时,六角套筒可以只适用于拆装六角头螺栓,不适用于双六角头螺栓的拆装。

3. 花形套筒的使用

花形套筒是专门用来拆卸花形螺栓头螺栓的,在进行螺栓拆卸时,花形套筒可与这种螺栓头实现面的有效接触,另外,因其采用曲面结构,在缩小体积的同时可增加拆卸扭矩。

在花形套筒的尺寸标示中,首先是"T"和"E"的区分,然后才是尺寸数字的区别。T形套筒的规格有T10、T15、T20、T25、T30、T40、T45、T50、T60等,E形套筒的规格有E4、E5、E6、E7、E8、E10、E12、E14、E16、E18、E20等。

花形套筒称为E形(沉头),而花形旋具头称为T形(柱头)。花形旋具头的另外一种类型是TS形,其旋具头的中间带有一个中心孔,所以有时也叫作中孔花。那么,在进行T形和TS形套筒选择时,要确定螺栓的结构型号,再进行套筒选择。

注意,T形套筒和TS形套筒的尺寸规格都是一样的,但是,由于TS形套筒有了中间孔,其不能承受太大的扭力,否则会造成套筒的损坏,所以当所拆装的螺栓扭力较大时,应该选择T形套筒,而非TS形套筒。

另外要特别注意的是,花形螺栓和内六角螺栓在外观上特别相似,如果没有仔细观察螺栓的结构外观，很容易选错工具，而且花形套筒扳手能够接合到内六角圆柱头螺钉上，从而导致螺栓或者工具的损坏。如果螺栓头部损坏，部件将无法进行正常的拆卸。

4. 螺钉旋具套筒的使用

当螺钉旋具套筒扳手选用时，必须要根据所拆卸螺丝头的大小选择合适大小的螺钉旋具套筒扳手进行拆卸，如图2-13所示，否则会损坏工具或者螺栓。

图2-13　螺钉旋具套筒扳手大小分类

5. 内六角套筒扳手的使用

内六角套筒扳手的大小规格是以扳手的六角头部分两个边之间的距离来定义的，在选择六角套筒扳手时，必须先确认所拆卸内六角螺栓的大小。内六角套筒扳手有冲击型（包括气动和电动）和手动型，如图2-14所示。冲击型的外观为黑色，且其四方头部分基本上为1/2in规格的，而手动型的为白色外观，其四方头有1/2in、1/4in、3/8in三种规格，可适合多种扭矩规格的螺栓拆卸。

注意，内六角螺栓不能用T形或者TS形的花形套筒扳手进行拆卸，否则会损坏螺栓或者工具。

 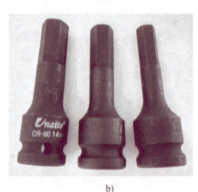

a)　　　　　　　　　　　　b)

图2-14　内六角套筒扳手的区分
a) 手动型内六角套筒扳手　b) 冲击型内六角套筒扳手

2.2.3　套筒类扳手的使用注意事项

当套筒在使用时，必须要和与之配套的扭力手柄、连接杆和棘轮扳手等配合使用，在使用套筒时，应注意以下事项：

1) 应根据工作空间大小、扭矩要求和螺栓/螺母的尺寸等条件来选用合适的套筒。

模块1 常用扭力类拆装工具

2）不能使用小规格套筒拧紧大扭矩的螺栓/螺母。

3）手动型号的套筒不能用冲击类工具进行螺栓、螺母的拆卸。

4）不要使用出现裂纹或者损坏的套筒。这种套筒会引起打滑，从而损坏螺栓、螺母的棱角；禁止用锤子将双六角套筒、六角套筒击入变形的螺栓、螺母进行拆卸，避免损坏套筒。

5）套筒扳手必须成90°垂直套入到螺栓、螺母中，并确保套筒已完全套入，否则会损坏螺栓、螺母棱角和套筒本身。

2.3 套筒转换器的使用

2.3.1 套筒转换器的认识

套筒转换器也叫作套筒转换接头，或者叫作套筒转换接合器，其结构如图2-15所示。

2.3.2 套筒转换器的分类、作用和使用

1. 套筒转换器分类

套筒转换器按转换类型来分类有两种，分别是"小"转"大"和"大"转"小"，按动力源来分类，可以分为手动型套筒转换器和冲击型套筒转换器两种。

1）手动型套筒转换器如图2-16所示。

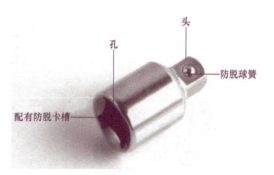

图2-15 套筒转换器的结构

图2-16 手动型套筒转换器

按照套筒转换器的四方孔转四方头尺寸大小分类区分，手动型套筒转换器主要有以下五种：

① 第一种：1/2in（12.5mm）转3/8in（9.3mm）的套筒转换器，如图2-17所示。

② 第二种：1/2in（12.5mm）转1/4in（6.3mm）的套筒转换器，如图2-18所示。

③ 第三种：3/8in（9.3mm）转1/2in（12.5mm）的套筒转换器，如图2-19所示。

④ 第四种：3/8in（9.3mm）转1/4in（6.3mm）的套筒转换器，如图2-20所示。

图2-17 1/2in转3/8in的套筒转换器

15

汽车维修常用工具与仪器设备的使用

图 2-18 1/2in 转 1/4in 的套筒转换器

图 2-19 3/8in 转 1/2in 的套筒转换器

⑤ 第五种：1/4in（6.3mm）转 3/8in（9.3mm）的套筒转换器，如图 2-21 所示。

图 2-20 3/8in 转 1/4in 的套筒转换器

图 2-21 1/4in 转 3/8in 的套筒转换器

2）冲击型套筒转换器如图 2-22 所示。

图 2-22 冲击型套筒转换器

如果按照套筒转换器的四方孔转四方头来区分，它的区分和手动型套筒转换器的区分基本是一样的，冲击型套筒转换器主要有以下八种：

① 第一种：1in（25mm）转 3/4in（19mm）的套筒转换器。
② 第二种：3/4in（19mm）转 1in（25mm）的套筒转换器。
③ 第三种：3/4in（19mm）转 1/2in（12.5mm）的套筒转换器。
④ 第四种：1/2in（12.5mm）转 3/4in（19mm）的套筒转换器。
⑤ 第五种：1/2in（12.5mm）转 3/8in（10mm）的套筒转换器。
⑥ 第六种：3/8in（10mm）转 1/2in（12.5mm）的套筒转换器。

模块1 常用扭力类拆装工具

⑦ 第七种：3/8in（10mm）转 1/4in（6.3mm）的套筒转换器。
⑧ 第八种：1/4in（6.3mm）转 3/8in（10mm）的套筒转换器。

2. 套筒转换器的作用

套筒转换器的功用就是将现有不同尺寸规格的手柄和套筒配合使用。例如10mm系列的手柄接12.5mm系列的套筒或者12.5mm系列手柄接10mm系列套筒等都需要转换接头，如图2-23所示。

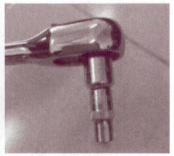

图2-23 套筒转换器的作用

3. 套筒转换器的使用方法

将套筒转换器的凸出端（即四方头部分）与套筒连接，将另一端（四方孔端）与扭力手柄、连接杆或者棘轮扳手等连接，从而实现不同尺寸规格的手柄和套筒能够配合使用。

套筒转换器在使用过程中，因为套筒和手柄经过转换后，不是同一尺寸范围，必须要控制扭矩的大小，如果按照原来的尺寸施加力矩，就会损坏套筒或手柄，如图2-24所示，如果力矩过大会扭断螺栓。所以在套筒转换器的使用过程，要以小尺寸工具（套筒或手柄）所能承受的力矩大小为力矩施加的上限进行螺栓、螺母的拆卸。

图2-24 使用套筒转换器要注意施加力矩的大小

2.4 万向接头的使用

1. 万向接头的认识

万向接头的结构如图2-25所示。其结构与前置后驱汽车传动轴使用的万向节的结构基本相同，其组成分别为内齿卡栓、万向连接机构、防脱内珠卡槽和防脱钢珠，其中的方形套头部分可以前后或左右移动。

2. 万向接头的分类

万向接头按照其接头部分（方榫部分）尺寸的大小主要可分为三种规格，如图2-25所示，分别是1/2in（12.5mm）、

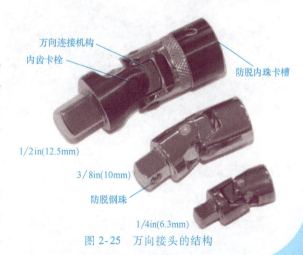

图2-25 万向接头的结构

3/8in（10mm）和 1/4in（6.3mm）三种。

3. 万向接头的作用

通常套筒扳手与配套手柄、扭力扳手、棘轮扳手等扭力类工具是垂直连接的，但车辆上很多地方套筒是无法垂直伸入的，这时候使用万向接头将会提供最大的方便。图2-26所示为万向接头与扭力工具的配合。

万向接头主要用于连接配套手柄和套筒，实现手柄和套筒之间的角度自由变化，它可以提供比可弯式接头更大的变向空间，如图2-27所示。

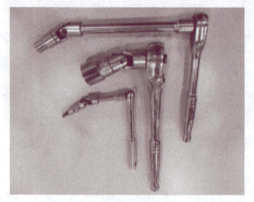

图2-26　万向接头与扭力工具的配合

图2-27　万向接头的作用

4. 万向接头的使用方法

当使用万向接头时，不要使手柄倾斜较大角度来施加扭矩，如图2-28所示。应尽可能在接近垂直状态下使用，因为偏角过大会使扭矩的传递效率降低。

使用气动工具时严禁使用万向接头（图2-29），因为球节不能吸收旋转摆动会发生脱开情况，造成工具、零件或车辆损坏，甚至造成人身伤害。

万向接头的使用

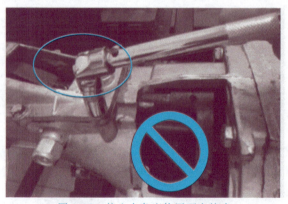

图2-28　禁止大角度使用万向接头

图2-29　使用气动扳手禁止使用万向接头

2.5　接杆的使用

2.5.1　接杆的认识

接杆也称为延长杆或者加长杆，是套筒类成套工具不可缺少的一部分，其结构如图2-30所示。

模块1 常用扭力类拆装工具

其材料一般采用优质的铬钒钢。制造时采用模锻成形技术，这样就可以获得很高的加工精度。在进行热处理时采用计算机控制，从而保证了硬度的稳定性，再进行表面的喷砂处理，具有很强的耐蚀性，也显得接杆非常高档。

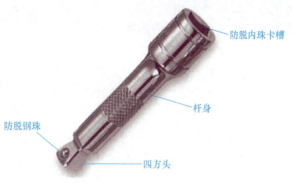

图 2-30 接杆结构图

2.5.2 接杆的分类

1. 按照接杆的长短分类

在日常汽车维修工作当中，按照长短进行分类，常用的接杆可分为 75mm、125mm、150mm 和 250mm 等不同长度，即常说的长接杆、中接杆和短接杆。图 2-31 所示为按长短分类的各类接杆。

2. 按照接杆的外观或者功能分类

根据接杆的外观和功能可分为普通直接杆（图 2-31）、柔性接杆和弯接杆，如图 2-32 所示。

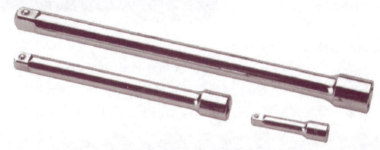

图 2-31 按长短分类的各类接杆

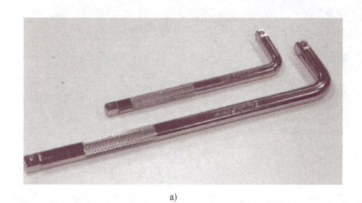
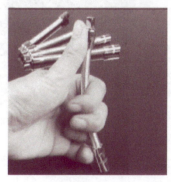

a)　　　　　　　　　　　　　　b)

图 2-32 按照外观或者功能分类的接杆
a）弯接杆　b）柔性接杆

3. 按照接杆的方榫大小分类

根据接杆的方榫（四方孔或者四方头）部分的尺寸大小分类，接杆可分为 1in、3/4in、1/2in、3/8in、1/4in 等系列，在日常汽车维修保养工作中，常用的有 1/2in、3/8in、1/4in

三种系列的接杆,如图2-33所示,其与相应规格的套筒一起配合使用。

4. 其他改良接杆

为了适应更多拆装需求,接杆进行改进后具有了特殊的功能,这些接杆主要有锁定接杆和转向接杆。

(1)锁定接杆 锁定接杆主要具有套筒锁止功能,也就是说,在使用过程中再也不用担心套筒或者万向接头掉落而烦恼了。如图2-34所示,其接杆的四方头侧有一锁止按钮,用于锁止和解锁套筒或者万向接头等其他附件。

(2)转向接杆 所谓的转向接杆是指普通接杆与套筒连接的方榫部(四方头部分),经过改进再装上套筒后,套筒可以产生10°的偏转角度,因而使用非常方便,如图2-35所示。

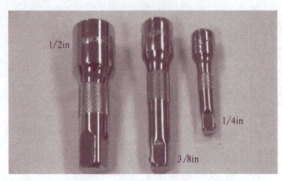

图2-33 方榫部分尺寸分类的接杆

图2-34 锁定接杆

2.5.3 接杆的作用

接杆用作各种传动附件(如棘轮扳手、滑动手柄)与套筒之间的一种连接附件,以便旋动位于深凹处的螺栓、螺母。另外,在拆卸平面上的螺栓、螺母时,拆卸工具会紧贴在操作面上,妨碍正常拆卸,甚至会产生安全事故。接杆能够使扭力工具抬离平面一定的高度,便于拆卸,能有效保护工作人员安全。

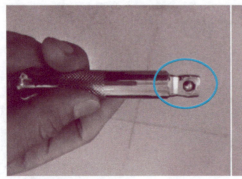 

图2-35 转向接杆

2.5.4 接杆的使用方法

根据作业空间的实际情况,选用合适规格的接杆,将接杆加装在套筒和配套手柄之间,拆卸位置较深的螺栓、螺母,如图2-36所示。

当锁止接杆在使用时,操作比较简单,只需单手就可以进行操作,按下锁止按钮,如图2-37所示,然后将套筒套入接杆的方榫部分,松开锁止按钮后,套筒即将被锁止,如果再次按压锁止按钮,套筒就能够被轻松地取下。

转向接杆在使用时,只要套入套筒后将套筒拉出一点,套筒就可以偏转一定的角度,如图2-38所示。

模块1　常用扭力类拆装工具

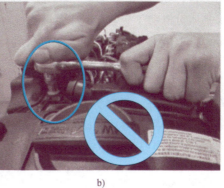

接杆的使用

a)　　　　　　　　　　　　　　　　b)

图 2-36　接杆的使用

a）使用接杆　b）未使用接杆

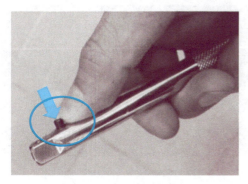
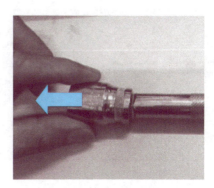

图 2-37　锁止接杆的使用　　　　　图 2-38　转向接杆的使用

2.5.5　使用接杆的注意事项

禁止将接杆当作冲子使用，因为锤子的敲击会使接杆两端的方榫部分和方孔部分严重变形，从而导致套筒、万向接头和棘轮扳手等工具无法套入接杆，如图2-39所示。

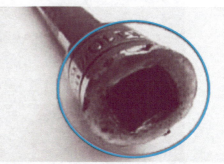

图 2-39　接杆的不当使用

2.6　套筒手柄的使用

套筒手柄的使用

套筒手柄是装在套筒上用于扳动套筒的配套手柄，如果没有配套手柄和扳手，套筒将无法独立完成拆装工作。常见的套筒手柄有滑动T形杆、旋转手柄、快速摇杆、棘轮扳手、T形手柄和扭力扳手等种类。

在本节中将具体对滑动T形杆、旋转手柄、快速摇杆、棘轮扳手和T形手柄的使用进行描述，而将扭力扳手作为一种特殊的扳手单独进行分析。

2.6.1 滑动T形杆的使用

1. 滑动T形杆的认识

滑动T形杆也称为滑杆，是套筒专用配套的手柄，是旋转套筒用的一种传动附件。其特点是：滑行头的位置可以移动，以便根据不同的需要调整旋转时的力臂大小，另外，它还特别适用于只能在90°范围内的操作场合，以便对螺栓、螺母进行快速的拆卸。其结构如图2-40所示。

2. 滑动T形杆的分类

根据T形滑动方榫的尺寸可分为1in、3/4in、1/2in、3/8in和1/4in等系列。常用的滑动T形杆主要有1/2in、3/8in和1/4in三个系列，如图2-41所示。

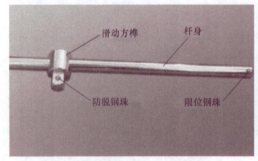
图2-40 滑动T形杆的结构图

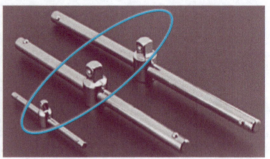
图2-41 滑动T形杆的分类

3. 滑动T形杆的作用

滑动T形杆是与套筒配套使用的专业手柄之一，通过调节滑动方榫在滑动手柄上的位置，可以实现相应形状，实现不同的拆卸安装需求，如图2-42所示。

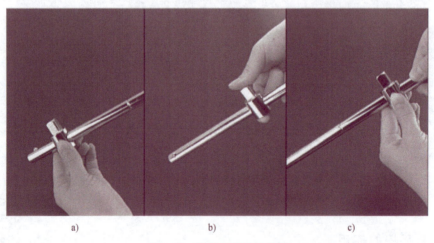
图2-42 滑动T形杆的作用

可以实现L形扳手的结构，从而增加力矩，达到拆卸或者紧固螺栓、螺母的目的，其

模块 1　常用扭力类拆装工具

与 L 形扳手类似，如图 2-42c 所示。

另外一种就是方榫部分位于杆身的中部形成 T 形扳手的结构，如图 2-43 所示，此时操作者的两只手都可以同时用力，可以加快拆卸速度，但要求的作业空间要比较大，并实现与之相同的功能。

4. 滑动 T 形杆的使用

在进行螺栓、螺母拆装时，L 形结构滑动 T 形杆的握法如图 2-44 所示，T 形结构滑动 T 形杆的握法如图 2-45 所示。

图 2-43　T 形杆扳手的结构

图 2-44　L 形结构滑动 T 形杆的握法

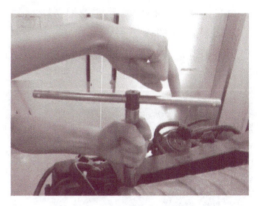

图 2-45　T 形结构滑动 T 形杆的握法

5. 使用滑动 T 形杆的注意事项

1）当拆卸转矩过大时，禁止在滑动 T 形杆的手柄上再加装套管或者用锤子击打，否则会造成工具或者螺栓、螺母的损坏，如图 2-46 所示。

2）禁止把滑动 T 形杆当作冲子使用，否则会造成滑动 T 形杆的损坏。

2.6.2　旋转手柄的使用

1. 旋转手柄的认识

旋转手柄也叫作扳杆或者摇头手柄，其结构如图 2-47 所示。

滑动 T 形杆的使用

图 2-46　禁止在滑动 T 形杆上加装套管

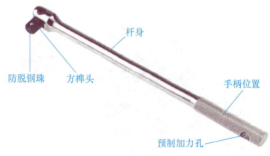

图 2-47　旋转手柄

23

2. 旋转手柄的分类

旋转手柄按照方榫头部位的大小主要有 1/2in、3/8in 和 1/4in 三种规格，如图 2-48 所示。

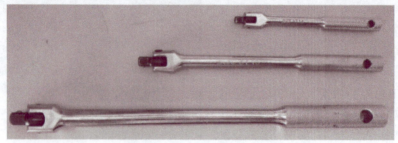

图 2-48 旋转手柄的分类

当然，旋转手柄杆身长度按照各个品牌其长度有所区别。

3. 旋转手柄的作用

旋转手柄可用于拆下或更换要求大转矩的螺栓或螺母，如图 2-49 所示，也可在调整好手柄后进行迅速旋转，如图 2-50 所示。

图 2-49 拆卸大扭力螺栓

图 2-50 快速拆卸螺栓

4. 旋转手柄的使用

一般的固定式手柄较长，很难在狭窄空间下使用，而旋转手柄头部可以做铰式移动，这样可以根据作业空间要求调整手柄的角度进行使用，如图 2-51 所示。

在使用旋转手柄时，应尽量在保持端部与手柄成 90°的 L 形位置的状态下使用，如图 2-52 所示。

旋转手柄的使用

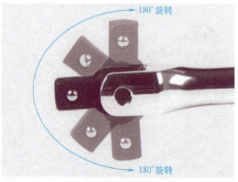

图 2-51 180°头部转向

图 2-52 成 90°L 形的旋转手柄

模块 1　常用扭力类拆装工具

在进行螺栓、螺母拆装时，旋转手柄呈 L 形时的握法如图 2-53 所示。

当利用旋转手柄对处于松弛状态的螺栓、螺母进行拆卸或者安装时，可以按如图 2-54 所示的握法进行作业。

图 2-53　旋转手柄呈 L 形的握法

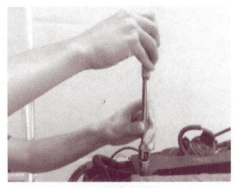
图 2-54　旋转手柄的握法

当旋转手柄与套筒接合器进行螺栓、螺母拆装，特别是安装时，要注意力矩不能过大，否则会损坏套筒或者螺栓、螺母。

另外，在使用旋转手柄进行螺栓、螺母的拆装时，禁止用锤子对旋转手柄进行敲击，如图 2-55 所示。

2.6.3　快速弓形摇杆的使用

1. 快速弓形摇杆的认识

快速弓形摇杆俗称为摇把，是旋动螺母最快的配套手柄，其结构如图 2-56 所示。

图 2-55　禁止用锤子敲击

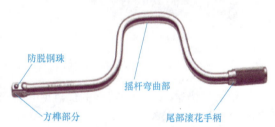
图 2-56　快速弓形摇杆

2. 快速弓形摇杆的分类

快速弓形摇杆按方榫部分的大小主要就是 1/2in，即 12.5mm 规格的摇杆，但是摇杆的总长度根据品牌或者规格可能有所区别。

3. 快速弓形摇杆的作用

因快速弓形摇杆其形成的力臂较小，无法拧松紧固的螺栓、螺母，所以它主要是用于拧下已经松动的螺母，或者把螺栓、螺母快速旋上，但不能在螺母上施加太大的扭矩。

4. 快速弓形摇杆的使用

当使用快速摇杆时，左手握住摇杆端部，并保持摇杆与所拆卸螺栓同轴，右手握住摇杆弯曲部，迅速旋转，如图2-57所示。当使用快速摇杆时，握摇杆的手不可摇晃，以免套筒滑出螺栓或螺母，产生安全事故。

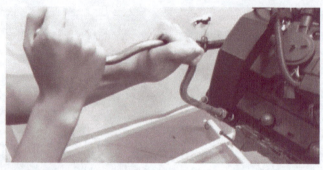

快速弓形摇杆的使用

图2-57 快速弓形摇杆的握法

2.6.4 棘轮扳手的使用

1. 棘轮扳手的认识

棘轮扳手也叫作棘轮套筒扳手、棘轮手柄，是汽车维修工作中最常见的套筒手柄。因为棘轮扳手在汽车维修中使用方便快捷，所以也通常称为快速扳手，其结构如图2-58所示。

棘轮扳手的部件图如图2-59所示，其分别由棘轮扳手杆身、转动轴承、转动左右片、内置弹簧和调节杆等组成。

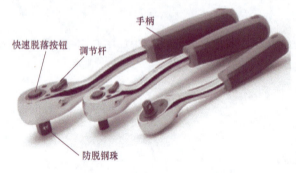

图2-58 棘轮扳手的结构图

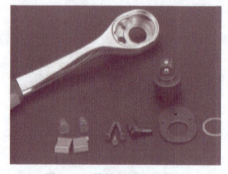

图2-59 棘轮扳手的部件图

棘轮套筒快速扳手有个很大的优点就是，当螺栓、螺母的尺寸较大或者扳手的工作位置很狭窄时，就可用棘轮扳手了。

这种扳手摆动的角度很小，能拧紧和松开螺栓、螺母，拧紧时顺时针转动手柄，扳手本身的方形套筒上装有一只撑杆，当手柄向反方向扳回时，撑杆在棘轮齿的斜面中滑出，因而螺栓、螺母不会跟随反转。如果需要松开螺栓、螺母，只需翻转棘轮扳手的调节杆朝逆时针方向转动即可。

当使用棘轮扳手时，可使套筒扳手以小的回转角度锁住并在有限的空间中工作。其头部设计有棘轮装置，在不脱离套筒或者螺栓的情况下，可实现快速单方向的转动。

2. 棘轮扳手的分类

为了提高棘轮扳手的适用范围，其有多种规格和尺寸。

（1）按方榫部分尺寸大小分类 按照棘轮扳手方榫部分的尺寸大小可分为1/2in（12.5mm）、3/8in（10mm）和1/4in（6.3mm）三种规格，根据其尺寸的不同也叫作大飞、

模块 1　常用扭力类拆装工具

中飞和小飞，如图 2-60 所示。

各个品牌所生产的棘轮扳手可能会有长度区分，这里就不再一一描述。

（2）按棘轮扳手的外观和功能分类

按照棘轮扳手的外观和功能不同，棘轮扳手可分为直柄棘轮扳手、弯曲棘轮扳手、伸缩棘轮扳手、重型棘轮扳手和摇头棘轮扳手等。

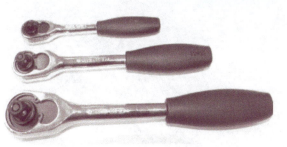

图 2-60　棘轮扳手的分类

1）直柄棘轮扳手如图 2-61 所示。

2）弯曲棘轮扳手如图 2-62 所示。

图 2-61　直柄棘轮扳手

图 2-62　弯曲棘轮扳手

3）伸缩棘轮扳手如图 2-63 所示。伸缩棘轮扳手的杆身可伸缩，从而实现其拆装扭力变化，适用于多种扭力螺栓、螺母的拆装。

4）重型棘轮扳手如图 2-64 所示。用于拆卸和安装大扭力的螺栓、螺母。

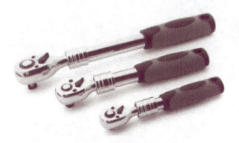

图 2-63　伸缩棘轮扳手

图 2-64　重型棘轮扳手

5）摇头棘轮扳手如图 2-65 所示。摇头棘轮扳手的头部可实现 180°旋转，可适用多种小角度位置螺栓、螺母的拆装，但因其特殊的结构，禁止用于松开大扭力的螺栓、螺母。

（3）按棘轮扳手内置的转动轴承的齿数分类　按棘轮扳手内置的转动轴承的齿数可分为 72 齿棘轮扳手、45 齿棘轮扳手和 24 齿棘轮扳手等。棘轮扳手内部转动轴承如图 2-66 所示。

3. 棘轮扳手的作用

棘轮扳手通过往复摆动手柄旋转螺栓、螺母，方便快捷，省力省时，可以进行拆卸和紧固，适用性强，可以方便地调整使用角度。

棘轮手柄头部设计有棘轮装置，在不脱离套筒和螺栓的情况下，可实现拧紧和松开方向的调整，并能进行单方向快速转动。

汽车维修常用工具与仪器设备的使用

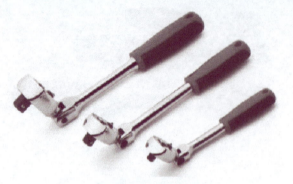

图 2-65　摇头棘轮扳手

图 2-66　棘轮扳手内部转动轴承

4. 棘轮扳手的使用

通过调整棘轮装置上的锁紧机构可改变棘轮手柄的旋转方向，将锁紧机构手柄调到左边，可以单向顺时针拧紧螺栓或螺母；将锁紧机构手柄调到右边，可以单向逆时针松开螺栓或螺母，如图 2-67 所示。

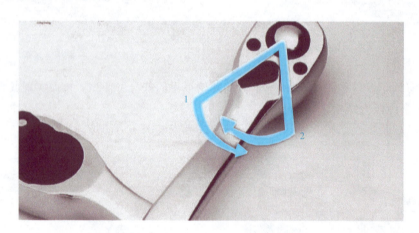

图 2-67　棘轮扳手锁紧机构调整方法
1—顺时针拧紧　2—逆时针松开

利用棘轮装置，棘轮手柄能够在不同角度范围内快速往复进行螺栓或螺母的拧紧、松开作业，特别适合在作业面较小的场合使用，如图 2-68 所示。

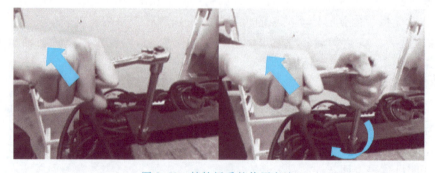

图 2-68　棘轮扳手的使用方法

模块 1　常用扭力类拆装工具

棘轮手柄使用方便但不够结实，因此不能使用棘轮扳手对螺栓或螺母进行最后的拧紧，另外，严禁对棘轮手柄施加过大的扭矩，否则会损坏内部的棘爪结构。

有的棘轮手柄设计有套筒锁止及快速脱落功能，可防止在使用过程中套筒或接杆脱落，只需单手操作即可。使用时，按下锁止按钮，将套筒头套入棘轮手柄的方榫中，松开锁定按钮，套筒即被锁止，如再次按下锁定按钮，即可解除套筒锁定，然后再根据拆装要求进行棘轮锁紧机构的调整，如图 2-69 所示。

图 2-69　棘轮扳手的锁止、脱落功能

棘轮扳手根据作业需求，以安全、快速和方便为作业原则，可配合多种附件进行相关拆装作业，图 2-70 所示为棘轮扳手的配套附件。

图 2-70　棘轮扳手的配套附件

其他使用注意事项如下：
禁止使用管子套入棘轮扳手的手柄位置，以加大扭力，这样会损坏内部棘轮装置。
禁止使用锤子敲击梅花棘轮扳手进行螺栓、螺母的拆装。

2.6.5　T形手柄的使用

1. T形手柄的认识

T形手柄也叫作 T形套筒、丁字杆和丁字套筒，其套筒部分一般是六角结构的套筒。有些 T形杆的套筒部分与杆身是拆分的，其结构如图 2-71 所示。

2. T形手柄的分类

T形手柄根据其套筒的大小可以分为多种规格，主要有以下几种，见表 2-2。具体的参

汽车维修常用工具与仪器设备的使用

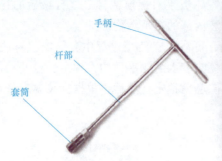

图 2-71 T形手柄

数可能会根据品牌、厂家而有所区别。

表 2-2 T形手柄的尺寸规格对照表 （单位：mm）

规格	套筒外径	筒内深度	杆子直径	手柄宽度	总长度
6	11	31	9	19	297
7	11	31	9	19	297
8	12	31	9	19	297
9	13	31	9	19	297
10	14	31	9	19	297
11	17	31	9	19	297
12	18	31	9	19	297

3. T形手柄的作用

T形套筒通常尺寸较小、重量较轻，适用于快速拧紧或旋松较小尺寸六角螺母或者螺栓的紧固件。

4. T形手柄的使用

使用T形套筒时沿螺纹旋转方向在顶部施加外力，拧转螺栓或螺母。

1）当要拧松螺栓、螺母时，其握法如图2-72所示。

2）当利用T形手柄进行螺栓、螺母的快速拆卸或者安装时，其握法如图2-73所示。

T形手柄的使用

图 2-72 拧松螺栓、螺母时手柄的握法

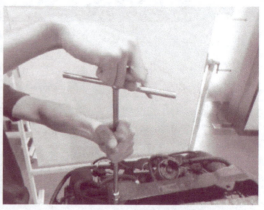

图 2-73 快速拆装时手柄的握法

模块1 常用扭力类拆装工具

3）当进行单手操作时，其握法如图2-74所示。

常用的T形手柄一般是套筒尺寸为8mm、10mm、12mm、14mm四种规格，套筒尺寸较小的T形手柄其相对应的螺栓、螺母力矩也较小，所以可单独使用T形手柄就可以进行拆装作业，但套筒尺寸较大的T形手柄，如15~19mm规格的手柄，因配套的螺栓、螺母的扭矩较大，使用T形手柄一般无法拧松，所以必须要借助其他的扭力工具，如旋转手柄、滑动T形杆等拧松之后再利用T形手柄进行快速拆卸，因其可允许施加的力矩较小，只能将螺栓、螺母初步紧固，无法拧紧到规定的力矩，因此需要借助其他的扭力扳手完成。

图2-74 单手操作时的握法

任务总结

1. 套筒类扳手的类型：按套筒方榫尺寸大小分类、按套筒长短分类、按套钳口形状分类、按照套筒钳口规格尺寸所遵循的标准分类、按照用途分类、按照外观形状不同分类、按套筒的表面处理方式分类。
2. 常用套筒方榫尺寸大小：1/2in、1/4in、3/8in。
3. 按用途分为动力套筒扳手和手动套筒扳手。
4. 注意花形套筒扳手与内六角扳手的区别。
5. 套筒转换的使用注意事项：在进行"小转大"使用时，应注意力矩。
6. 万向接头使用时角度不宜过大，使用气动工具时严禁使用万向接头。
7. 选用合适长度、尺寸的接杆进行拆装作业，提高工作效率。
8. 棘轮扳手不能用于拆卸大扭力的螺栓和螺母。

作 业

完成"学习工作页"任务2各项作业。

任务3 其他常用扳手的使用

学习目标

1. 熟悉并能够识别其他常用扳手的类型。
2. 学会对其他常用扳手进行日常保养。
3. 能选择及安全使用其他类型扳手。
4. 掌握其他类型扳手的使用注意事项。
5. 培养良好的职业道德与安全、环保意识。

汽车维修常用工具与仪器设备的使用

任务接受

修理车间王主任要求学生练习其他常用扳手的选择和正确使用。

任务接待参见"学习领域 1 汽车维修接待、沟通与管理"。

任务准备

3.1 其他常用扳手的工具准备

其他常用扳手的清单见表 3-1。

表 3-1 其他常用扳手的清单

名　　称	数　　量	名　　称	数　　量
梅花扳手	1 套/5 人	活扳手	1 套/5 人
梅花棘轮扳手	1 套/5 人	内六角扳手	1 套/5 人
呆扳手	1 套/5 人	动力扳手	1 套/5 人
两用扳手	1 套/5 人	扭力扳手	1 套/5 人
油管扳手	1 套/5 人	—	—

在汽车维修保养工作中，还涉及很多的其他常用工具，包括梅花扳手、梅花棘轮扳手、油管扳手、呆扳手、活扳手、外六角扳手、动力扳手和扭力扳手等，在本章节中，会对相应扳手的分类、作用和使用进行描述。

任务实施

3.2 梅花扳手的使用

1. 梅花扳手的认识

梅花扳手是指两头为花环状的扳手，且两头花环不一样大，所以也叫作双头梅花扳手，其规格有：10-12、22-24 等，是现实生活中容易见到的，它的使用率比棘轮扳手还要高。梅花扳手两端呈花环状，其内孔是由两个正六边形相互同心错开 30°而成的。很多梅花扳手都有弯头，常见的弯头角度在 10°～45°范围内，从侧面看梅花扳手，它的旋转螺栓部分和手柄部分是错开的，其结构如图 3-1 所示。

2. 梅花扳手的分类

梅花扳手主要有普通双头梅花扳手、直柄梅花扳手、弯柄梅花扳手、敲击梅花扳手、月牙双头梅花扳手和棘轮梅花扳手等多种

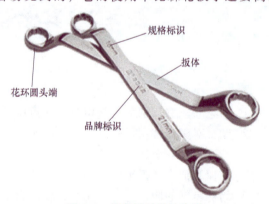

图 3-1 梅花扳手的结构图

类型。

1) 普通双头梅花扳手如图3-2所示。
2) 弯柄梅花扳手如图3-3所示。

图3-2 普通双头梅花扳手

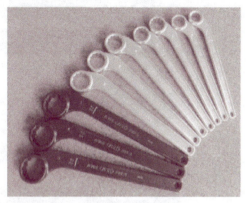

图3-3 弯柄梅花扳手

3) 直柄梅花扳手如图3-4所示。

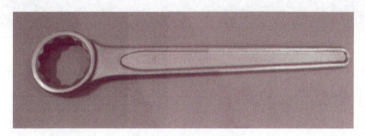

图3-4 直柄梅花扳手

4) 敲击梅花扳手如图3-5所示。
5) 月牙双头梅花扳手如图3-6所示。

图3-5 敲击梅花扳手

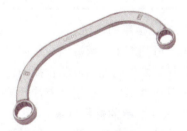

图3-6 月牙双头梅花扳手

6) 梅花棘轮扳手如图3-7所示。

在这一章节里面，以普通双头梅花扳手为例，进行详细的描述，在后面的章节中再对棘轮梅花扳手进行学习。

双头梅花扳手是日常维修工作中较常用的维修工具，其适应强，有多种规格，以世达梅花扳手为例介绍其尺寸标识，如图3-8所示，其规格见表3-2。

汽车维修常用工具与仪器设备的使用

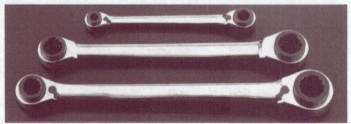

图 3-7　梅花棘轮扳手

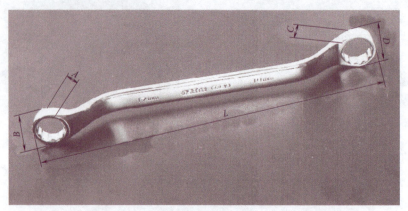

图 3-8　梅花扳手尺寸图

表 3-2　双头梅花扳手的规格对照表　　　　　　　　　　　　　（单位：mm）

规格	A	B	C	D	L
5.5~7	5.4	11.3	5.9	13.5	165
6~7	5.4	11.3	5.9	13.5	165
8~10	5.9	14	6.4	16	185
9~11	6.4	16.2	7.8	18.4	195
10~12	6.4	16.2	8	18.4	196
11~13	6.9	18.4	8.4	20.7	205
12~14	7.5	19.8	8	21.85	220
13~15	8.4	22.5	9	24.8	235

3. 梅花扳手的作用

由于梅花扳手的弯头结构，使得其方便于拆卸、装配在凹陷空间的螺栓、螺母，并可以为手指提供操作间隙，以防止擦伤，另外，因其容易套于螺母上且不易滑脱，适合于初松螺母或最后锁紧螺母，用于补充拧紧的操作中，可以使用梅花扳手对螺栓或螺母施加大转矩。

4. 梅花扳手的使用方法

梅花扳手有各种规格，使用时要选择与螺栓、螺母相同的扳手。因为扳手钳口是双六角形的，扳手转动 30°后就可调整位置，易于装配螺栓、螺母，这样就能在一个有限的空间内进行作业拆装，如图 3-9 所示。

在使用梅花扳手时，左手推住梅花扳手与螺栓连接处，保持梅花扳手与螺栓完全配合，防止滑脱，右手握住梅花扳手另一端并加力。梅花扳手可将螺栓、螺母的头部全部围住，因此不会损坏螺栓角，可以施加大力矩，其握法如图 3-10 所示。

梅花扳手的使用

模块1 常用扭力类拆装工具

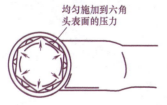 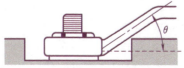 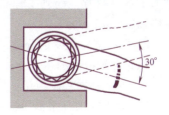

图 3-9 梅花扳手的使用

5. 梅花扳手的使用注意事项

1) 当使用扳手时,一定要确保扳手与螺栓、螺母尺寸及形状完全配合,否则会打滑造成螺栓、螺母的损坏,甚至会造成人身伤害。

2) 当扳转时,严禁将加长的管子套在扳手上,以延伸扳手的长度增加力矩,如图 3-11 所示。

3) 严禁锤击扳手,以增加力矩,否则会造成工具的损坏,如图 3-12 所示。

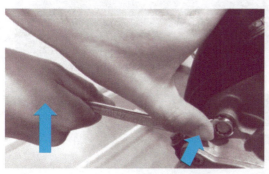 

图 3-10 梅花扳手的握法　　　　　　图 3-11 禁止使用套入管子增加力矩

4) 严禁使用带有裂纹和内孔已严重磨损的梅花扳手,如图 3-13 所示。

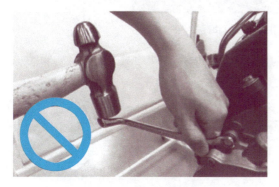 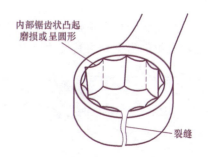

图 3-12 禁止使用锤子敲击　　　　　　图 3-13 禁止使用有裂纹的扳手

3.3 梅花棘轮扳手的使用

1. 梅花棘轮扳手的认识

梅花棘轮扳手也称为梅花快扳,它是普通梅花扳手的改进产品,它在梅花扳手的花环部

35

增加了棘轮装置,起到了像棘轮扳手一样的效果,其结构如图3-14所示。

2. 梅花棘轮扳手的分类

梅花棘轮扳手的主要分类有以下几种:

1)普通梅花棘轮扳手如图3-15所示。

2)双头双用(带换向拨杆)梅花棘轮扳手也叫作四用梅花棘轮扳手,如图3-16所示。

3)两用梅花棘轮扳手如图3-17所示。

图3-14 梅花棘轮扳手的结构图

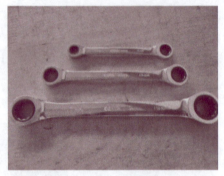

图3-15 普通梅花棘轮扳手

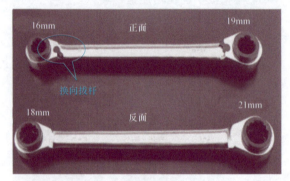

图3-16 双头双用梅花棘轮扳手

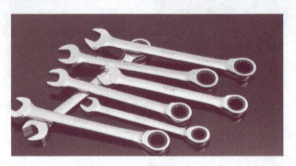

图3-17 两用梅花棘轮扳手

梅花棘轮扳手是日常维修工作中较常用的维修工具,其适应性较强,有多种规格,以世达梅花扳手为例介绍其尺寸标识,如图3-18所示,其规格见表3-3。

图3-18 梅花棘轮扳手的尺寸标识

表3-3 梅花棘轮扳手的规格对照表 (单位:mm)

规格	L/mm	D_1/mm	D_2/mm
8~9	131.0	18.0	19.5
8~10	131.0	18.5	21.8
10~11	151.0	21.8	23.5

模块 1 常用扭力类拆装工具

(续)

规格	L/mm	D_1/mm	D_2/mm
12~13	171.0	25.0	26.5
14~15	191.0	28.5	30.5
16~18	211.0	32.5	35.5
17~19	231.0	34.5	36.6

3. 梅花棘轮扳手的作用

梅花棘轮扳手的花环端头部设计有棘轮装置，在不脱离螺栓的情况下，可实现拧紧和松开方向的调整，并能进行单方向快速转动。

4. 梅花棘轮扳手的使用方法

梅花棘轮扳手可代替传统的棘轮扳手加套筒的组合，可适合更狭窄的空间作业。要想快速有效地拆卸长螺杆，使用普通套筒加棘轮扳手的组合往往很受限，但梅花棘轮扳手不会受到限制，如图 3-19 所示。

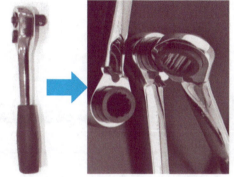

梅花棘轮扳手的使用

图 3-19 梅花棘轮扳手与棘轮手柄的对比

梅花棘轮扳手可以提供更小的转换角度，普通梅花扳手需要摆动 30°才能转动一个螺栓或者螺母（或者说是普通梅花扳手需要将扳手移出螺栓、螺母后摆动到另外一个旋转位置才能再进行拆装螺栓、螺母），但梅花棘轮扳手无须将扳手移出螺栓、螺母，只需要转动 5°就能够拆装作业，如图 3-20 所示。

梅花棘轮扳手只能用于作业空间比较大的地方，对于空间狭窄、凹陷等地方，梅花棘轮扳手无法操作，只能更换棘轮手柄进行作业。

5. 梅花棘轮扳手的使用注意事项

1）梅花棘轮扳手使用方便但不够结实，因此不能使用棘轮扳手对螺栓或螺母进行最后的拧紧。

2）梅花棘轮扳手内部安装了棘轮装置，严禁对棘轮手柄施加过大的转矩，否则会损坏内部的棘爪结构。

3）禁止使用管子套入梅花棘轮扳手，以加大扭力。

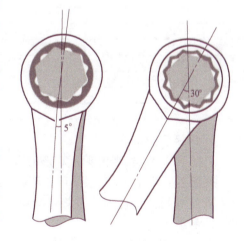

图 3-20 梅花棘轮扳手与普通双头梅花扳手的对比

4）禁止使用锤子敲击梅花棘轮扳手进行螺栓、螺母的拆装。

3.4 呆扳手的使用

1. 呆扳手的认识

呆扳手也叫作开口扳手或者叫作死扳手，其结构如图 3-21 所示。

2. 呆扳手的分类

呆扳手以其制造工艺分类有锻打的和冲压的，一般呆扳手分为双头呆扳手、敲击呆扳手、弯柄敲击呆扳手、直柄单头呆扳手、弯柄单头呆扳手和撬棒呆扳手等。在汽车维修工作中常用的就是双头呆扳手和两用扳手，本章节只介绍双头呆扳手，在后面章节会对两用扳手进行描述。

常用的双头呆扳手规格尺寸都有一定的差异，以某品牌的双头呆扳手为例，其尺寸标识如图3-22所示，其规格见表3-4。

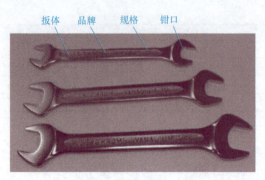

图 3-21 呆扳手的结构图

图 3-22 双头呆扳手的尺寸对照图

表 3-4 规格对照表 （单位：mm）

规格	L/mm	D_1/mm	D_2/mm
5.5~7	124.0	12.5	16.7
6~7	123.5	12.5	16.7
8~10	149.2	16.7	20.8
9~11	149.9	20.8	22.9
10~12	162.3	20.8	25.2
11~13	174.2	22.9	27.1
12~14	186.1	25.0	29.2
13~15	182.4	27.1	33.4

3. 呆扳手的作用

呆扳手其一头或者两头为U形的钳口，可套住螺栓、螺母六角的两个对向面。

呆扳手主要适用于无法使用套筒类扳手和梅花扳手操作的位置，因为这些螺栓、螺母必须从横侧面插入，此时，呆扳手就可以轻松地做到，而套筒扳手和梅花扳手不行，如图3-23所示。

呆扳手的钳与手柄存在一定的角度，这样可以通过反转呆扳手来增加适用空间，如图3-24所示。

4. 呆扳手的使用方法

1）当使用时，先将呆扳手套住螺栓或螺母六角的两个对向面，确保扳手与螺栓完全配合后才能施力。当施力时，一只手推住呆扳手与螺栓连接处，并确保扳手与螺栓完全配合后，另一只手大拇指抵住扳头，另外四指握紧扳手柄部往身边拉。当螺栓、螺母被扳转到极限位置后，将扳手取出并重复前面的过程。

开口扳手的使用

模块1 常用扭力类拆装工具

图3-23 呆扳手的作用　　　　　图3-24 呆扳手的角度转换作用

2）当选择呆扳手时，要根据螺栓头部的尺寸来确定合适的型号，并确保钳口的直径与螺栓头部直径相符，配合无间隙，然后才能进行操作，如图3-25所示。

3）在紧固燃油管、空调管路等的调整螺栓、螺母时，为防止零件的相对转动或者对零件的损坏，需要用两个呆扳手配合紧固，一个扳手固定一端的螺母，另外一个扳手紧固或者拆卸螺母，如图3-26所示。

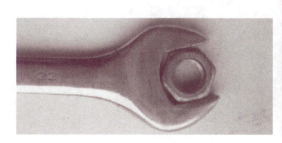 

图3-25 呆扳手与螺母的配合　　　　图3-26 呆扳手的配合使用

5. 呆扳手使用的注意事项

1）禁止使用呆扳手拆卸大力矩的螺栓和螺母，如图3-27所示。

图3-27 禁止使用呆扳手拆卸大力矩的螺栓和螺母

2）使用呆扳手时旋转的位置不能太高或者只夹住螺栓和螺母头部的一小部分，如图 3-28 所示，否则会在紧固或者拆卸的过程中造成打滑，从而导致损坏螺栓、螺母或扳手，甚至会对身体造成伤害。

图 3-28 呆扳手与螺栓、螺母的配合
a）扳手尺寸与螺栓尺寸不匹配　b）扳手没有完全套入螺母

3）禁止将呆扳手当作撬棍使用，这样会损坏工具和零部件，如图 3-29 所示。

图 3-29 禁止将呆扳手当作撬棍

4）禁止使用管子套入呆扳手，以增加拆装力矩，如图 3-30 所示。

5）禁止使用梅花扳手作为加长杆，以增加拆装力矩，如图 3-31 所示。

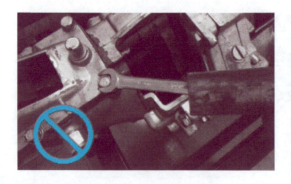 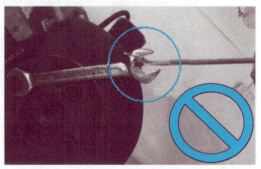

图 3-30 禁止使用管子套入呆扳手　　　图 3-31 禁止使用梅花扳手作为加长杆

模块 1　常用扭力类拆装工具

6）长期错误使用呆扳手会使钳口张开、磨损变圆或者开裂，禁止继续使用此类的扳手，否则会损坏螺栓、螺母的棱角，如图 3-32 所示。

7）禁止使用锤子敲击呆扳手来进行螺栓、螺母的拆装，以免损坏扳手或者损坏螺栓、螺母，如图 3-33 所示。

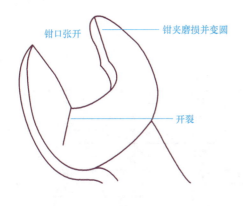

图 3-32　禁止使用磨损和开裂的扳手　　　　图 3-33　禁止使用锤子敲击扳手

3.5　两用扳手的使用

1. 两用扳手的认识

两用扳手也称为组合扳手，是把梅花扳手和呆扳手组合在一起，一端为开口端，另一端为梅花端，如图 3-34 所示。

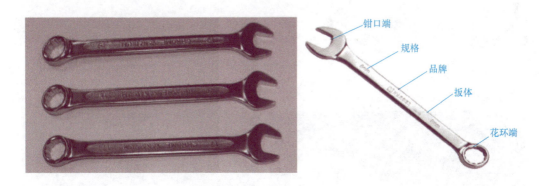

图 3-34　两用扳手

2. 两用扳手的分类

1）两用扳手可分为两种，一种是普通的两用扳手，如图 3-34 所示。

常用的两用扳手规格尺寸都有一定的差异，以某品牌的两用扳手为例，其尺寸标识如图 3-35 所示，其规格见表 3-5。

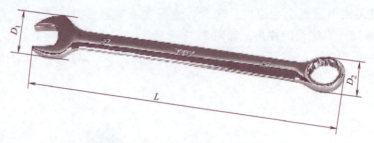

图 3-35 普通两用扳手的尺寸标识

表 3-5 普通两用扳手的规格（部分） （单位：mm）

规格	L	D_1	D_2
5.5	127.4	10.7	13.5
6	127.4	10.7	13.5
7	133.7	11.9	14.6
8	140.1	13.8	16.7
9	149.6	15.0	18.8
10	159.1	15.3	20.8
11	165.5	17.6	22.9
12	171.8	18.8	25.0

2) 另外一种就是棘轮两用扳手，也叫作两用快扳，普通棘轮两用扳手如图 3-36 所示，即一边是呆扳手，另一边是梅花棘轮扳手。

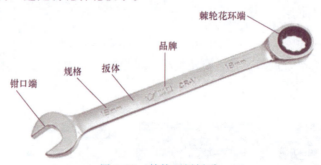

图 3-36 棘轮两用扳手

3) 棘轮两用扳手有些是带活动头的，有些是带换向拨杆的，如图 3-37 所示。

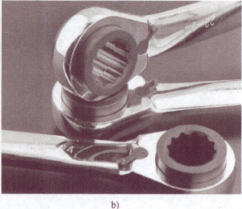

a)   b)

图 3-37 其他结构的棘轮两用扳手
a) 带活动头棘轮两用扳手　b) 带换向拨杆棘轮两用扳手

模块 1　常用扭力类拆装工具

4）尺寸规格。常用的棘轮两用扳手规格尺寸都有一定的差异，以某品牌的两用扳手为例，其尺寸标识如图 3-38 所示，其规格见表 3-6。

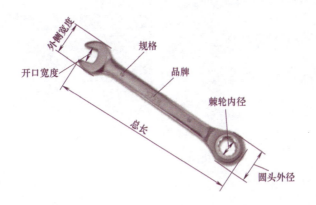

图 3-38　棘轮两用扳手的尺寸标识

表 3-6　棘轮两用扳手的规格（部分）　　　　　　　　　　（单位：mm）

规格	开口宽度	外侧宽度	棘轮内径	圆头外径	总长
6	6	15	6	19	125
7	7	17	7	19	142
8	8	18	8	20	142
9	9	20	9	23	150
10	10	22	10	23	158
11	11	24	11	25	165
12	12	25	12	28	175

3. 两用扳手的作用

两用扳手既具备了梅花扳手的功能，又具备了呆扳手的功能，因此使用起来十分方便。

4. 两用扳手的使用方法

1）在紧固过程中，可以先使用两用扳手的开口端把螺栓旋到底，再使用梅花端完成最后的紧固，而拧松时先使用梅花端。

2）呆扳手和梅花扳手的使用注意事项，同样适用于两用扳手，不可使用开口端进行最后的拧紧，如果必须使用呆扳手进行最后的拧紧，要完全按照螺栓或螺母扭矩的要求，不能过大，否则会导致螺栓棱角损坏。

两用扳手的使用

3.6　油管扳手的使用

1. 油管扳手的认识

油管扳手是介于梅花扳手与呆扳手之间的一种扳手，其钳口部分带有开口，与螺栓、螺母的配合部分为六角结构，如图 3-39 所示。油管扳手的规格型号一般有 6～8mm、8～10mm、9～11mm、10～12mm、12～14mm、14～17mm、15～17mm、16～18mm、17～19mm、19～22mm、22～24mm、24～27mm，在进行维修作业时，应选择合适的油管扳手进行拆装。

油管扳手有多种结构外观，以世达品牌的油管扳手为例，其结构如图 3-40 所示。

汽车维修常用工具与仪器设备的使用

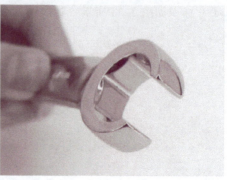

图 3-39 油管扳手

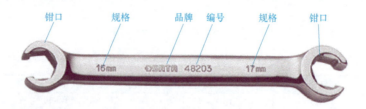

图 3-40 油管扳手的结构图

2. 油管扳手的分类

按结构外观分类,油管扳手有以下几种:
1)普通的双头油管扳手如图 3-40 所示。
2)油管扳手接头如图 3-41 所示。

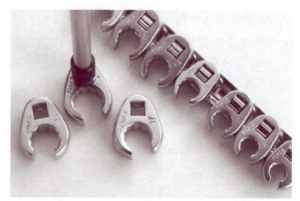

图 3-41 油管扳手接头

3)棘轮油管扳手也叫作棘轮两用油管扳手,如图 3-42 所示。
4)活动头棘轮油管扳手如图 3-43 所示。
5)双头可活动棘轮油管扳手如图 3-44 所示。
6)油管扳手还有六角与双六角之分,如图 3-45 所示。

模块 1　常用扭力类拆装工具

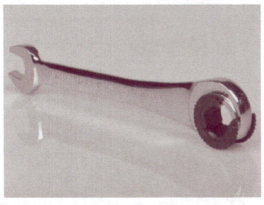

图 3-42　棘轮油管扳手

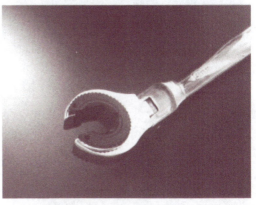

图 3-43　活动头棘轮油管扳手

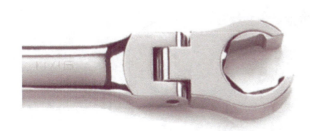

图 3-44　双头可活动棘轮油管扳手

图 3-45　双六角与六角油管扳手

3. 油管扳手的作用

油管扳手是维修制动系统管路、燃油系统管路、空调系统高低压管路和转向助力系统液压管路的必备工具。图 3-46 所示为制动系统管路接口。

由于相关系统的管路和管件都是由软金属制作而成的，在进行拆装时，如果是扭力较大的情况，很容易导致管路和管件变形，如果用呆扳手进行拆装，因呆扳手的受力面积有限，会磨损螺母的棱边，而油管螺母扳手会将整个螺母夹住，受力面积也增加，所以其提供的夹持力较大，很好地保护扳手本身和管路、管件。

图 3-46　制动系统管路接口

油管扳手既能像梅花扳手一样保护螺母的棱角，又能像呆扳手一样从侧面插入，并有效实施作业。

4. 油管扳手的使用方法

使用油管扳手时注意以下几点：

油管扳手的使用

1）禁止选择与螺栓、螺母不相匹配的油管扳手进行拆装作业，油管扳手与螺母必须为同一尺寸规格，如图3-47所示。

2）在管路与管路的连接位置，禁止使用单个油管扳手进行拆装，必须选择两个油管扳手进行作业，如图3-48所示。

图3-47 螺母与扳手相配

图3-48 油管扳手的配合使用

3）禁止用油管扳手拧紧力矩较大的普通螺栓和螺母。

3.7 活扳手的使用

1. 活扳手的认识

活扳手也叫作可调扳手，适用于尺寸不规则的螺栓和螺母，如图3-49所示。

2. 活扳手的分类

不同活扳手的规格尺寸都有一定的差异，主要是以其长度和最大开口来进行区分，如图3-50所示。

以某品牌的两用扳手为例，如图3-51所示，具体规格尺寸见表3-7。

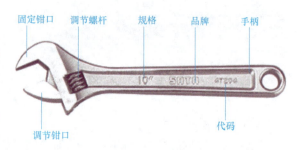

图3-49 活扳手

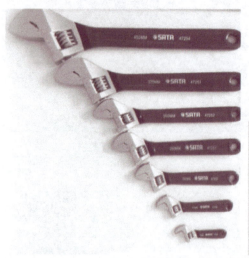

图3-50 各种长度的活扳手

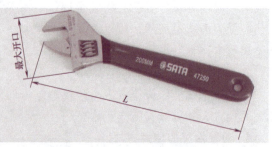

图3-51 活扳手的规格标识

模块1 常用扭力类拆装工具

表3-7 活扳手的尺寸规格对照表（部分）

规格/in	L/mm	最大开口/mm
4	101.6	12.8
6	152.4	19.2
8	203.2	24.1
10	254.0	28.8
12	304.8	33.6
15	381.0	43.3
18	457.2	52.4
24	609.6	62

活扳手的分类主要有以下几种：

1）普通常用的活扳手如图3-52所示。

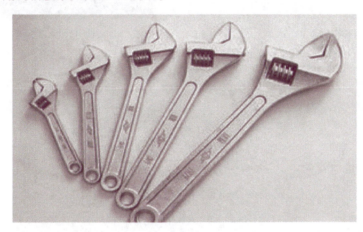

图3-52 普通常用的活扳手

2）大开口活扳手。如图3-53所示，大开口活扳手适用于大尺寸的螺栓和螺母，一般多用于工业、船舶或者工程机械车辆上。

3）大力活扳手。如图3-54所示，其工作扭力大于传统的活扳手，具备了大力钳和活扳手的两种功能。其开口部分的两个受力边增加了防滑齿，增大了被夹物体与扳手的摩擦力，能够实现精密咬合，快速拧转。另外，因其具备了钳子的功能，所以还可以当作夹具来使用。

4）万能活扳手。如图3-55所示，万能活扳手其开口部分与传统的活扳手区别较大，它可实现扳手与螺栓、螺母的多边、

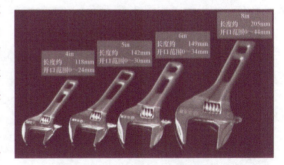

图3-53 大开口活扳手

边面积接触，包裹性强，能更好地保护了螺栓、螺母的棱角。另外，对于万能扳手，其没有传统的调节螺杆，这样就能够承受更大的扭转力矩。

3. 活扳手的作用

活扳手能够在一定范围内任意调节开口的宽度尺寸，一个可调扳手可以代替多个呆扳

手。对于某些特殊的活扳手还具备其他的功能,如万能活扳手还可以用于钢管的拆卸等,如图 3-56 所示。

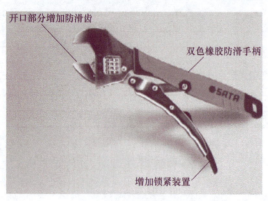

图 3-54 大力活扳手

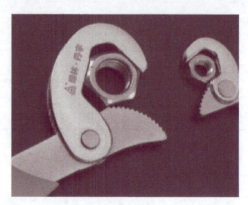

图 3-55 万能活扳手

图 3-56 活扳手的作用

4. 活扳手的使用方法

活扳手的使用方法如下:

1) 使用活扳手时应先将活扳手调整合适,使活扳手钳口与螺栓、螺母两对边完全贴紧,不应存在间隙,如图 3-57 所示。

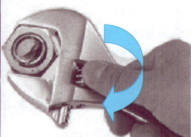

活动扳手的使用

图 3-57 扳手与螺栓、螺母的接合

2) 当使用时,要使活扳手的可调钳口部分受推力,固定钳口受拉力,只有这样施力,才能保证螺栓、螺母及扳手本身不被损坏。如果不按照这种方法转动扳手,会使压力作用在调节螺杆上,在施力时促使钳口变大,将损坏螺栓、螺母的棱角和扳手本身,如图 3-58 所示。

模块1 常用扭力类拆装工具

图 3-58 扳手的使用方法

5. 活扳手的使用注意事项

1）当使用时，严禁在扳手上随意加装套管或敲击活扳手，如图 3-59 所示。

2）禁止将活扳手当作锤子来使用，这样会使活扳手损坏，如图 3-60 所示。

3）禁止使用活扳手对大扭矩螺栓、螺母的拆卸与安装，这是因为活扳手的钳口没有固定，在进行大扭矩螺栓、螺母的拆卸与紧固过程中会把螺栓、螺母的棱角损坏，甚至损坏活扳手本身，如图 3-61 所示。

图 3-59 禁止使用管套加长

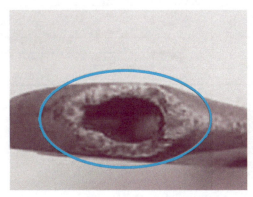 

图 3-60 禁止将扳手当作锤子使用　　　图 3-61 禁止用于大扭矩的螺栓和螺母

3.8 内六角扳手的使用

1. 内六角扳手的认识

内六角扳手呈 L 形状，一种用于内六角圆柱头螺栓拆装的特种工具，六角棒状，简单轻巧。

内六角扳手有很多规格尺寸，以某品牌的内六角扳手为例，主要是以其端头部分的尺寸来进行区分大小，如图 3-62 所示，其长短会因厂家或者品牌的不同而有所区别，参照国标，具体规格尺寸见表3-8。

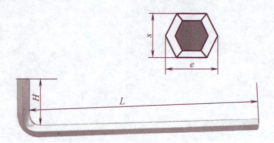

图 3-62　内六角扳手规格标识

表 3-8　内六角扳手的基本规格尺寸　　　　　　　　　　　（单位：mm）

规格	s		e		L	H
	最大	最小	最大	最小		
2	2.00	1.96	2.25	2.18	50	16
2.5	2.50	2.45	2.82	2.75	56	18
3	3.00	2.96	3.39	3.31	63	20
4	4.00	3.95	4.53	4.44	70	25
5	5.00	4.95	5.67	5.58	80	28
6	6.00	5.95	6.81	6.71	90	32
7	7.00	6.94	7.95	7.84	95	34
8	8.00	7.94	9.09	8.97	100	36
10	10.00	9.94	11.37	11.23	112	40
12	12.00	11.89	13.65	13.44	125	45
14	14.00	13.89	15.93	15.70	140	56
17	17.00	16.89	19.35	19.09	160	63
19	19.00	18.87	21.63	21.32	180	70
22	22.00	21.87	25.05	24.71	200	80
24	24.00	23.87	27.33	26.97	224	90
27	27.00	26.87	30.75	30.36	250	100
32	32.00	31.84	36.45	35.98	315	125
36	36.00	35.84	41.01	40.50	355	140

2. 内六角扳手的分类

1）以前的内六角扳手两端都是不带球形头的，叫作平头内六角扳手，如图3-63所示。

2）现在市场上销售的多数为球形头的，球形头的用处就是为了可以在最大30°倾斜的情况下旋紧螺丝，在一些特殊的安装位置这种扳手会更方便一些，如图3-64所示。

图 3-63　平头的内六角扳手

图 3-64　带球形头的内六角扳手

3)另外一种就是花形内六角扳手,其端部为花形结构,如图3-65所示。

图3-65 花形内六角扳手

4)T形内六角扳手如图3-66所示。其所形成的力臂较长,用于松开较大扭矩的内六角头螺栓,另外其杆身也较L形的长。

5)三角形内六角扳手如图3-67所示,其三个端头为不同规格尺寸的六角。

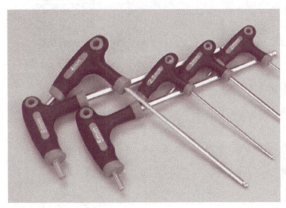 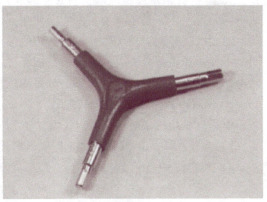

图3-66 T形内六角扳手　　　　　　图3-67 三角形内六角扳手

6)Z形内六角扳手如图3-68所示。

7)内六角批头如图3-69所示。配合套筒或者电动、气动工具一起使用。棘轮内六角扳手使用更方便,如图3-70所示。

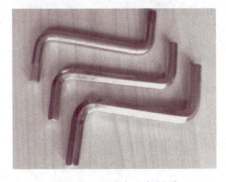 

图3-68 Z形内六角扳手　　　　　　图3-69 内六角批头

汽车维修常用工具与仪器设备的使用

图 3-70　棘轮内六角扳手

3. 内六角扳手的作用

内六角扳手专门用于拆装内六角和花形内六角头螺栓，是内六角头螺栓的专用拆装工具。

4. 内六角扳手的使用方法

1）L形内六角扳手，其长端的尾部设计成球形，有利于内六角扳手从不同角度操作，便于狭小角度空间使用。

2）比如所要拆卸的螺栓上方有其他部件，直着放不进去，横着空间又不够。如果是直头内六角扳手，扳手就一定要与螺丝成一条直线才能操作，此时就是空间受限，那么就要用球形头。

内六角扳手的使用

5. 使用内六角扳手的注意事项

使用内六角扳手时应注意以下几个方面：

1）当使用内六角扳手时，应选取与螺栓内六方孔相适应的扳手，如图3-71所示。

2）禁止使用任何加长装置（如梅花扳手、管子等），以增加拆装力矩，如图3-72所示。

图 3-71　螺栓与扳手的匹配

图 3-72　禁止使用加长装置

3）当L形的内六角扳手无法拆卸相关的螺栓时，特别是对于大扭矩的螺栓，可采用内六角套筒扳手进行拆卸，以避免损坏螺栓的棱角而导致螺栓无法拆卸。

内六角扳手能够流传至今，并成为工业制造业中不可或缺的得力工具，关键在于它本身所具有的独特之处和诸多优点：

① 它很简单而且轻巧。
② 内六角圆柱头螺钉与扳手之间有六个接触面,受力充分且不容易损坏。
③ 可以用来拧深孔中的螺钉。
④ 扳手的直径和长度决定了它的扭转力。
⑤ 可以用来拧非常小的螺钉。
⑥ 容易制造,成本低廉。
⑦ 扳手的两端都可以使用。

3.9 动力扳手的使用

在汽车维修工作中仅靠手工工具是不够的,还会用到气动工具和电动工具。在进行大扭矩拆装作业中,经常会用到气动扳手和电动扳手等动力型扳手,如图3-73所示。

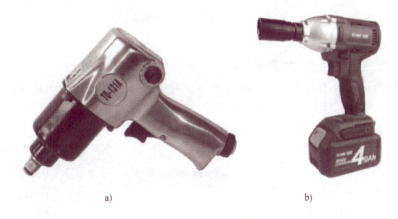

图 3-73 动力扳手
a)气动扳手 b)电动扳手

动力扳手方榫部位的尺寸一般有1in、1/2in、3/4in、3/8in等规格,方榫头越大,动力扳手的扭力越大。

3.9.1 气动扳手

1. 气动扳手的认识

气动扳手也称为风动扳手,是一种以压缩空气为动力源,从事螺栓或螺母拆装的快速操作工具,其结构如图3-74所示。

工作的时候气动扳手噪声比较大,如炮声一样,故而得名"风炮"。它的动力来源是空气压缩机输出的压缩空气,当压缩空气进入气动扳手气缸之后带动里面的叶轮转动而产生旋转动力。叶轮再带动相连接的打击部位进行类似锤打的运动,在每一次敲击之后,把螺丝拧紧或者卸下来。它是一种既高效、又安全的拆装螺丝的工具。大的气动扳手所产生的力量比两个成年人用2m多长的扳手使劲去拧紧螺丝的力量还要大,它的力量通常跟空气压缩机的压力成正比,压力大产生的力量大,反之则小。一旦用的压力过大,在拧紧螺钉的时候容易损坏螺丝。

2. 气动扳手的分类

根据所拆卸的螺栓力矩大小不同,所采用的气动扳手种类也不相同,常见的气动扳手有

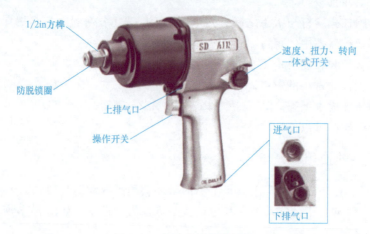

图 3-74 气动扳手的结构图

冲击扳手和气动棘轮扳手两种。

气动扳手按其结构或者功能的不同还有以下几种:

(1) 大扭力气动扳手　大扭力气动扳手属于冲击型扳手,适用于大扭矩的螺栓和螺母,多用于工程机械车辆、货车和客车上,如图 3-75 所示。

(2) 冲击型气动扳手　冲击型气动扳手也是日常汽车维修中常用的冲击扳手,如图 3-76 所示。

迷你型气动扳手如图 3-77 所示。这种气动扳手属于棘轮型扳手,它的扭力较小,一般适用于小扭矩螺栓和螺母的快速拆卸与安装,而且基本上都要事先松开螺栓和螺母才能使用。

图 3-75 大扭力气动扳手

图 3-76 常用的冲击型气动扳手

图 3-77 迷你型气动扳手

3. 气动扳手的作用

气动扳手主要用于快速拆装螺栓或者螺母。

4. 气动扳手的使用

气动扳手要与专用的套筒结合使用,专用的套筒经过专门加工制作,其特点是能防止零

模块1 常用扭力类拆装工具

件或者套筒从传动装置上飞出。图3-78所示为气动扳手的专用六角套筒、内六角套筒、花形套筒和转换接头。

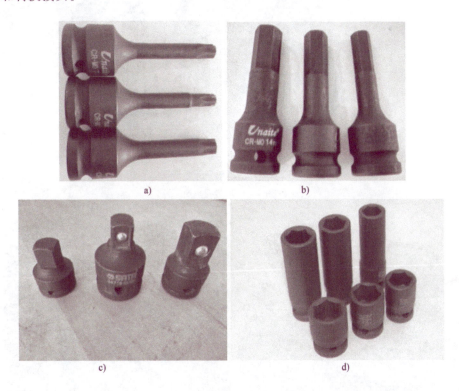

图3-78 气动扳手的专用六角套筒、内六角套筒、花形套筒和转换接头
a) 气动花形套筒 b) 气动内六角套筒 c) 气动转换接头 d) 气动六角套筒

气动扳手不仅能够拆卸螺栓或螺母,也可以拧紧螺栓或螺母,所以在使用气动扳手前,先要对其旋转方向(正转或反转)进行选择调节,如果带有扭矩调整功能,则按照所需施加扭矩的大小进行扭矩调节,再将气源管路紧固连接到气动扳手的气源接口上,站在一个安全舒适且容易施力的位置,握紧气动扳手把手,并用手按动气源开关,在气压的作用下,使套筒带动螺栓、螺母自动旋拧。

5. 使用气动扳手的注意事项

1) 气动扳手的润滑和防锈要使用指定的锭子油、缝纫机油(针车油),并应定期检查气动扳手,切勿使用一般机油或回收机油,否则将严重损坏内部机件,如图3-79所示。

2) 作业时请在大约680kPa的空气压力下使用本工具,过低的气压会无法发挥工具的能力,过高的气压会迅速减少工具的寿命,如图3-80所示。

3) 如果没有加油器,请在工作前、后向本机指定的注油口加油,这样能使本机发挥最佳功能。

4) 定期查看过滤装置内是否有污水与杂质,若有,应及时排水排污,一般为1次/周。

5) 查看空气软管及接头有无漏气、松动或者破损,以防进入气动工具内的压缩空气压力不够,如图3-81所示。

55

汽车维修常用工具与仪器设备的使用

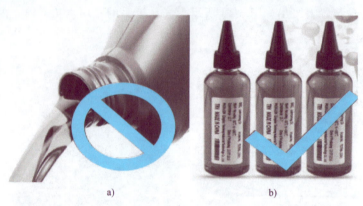

图 3-79 气动扳手的润滑

a）机油 b）缝纫机油

图 3-80 空气压缩机提供的压力值

图 3-81 气管开裂

6）查看气动工具本身及气动工具附件是否连接可靠，以防高速转动时损坏工具或伤到人。

7）非气动专用工具附件一律不得用于气动工具上，如普通六角套筒、双六角套筒、转

56

模块1 常用扭力类拆装工具

换接头和花形套筒等,如图3-82所示。

图3-82 禁止使用的工具
a) 六角套筒 b) 双六角套筒 c) 转换接头 d) 花形套筒

8) 如果用气动扳手从螺纹上完全取下螺母,则旋转力可使螺母飞出。此时应注意,当使用气动扳手拆卸螺栓和螺母时,到螺栓和螺母最后脱离螺纹时应控制气动扳手的转速和扭力,及时松开气源按钮(气动开关),如图3-83所示。

9) 在拧紧螺栓和螺母时,应先用手将螺栓和螺母对准螺纹并带入至少三个螺纹,如图3-84所示,如果一开始就打开气动扳手,则螺纹会被损坏。

图3-83 禁止用气动扳手完全取下螺母

图3-84 螺栓和螺母拧上后使用气动扳手

10）气动扳手在对螺栓和螺母进行紧固时并不能设置到螺栓和螺母规定的扭矩,所以在最后应使用扭力扳手检查螺栓和螺母的紧固扭矩（扭力扳手在后面的章节中会进行讲解）。

3.9.2 电动扳手

1. 电动扳手的认识

电动扳手就是以电源或电池为动力的扳手,是一种拧紧高强度螺栓的工具,又叫作高强螺栓枪。以前电动扳手多数采用220V单相串励式电动机驱动,这种电动机结构与汽车起动机相似,它扭矩较大,适合于断续工作。现阶段市场上出现了12V和24V为电源的电动扳手。

2. 电动扳手的分类

电动扳手主要分为冲击扳手、扭剪扳手、定扭力扳手、转角扳手和角向扳手。电动扳手根据其功能作用广泛应用于汽车、钢结构桥梁、厂房和发电设备等各行业的施工作业中。在汽车的日常维修中用得较多的是冲击型电动扳手和定扭力扳手两种,如图3-85所示。

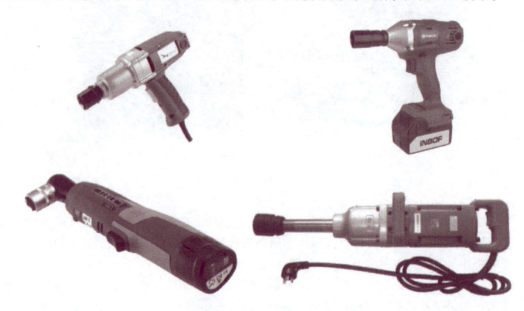

图3-85　各类电动扳手

3. 电动扳手的作用

电动扳手与气动扳手功能相似,也是用于快速拆装螺栓或螺母的动力型扭力工具。

4. 电动扳手的使用

在日常的车辆维修工作当中,从安全角度考虑,气动扳手比电动扳手的使用率更高,在一些作业场合当中需要用到电动扳手,当使用电动扳手时,安全必须放在第一位。

电动扳手的检验及保养主要有以下四点：

1）电动扳手的金属外壳应可靠接地,其外壳应有定期检验合格证,并在有效期限内。

2）检查电动扳手机身安装螺钉紧固情况,若发现螺钉松了,应立即重新拧紧,否则会导致电动扳手故障。

3）检查手持电动扳手两侧的手柄是否完好,不开裂或破损,安装应牢固。

模块 1　常用扭力类拆装工具

4）检查电动扳手的导线是否有开裂破损，插头是否有松动现象，严防触电危险。

5. 使用注意事项

1）确认现场所接电源与电动扳手铭牌是否相符，是否接有漏电保护器，如图 3-86 所示。

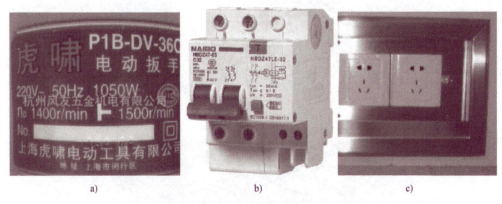

图 3-86　电源与扳手的匹配
a）电动扳手的标识牌　b）漏电开关　c）电源插座

2）根据螺母大小选择匹配的套筒，并妥善安装，如图 3-87 所示。

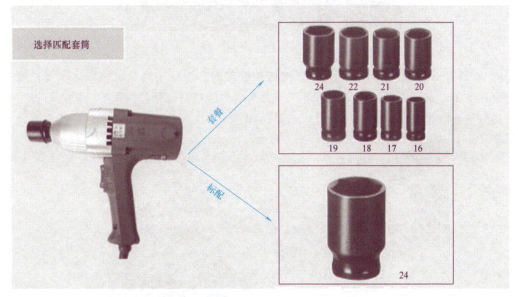

图 3-87　匹配的专用套筒

3）装配一个螺纹件，一般冲击时间为 2~3s，不应经常超过 5s。

4）电动扳手一般是定扭矩的，因此进行旋紧操作时必须注意扳手的使用范围，以防拧断螺栓。

5）接通电动扳手电源前应确认电动扳手上开关处于断开状态，否则插头插入电源插座时电动扳手将出其不意地立刻转动，从而可能导致人员受伤害，如图 3-88 所示。

6）电压过低或过高时都不宜使用电动扳手，如图 3-89 所示。

7）当变换转向时，应先用电源开关切断电源，再扳动正反转开关，以保护正反转开关。

汽车维修常用工具与仪器设备的使用

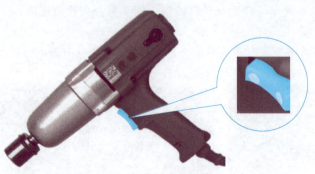

图3-88 确认开关状态

图3-89 合适的供电电源

8）当作业场所在远离电源的地点，需延伸线缆时，应使用容量足够、外接线长度和直径符合标准的线缆，否则会因为电压下降过大造成导线过热。延伸线缆如通过人行过道应高架或做好防止线缆被碾压损坏的措施，如图3-90所示。

a)　　　　　　　　　　　　　　b)

图3-90 粗导线与线槽
a）足够容量的导线　b）线槽

9）尽可能在使用时找好反向力距支靠点，以防反作用力伤人。

10）当发现电动机电刷异常时，应立即停止工作，进行检查处理，排除故障。此外电刷必须保持清洁干净。

11）在使用电动扳手过程中，安全应放在第一位，如果稍有疏忽，不但会造成伤害，还可能会因漏电造成触电乃至人身伤亡事故，所以要确保电动扳手使用的电线或插头完好无损，绝缘层无脱落，无金属丝外露，如图 3-91 所示。

图 3-91　损坏的导线

12）在使用电动扳手时，还应确保工作环境干燥无积水，如图 3-92 所示，以避免电动扳手及其连接线与水接触。

图 3-92　保持作业环境的干净整洁

3.10　扭力扳手的使用

3.10.1　扭力扳手的认识

在汽车维修当中，扭力扳手是必不可少的维修工具，不管是发动机大修，还是汽车的日常维护，都会用到扭力扳手。

扭力扳手通常也称为扭力手柄或者转矩扳手，它是一种在手柄上能够指示力矩值的、与套筒配套使用的手柄工具，汽车零部件的安装需要螺栓、螺母来连接，而螺栓、螺母在进行紧固的时候有一定的转矩要求，单单靠维修人员拧紧的感觉是达不到标准要求的，而且对于相关的精密部件的连接，如发动机曲轴、连杆和气缸盖等这些要求精确扭矩的螺栓，更加需要扭力扳手来完成紧固，否则就会导致汽车相关故障的产生。以预置力式扭力扳手为例，其结构如图 3-93 所示。

3.10.2　扭力扳手的分类

1. 按照力矩值指示形式不同分类

在现阶段的汽车日常维修当中，按照指示形式不同，常用的扭力扳手主要有指针式扭力扳手、表盘式扭力扳手、预置力式扭力扳手和电子数显式扭力扳手四种。

1）指针式扭力扳手如图 3-94 所示。

2）表盘式扭力扳手如图 3-95 所示。

汽车维修常用工具与仪器设备的使用

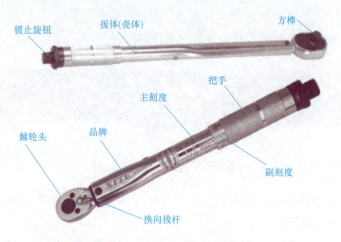

图 3-93 预置力式扭力扳手的结构图

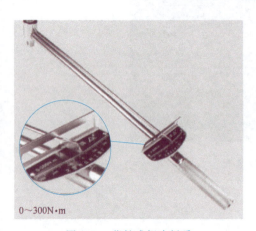

图 3-94 指针式扭力扳手

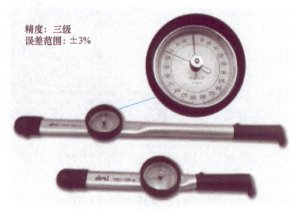

图 3-95 表盘式扭力扳手

3）预置力式扭力扳手如图 3-96 所示。
4）电子数显式扭力扳手如图 3-97 所示。

图 3-96 预置力式扭力扳手

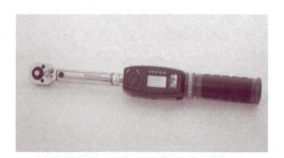

图 3-97 电子数显式扭力扳手

2. 按扳手的方榫部位尺寸大小分类

按照扭力扳手的方榫部位尺寸大小不同，可分为 1/4in、3/8in、1/2in、3/4in、1in 五种，如图 3-98 所示。

模块 1　常用扭力类拆装工具

3. 按棘轮头部是否可更换分类

按棘轮头部是否可更换分为不可更换和可更换的扭力扳手，图 3-99 所示为棘轮头可更换的扭力扳手。

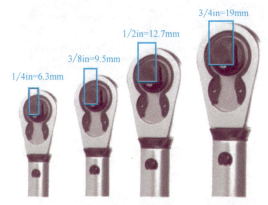

图 3-98　以方榫头尺寸大小分类

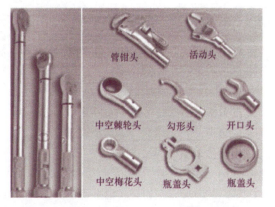

图 3-99　棘轮头可更换的扭力扳手

3.10.3　扭力扳手的作用

扭力扳手主要用于有规定扭矩值的螺栓和螺母的装配，如气缸盖、连杆和曲轴主轴承等处的螺栓。

3.10.4　扭力扳手的使用方法

1. 指针式扭力扳手的使用方法

指针式扭力扳手结构相对比较简单，其力臂由单片板簧或者扳杆构成，指针式扭力扳手现阶段常用的规格是方榫头尺寸为 1/2in 的扭力扳手，其他尺寸的相对较少。在拧紧螺栓或螺母时，板簧或者扳杆变形，利用该变形，拧紧力矩直接显示在靠近扳手手柄的地方，即通过刻度盘读出。

图 3-100 所示为指针式扭力扳手的结构，包括刻度盘、杆身和方榫头。

指针式扭力扳手的使用

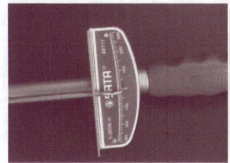 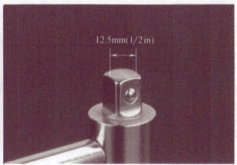

图 3-100　指针式扭力扳手的结构

指针式扭力扳手的具体使用方法如下：

1）检查零位。在使用指针式扭力扳手前，应检查指针正确无误地指向零位，如图 3-101 所示。

2）选择套筒。必须使用与螺栓或螺母尺寸适合的且能够适合扭力扳手的套筒，且其方孔部分与扳手的方榫部分匹配，如图 3-102 所示。

63

汽车维修常用工具与仪器设备的使用

3）扭力扳手的握法。当使用扭力扳手时，要用手握住套筒与扭力扳手接合处或者是接杆与扭力扳手的接合处，保证扳手和套筒不会脱离，此时应注意不要触碰到指针，否则会导致读数不准，另外一只手握住扳手的手柄。图3-103所示为扭力扳手的握法。

4）正确操作。对于利用板簧结构的指针式扭力扳手来说，当用扭力扳手测量转矩时，必须使枢轴把手与板簧分离，如果

图3-101　检查刻度盘指针位于零位

它们相互接触就会造成转矩读数不准。在进行拧紧操作时，应握紧扭力扳手的把手，向自己的方向用力拉，拉把手的方向应与力臂的方向成直角，如图3-104所示。

a)

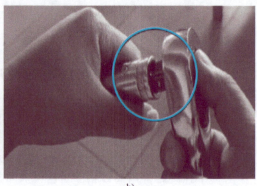
b)

图3-102　选择合适的套筒

a）与螺栓大小匹配的套筒　b）与扳手方榫匹配的套筒

图3-103　扭力扳手的握法

5）汽车维修中常用的指针式扭力扳手的规格为300N·m。使用指针式扭力扳手需要注意以下几点：

① 扭力扳手需经过转矩校准。

② 拧紧前要确认指针是否在"零"位。

③ 确认指针不会触碰到扳杆身或者刻度盘。

④ 拧紧时确保枢轴把手不会触碰到板簧或者扳杆体。

模块1 常用扭力类拆装工具

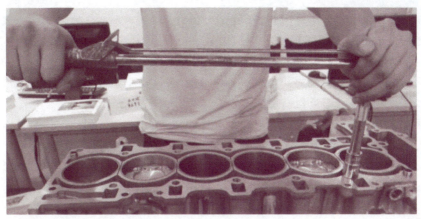

图 3-104 指针式扭力扳手的操作方法

⑤ 拧紧力矩不要超过扳手最大极限值。
⑥ 紧固后需清洁和润滑,并置于干燥处。

2. 预置力式扭力扳手的使用方法

预置力式扭力扳手的设计原理是通过将手柄端部的套筒转动到所需的刻度可以预先设定转矩,这样在拧紧过程中,操作人通过声音和手感就能知道已经到达预设转矩。当听到"咔嗒"声响后应停止施力,以保证转矩的正确,当扳手设定在较低的力矩值时,警告声可能很小,所以应特别注意。

预置力式扭力扳手的使用

预置力式扭力扳手有多种规格,按方榫头或者棘轮头的大小尺寸分为1in、3/4in、1/2in、3/8in、1/4in 五种,如图3-105所示。

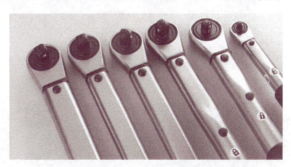

图 3-105 各种方榫的预置力式扭力扳手

预置力式扭力扳手又可分为棘轮头可换和不可换两种,如图3-99所示。

这里不能对各个规格的扭力扳手进行一一描述,本章节以某品牌扳手为例,列出其规格技术参数,见表3-9。

表 3-9 预置力式扭力扳手的技术参数(部分)

产品型号	预置范围 N·m	分度值 N·m	精度 %	总长度 mm	有效力臂 mm	头部宽度 mm	手把直径 mm	方榫尺寸 in	净重 kg	可配开口头尺寸 /mm	开口头与扳手配接尺寸 /mm
Y20	4~20	0.2	±4	290	213	36	φ18	3/8	0.5	S8-41	φ12
Y60	12~60	0.4	±4	325	248	36	φ18	3/8	0.6	S10-41	φ12
Y100	20~100	1	±4	425	358	40	φ22	1/2	1.0	S12-50	φ16
Y200	40~200	1	±4	480	387	48	φ24	1/2	1.5	S15-60	φ18
Y300	60~300	1	±4	585	492	48	φ24	1/2	1.7	S19-60	φ18
Y500	150~500	2.5	±4	710	602	50	φ28	3/4	3	S24-65	φ20
Y750	200~750	2.5	±4	800	694	50	φ34	3/4	4.5	S30-75	φ25
Y1000	300~1000	5	±4	900	788	60	φ34	1	6	S36-75	φ25

预置力式扭力扳手的具体使用方法如下：

（1）选用合适量程的扭力扳手　在扭力扳手的使用中，首先要根据测量工件的要求，选取适中量程的扭力扳手，所测力矩值不可小于扭力器在使用中量程的20%，而拧紧力矩最大值一般不要超过扳手最大力矩值的80%。太大的量程不宜用于小力矩部件的加固，小量程的扭力扳手更不可以超量程使用。

（2）根据工件所需转矩值的要求，确定预设转矩值　当预设转矩值时，将扳手的手柄上锁定机构解锁，通常有锁止旋钮、锁止旋杆和锁止套等，然后转动把手或者手柄，调节标尺主刻度线与副刻度线数值，直到所需转矩值，其读数与千分尺类似，然后锁定锁止机构，手柄自动锁定，此时扭力扳手已经调节到所需的转矩值，如图3-106所示。

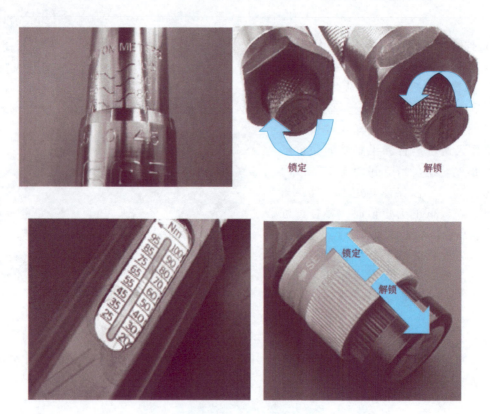

图3-106　设定转矩值并锁定

（3）确认扭力扳手与固定件连接可靠并已锁定　当用扭力扳手时，先将扳手方榫连接好辅助配件（如套筒、接杆等），确保连接已经没有问题，如图3-107所示。

在加固扭力之前，设定好需要加固的力矩值，并锁好锁定装置，调整好方向转换钮到加力方向，如图3-108所示，然后在使用时先快速连续操作5~6次，使用扳手内部组件上的特殊润滑剂能充分润滑，这样使用扭力扳手更加精确。

当换向拨杆未拨到相应位置就加力时，可能会因为啮合不良损坏内部棘轮机构，甚至会造成人员伤害。

模块1 常用扭力类拆装工具

图3-107 确认辅助配件已经牢固安装

图3-108 调整好换向机构
a) 顺时针转动（紧固） b) 逆时针转动（松开） c) 旋转换向

（4）扭力扳手的加力方法 在扳手方榫上装上相应规格的套筒，并套住紧固件，一只手握住套筒或者接杆与扳手的连接处位置，并保持扭力扳手的方榫部位及套筒垂直于紧固件所在的平面上，另外一只手握紧扭力扳手的手柄或者调节套筒，在手柄上缓慢用力，当施加外力时，必须按标明的箭头方向实施，也就是向自己的方向扳转，禁止向外侧推动扳手，以免滑脱而造成身体伤害，如图3-109所示。

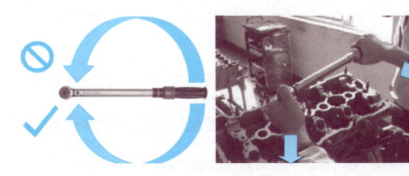

图3-109 扭力扳手的施力方向

汽车维修常用工具与仪器设备的使用

在施力过程中,按照国家标准仪器的操作规范,其垂直度偏差左右不应超过计划 0°,其水平方向上下偏差不应超过 3°,操作人员在使用过程中应保证其上下左右施力范围均不超过计划 5°,如图 3-110 所示。

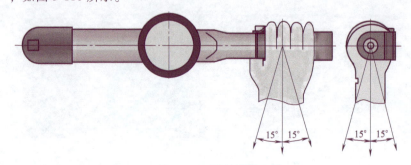

图 3-110 施力方向

在施力过程中,手要把握住把手的有效范围,沿垂直于扭力扳手壳体的方向慢慢加力,直至听到扭力扳手发出"咔嗒"的声音,当发出"咔嗒"时,表明螺栓、螺母已经达到设定的转矩值,此时应停止加力,扭力扳手已经达到预置的力矩值,工件已经加力完毕,然后应该及时解除作用力,以免损坏零部件。

预置力式扭力扳手是一种精密控制螺栓、螺母锁紧力矩的专用工具,在使用的过程中应注意以下的事项:

1)禁止使用预置力式扭力扳手拆卸螺栓和螺母,如图 3-111 所示。

2)禁止在扭力扳手尾端加接套管,以延长力臂,以防损坏扭力扳手,如图 3-112 所示。

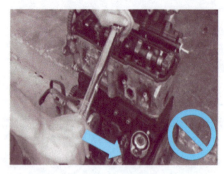

图 3-111 禁止拆卸螺栓和螺母

图 3-112 禁止加接套管

3)根据需要调节所需的转矩,并确认调节机构处于锁定状态下方可使用。

4)禁止用扭力扳手击打螺栓和螺母,如图 3-113 所示。

5)禁止用推动的方式对螺栓和螺母进行施力,如图 3-114 所示。

6)当使用扭力扳手时,应平衡缓慢地加载施力,切不可猛拉猛压,以免造成过载,导致输出转矩失准,在达到预置转矩后应停止加载力量。

7)预置力式扭力扳手使用完毕后,应将其调到最小转矩,使用测力弹簧充分放松,以提高扭力扳手的使用寿命,如图 3-115 所示。

8)所选用扭力扳手的开口尺寸必须与螺栓和螺母的尺寸相符合,扳手开口过大易滑脱,并损伤螺栓和螺母的棱角,如图 3-116 所示。

模块1 常用扭力类拆装工具

图 3-113 禁止用扭力扳手击打螺栓和螺母

图 3-114 禁止用推动的方式施力

图 3-115 预置力式扭力扳手复位

图 3-116 开口尺寸与螺栓和螺母的配合

9)为防止扳手损坏和滑脱,应使用拉力作用在开口较厚的一边,这一点对受力较大的扭力活扳手尤其应该注意,以防开口出现"八"字形,防止损坏螺栓、螺母和扳手,如图3-117所示。

10)扭力扳手是按人手的力量来设计的,当遇到较紧的螺栓和螺母时,禁止用锤子敲击扳手,如图3-118所示。

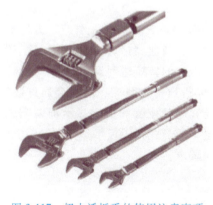

图 3-117 扭力活扳手的使用注意事项

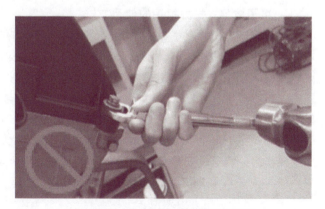

图 3-118 禁止用锤子击打扭力扳手

11)除套筒扳手外,其他扳手都不能装加力杆,以防损坏扳手或者螺栓和螺母。

当扭力扳手施力到预置力矩时,应听到"咔嗒"的响声,此时应停止加力。

3. 表盘式扭力扳手的使用方法

表盘式扭力扳手与前面两种扭力扳手的区别在于其转矩的显示方式是：力矩为指针式显示，其结构如图3-119所示。

该型号的表盘如图3-120所示,图中有两个表针,其中的黑色指针为主动指针,也叫作工作指针,红色指针为记忆指针,也叫作从动指针、被动指针,指针可以双向摆动,方便维修人员读数,表盘的单位一般有lb·in、N·m两种。

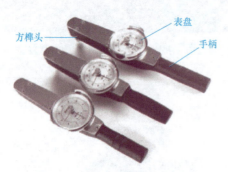
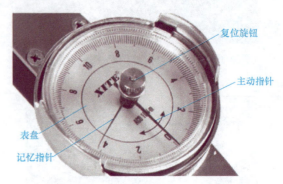

图3-119 表盘式扭力扳手的结构　　图3-120 指针式扭力扳手表盘

表盘式扭力扳手的使用方法与前面两种扭力扳手的使用方法差不多,区别在于：
1）在使用之前应转动复位旋钮,将记忆指针调到零位。
2）将扭力扳手置于工件上进行紧固作业。
3）缓慢施力紧固后主动指针和记忆指针会同时偏摆到相应的转矩指示值。
4）当停止施力后,主动指针会在扭力扳手内部回位弹簧的作用下回归到零位,而记忆指针停留在施力转矩值上。
5）维修人员可根据记忆指针所指示的位置准确读出转矩值。
6）复位记忆指针到零位。

注意：表盘式扭力扳手的使用注意事项与预置力式扭力扳手是一样的,详细请参照预置力式扭力扳手的注意事项。

4. 电子数显式扭力扳手的使用方法

电子数显式扭力扳手顾名思义就是带数字显示的扭力扳手,它有别于一般的扭力扳手,拥有强大的操作功能,包含扭力设定、单位设定、模式设定、数值储存、数值清除、数值输出以及网络校正功能,它是扭力扳手中最高级的一种,当施加的转矩达到设定值时,会像预置力式扭力扳手一样发出"咔嗒"的声响或者扳手连接处折弯一点角度,而且会通过数字显示屏或者LED灯来提示使用者,在转矩的设定上也能够通过按键和数字显示屏来完成,比非数显式扭力扳手更方便也更易于操作。总而言之,电子数显式扭力扳手是扭力扳手中最易于操作的,它通过安装数字显示屏降低了对操作人员的要求。

（1）电子数显式扭力扳手的特点
1）数字显示扭力读取值。
2）可切换多种接头,可根据不同的工作要求更换。
3）精度顺时针：±3%,精度逆时针：±4%。

模块 1　常用扭力类拆装工具

4）顺时针及逆时针皆可操作。
5）峰值保持及追随模式。
6）蜂鸣器及 LED 指示（达到预订力矩值时）。
7）四种工程单位互转（N·m、lb·ft、lb·in、kgf·cm）。
8）多笔可储存记录值。不必反复设置转矩。
9）通信功能。
10）可使用充电电池。

高精度转矩传感器灵敏有效地将施加转矩转变为电信号，由显示仪表进行智能化处理，LCD 显示屏按预先设定的工作模式准确显示转矩值，其结构如图 3-121 所示。

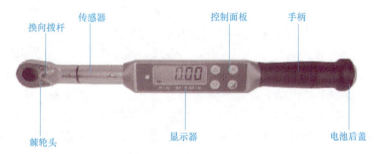

图 3-121　电子数显式扭力扳手的结构

电子数显式扭力扳手有多种规格，按方榫头或者棘轮头的尺寸大小分为 1in、3/4in、1/2in、3/8in、1/4in 五种，如图 3-122 所示。

电子数显式扭力扳手又可分为棘轮头可换和不可换两种，如图 3-123 所示。

图 3-122　各种方榫头的电子数显式扭力扳手

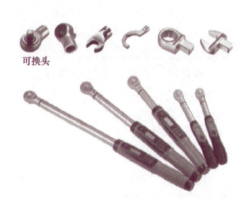

图 3-123　棘轮头可换的电子数显式扭力扳手

这里不能对各个规格的电子数显式扭力扳手进行一一描述，本章节以某品牌扳手为例，列出其规格技术参数，见表 3-10。

表 3-10　电子数显式扭力扳手的技术参数

型号	检测范围			分度值		方榫公称尺寸/mm	总长/mm
	N·m	lb·ft	lb·in	N·m/lb·ft	lb·in		
MDS-10	2~10	1.5~8	18~90	0.01	0.1	6.3	325
MDS-20	4~20	3~15	36~177	0.02	0.2	6.3	325

汽车维修常用工具与仪器设备的使用

（续）

型号	检测范围			分度值		方榫公称尺寸/mm	总长/mm
	N·m	lb·ft	lb·in	N·m/lb·ft	lb·in		
MDS-50	10~50	8~37	90~442	0.05	0.5	9.5	325
MDS-100	20~100	16~74	177~885	0.1	1	12.5	453
MDS-200	40~200	30~148	352~1770	0.5	5	12.5	453
MDS-300	60~300	44~222	352~2665	0.5	5	20	720
MDS-500	100~500	74~370	885~4425	0.5	5	20	910
MDS-1000	200~1000	148~740	1770~8850	1	10	20	1500

（2）电子数显式扭力扳手的使用方法

1）短按"O/C"键，开启电源，液晶显示器字符全显，扳手开始自检，3s后置零。

2）单位选择，按"▼"选择所需的测量单位。

3）测量方式选择。按"M"键（菜单键），选择"跟踪F"或"峰值H"模式。

4）转矩值报警预置。按"M"至"预置P"模式，再按"P"键确定所需预置转矩值的位数，按"▲"及"▼"键确定所需预置报警数值，预置结束后按"M"键退出预置模式，回到"跟踪F"状态，或再按一次"M"键进入"峰值H"状态。

5）清零。在测量前将扳手处在自然水平空载状态下，按"O/C"键清除现有的显示数值，使当前状态为"零位"。

6）测量。

① 跟踪测量。按"M"键，使扳手处在"跟踪F"状态，此状态下测量显示即时转矩值，加力时转矩值增大，减力时转矩值减小，不施力时转矩值回到"零位"，在此状态下按"S"键可选择"背光"开启式关闭。

② 峰值测量。按"M"键使扳手处在"峰值H"状态，此状态记录转矩峰值，加力时转矩值增大，减力时转矩值保持当前状态不变，当继续施力大于当前转矩时，数值会继续增加，即此状态是记录施加过的最大转矩值，卸力后数值不变，此状态下按"S"键，当前数值存入存储器中，以供测量完毕后查询该记录转矩值。

③ 预置测量。在"跟踪F"或"峰值H"状态，当施力达预置转矩值时，警告灯点亮，同时有"蜂鸣"声报警提示，此时可以停止施力，卸力后按"O/C"键可退出报警状态。

7）关机。

① 自动关机：当扳手未进行任何操作2min后自动关机。

② 手动关机：长按"O/C"键可直接关机。

（3）电子数显式扭力扳手的使用注意事项　电子数显式扭力扳手为高精度工具，在使用时除应注意前面几种扭力扳手的注意事项之外，还需要注意以下几点：

1）严禁敲击及用尖硬物碰撞显示区域。

2）应平稳施力，严禁超过检测范围使用。

3）长期停用应将电池取出，以防电池漏液。

4）严禁使用强溶剂（如苯、硝基类油）擦拭面板及显示区域。

5）严防液体进入扳手内，以免损坏电子元件。

6）当电池电压降到不能工作时，应更换电池。

模块 1　常用扭力类拆装工具

7）扭力扳手必须定期进行扭力校验，否则不能用于螺栓和螺母的最后安装。

任务总结

1. 其他常用扳手的类型，如梅花扳手、梅花棘轮扳手、呆扳手、两用扳手、油管扳手、活扳手、内六角扳手和动力扳手。
2. 其他常用扳手的使用注意事项：不能进行敲击、禁止使用水管加长力臂。
3. 梅花棘轮扳手不能用于拆卸大扭力的螺栓和螺母。
4. 油管扳手用于拆卸制动管路、燃油管路和空调管路的接口螺母。
5. 活扳手的受力方向。
6. 动力扳手不能用于螺栓和螺母的最后拧紧。
7. 扭力扳手禁止用于拆卸螺栓和螺母，应该定期进行力矩值的校准。

作　业

完成"学习工作页"任务 3 各项作业。

模块 2
发动机常用拆装工具

任务 4　活塞拆装常用工具的使用

学习目标

1. 熟悉并能够识别活塞拆装常用工具的类型。
2. 学会对活塞拆装常用工具进行日常保养。
3. 能选择及安全使用活塞拆装常用工具。
4. 掌握活塞拆装常用工具的使用注意事项。
5. 培养良好的职业道德与安全、环保意识。

任务接受

一台丰田卡罗拉汽车因加速无力进店维修，进行故障诊断之后确认为发动机缸体问题，修理车间王主任要求学生跟随修理组长进行发动机大修学习，组长安排了学生练习活塞环拆装常用工具的选择和正确使用。

模块 2　发动机常用拆装工具

任务接待参见"学习领域 1 汽车维修接待、沟通与管理"。

任务准备

4.1　活塞环拆装常用工具准备

活塞环拆装常用工具清单见表 4-1。

表 4-1　活塞环拆装常用工具清单

名　　称	数　　量	名　　称	数　　量
活塞环拆装钳	1 套/5 人	活塞环压缩器	1 套/5 人
铁锤（木柄）	1 套/5 人	扭力扳手	1 套/5 人
套筒扳手	1 套/5 人	标记笔	1 套/5 人

任务实施

4.2　活塞环拆装钳的使用

发动机拆装过程中会涉及很多的工具、量具的使用，其中会使用到一些专用的拆装工具，如活塞环拆装钳、活塞环压缩器，如图 4-1、图 4-2 所示。

图 4-1　活塞环拆装工具

图 4-2　活塞环拆装钳

本章就汽车修配项目中经常用到的专业工具的使用方法和注意事项进行介绍。

1. 活塞环拆装钳的认识

活塞环拆装常用的工具有活塞环拆装钳和活塞环压缩器。

汽车发动机的活塞环镶放在活塞环槽内，如果想取出或装入，必须克服活塞环的弹力，使活塞环内径要大于活塞直径，才能正常取出。如果不使用活塞环拆装钳而直接手工拆卸，很容易由于用力不均把活塞环折断，如图 4-3 所示。

活塞环拆装钳是一种用于将活塞环从活塞环槽中取出或将活塞环装入活塞环槽中的汽车修配专用工具，其结构如图 4-4 所示。

2. 活塞环拆装钳的类型

活塞环拆装钳有两种，一种是有钳口的，另外一种是无钳口的（图 4-5）。没有钳口的活塞环拆装钳因其无法稳固地托住活塞环，活塞环在安装过程中很容易出现晃动，导致安装

汽车维修常用工具与仪器设备的使用

 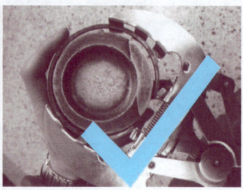

图 4-3 禁止直接手工拆卸活塞环

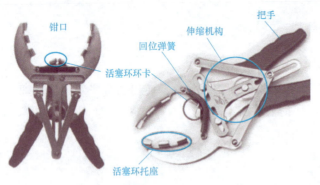 

图 4-4 活塞环拆装钳的结构简图　　图 4-5 无钳口活塞环拆装钳

效率降低,另外,无钳口的活塞环拆装钳很多时候需要双人配合才能完成活塞环的拆装作业,而有钳口的活塞环拆装钳能够有效地夹持住活塞环,所以,现阶段常用的是有钳口的活塞环拆装钳。

根据活塞环拆装钳所能夹持的范围分为小、中、大号,分别对应的是 4in、6in、8in,此尺寸所对应的是活塞环拆装钳所能够拆装的活塞环的直径大小,因各个厂家生产的规格可能有所区别,所以在这里只列出其中一个规格尺寸的对照表作为参考,见表 4-2。

表 4-2 活塞环拆装钳的规格尺寸

规格	尺寸/in	夹持范围/mm
小号	4	50~100
中号	6	80~120
大号	8	110~160

3. 活塞环拆装钳的作用

活塞环拆装钳用于活塞环的拆装,能很好地防止因手工拆装而导致活塞环的损坏。

4. 活塞环拆装钳的使用方法

图 4-6 所示为活塞环拆装钳扩张时和自由状态下的图片。

5. 活塞环拆装钳的使用方法

1) 用手捏住活塞环,沿顺时针和逆时针两个方向转动活塞环,检查活塞环不存在卡滞现象,如图 4-7 所示,确定活塞环能够在活塞环槽内自由转动。

模块2 发动机常用拆装工具

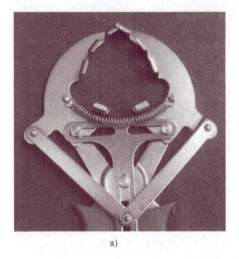 

活塞环拆装钳的使用

a)　　　　　　　　　　　　　b)

图 4-6　活塞环拆装钳扩张时和自由状态下的图片

a）扩张下的拆装钳　b）自由状态下的拆装钳

2）确认活塞环的朝上标记。朝上标记通常有"O""T1""T2""R""TOP"等，此标记必须朝上安装，如图4-8所示。

 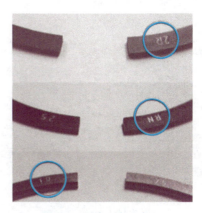

图 4-7　检查活塞环是否卡滞　　　　　图 4-8　活塞环朝上标记

3）选择合适尺寸的活塞环拆装钳。

4）将活塞环拆装钳放置于活塞环上，确保活塞环拆装钳的环卡卡住活塞环开口间隙处，如图4-9所示。

 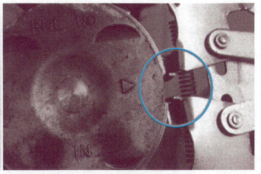

图 4-9　将活塞环拆装钳的环卡卡住活塞环端口

5) 轻握手柄慢慢收缩，在杠杆力的作用下，活塞环会逐渐张开，当略大于其活塞直径时，便可将活塞环装入或从环槽内取出，如图4-10所示。

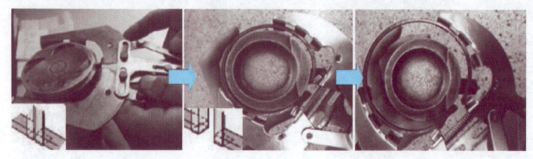

图4-10　拆卸活塞环

6) 先拆卸第一道环，再拆卸第二道环，此两道环为气环，最后拆卸油环。拆卸下来的活塞环按照顺序放置，并防止活塞位置、顺序错乱。活塞油环一般由上、下刮片和衬簧组成（现在使用的油环一般是整体式的），如图4-11所示。刮片很薄，相对于气环来说，它的柔性更好，能够承受较大的扭曲变形，拆卸不需要用活塞环拆装钳，只需要手动进行拆装就行，如图4-12所示。

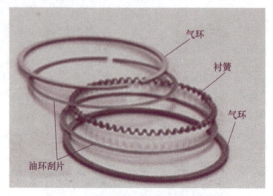 

图4-11　不同的油环　　　　　　　　图4-12　手动拆卸油环

6. 使用活塞环拆装钳的注意事项

当使用活塞环拆装钳时，应注意以下操作要点：
1) 选择合适的活塞环拆装钳。
2) 活塞环要与钳面紧贴，手柄要轻握。
3) 当张开活塞环时，不可用力过猛，以防滑脱。
4) 张开开口不宜过大，以防活塞环折断。

4.3　活塞环压缩器的使用

4.3.1　活塞环压缩器的认识

上一章节中讲到了活塞环的拆卸，由于活塞环本身弹性的作用，活塞环在自由状态下的外圆直径将大于活塞直径及气缸直径，因此，如果想将活塞及活塞环装入气缸，就必须要将活塞环包紧在活塞环槽内，这就需要使用压缩活塞环的专用工具——活塞环压缩器。

模块2 发动机常用拆装工具

4.3.2 活塞环压缩器的类型

活塞环压缩器一般用带有刚性的铁皮制成，按照结构的不同，活塞环压缩器通常可分为棘轮缩紧式和钳夹式两种类型，如图4-13所示。

活塞环压缩器的大小和型号有所不同，选用时要根据活塞的直径选择合适的压缩器。

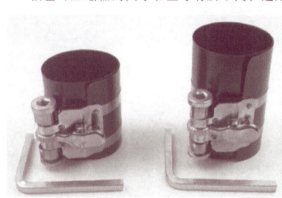

a)   b)

图4-13 活塞环压缩器
a) 棘轮缩紧式 b) 钳夹式

另外，在有些汽车4S店中，由于维修车型比较单一，在安装活塞时经常使用尺寸固定的活塞环压缩器，其形状为锥形管状体，如图4-14所示。将装好活塞环的活塞及连杆放入活塞环压缩器内，由于锥形结构将使活塞环自动压入活塞内，活塞连杆组就能很容易地进入气缸了。

4.3.3 活塞环压缩器的作用

活塞环压缩器是将活塞环压缩到活塞环槽内并将活塞顺利安装到气缸内的专用工具。

4.3.4 活塞环压缩器的使用方法

在本章节中，以现阶段常用的棘轮缩紧式活塞环压缩器为例进行对活塞环压缩器的结构、原理和使用三个方面的描述。

棘轮缩紧式活塞环压缩器是现阶段发动机活塞安装维修中最常用的专用工具，其结构包括棘轮匙、棘轮装置、螺栓、释放爪、缩紧带和压缩圈，如图4-15所示。

活塞环压缩器的使用

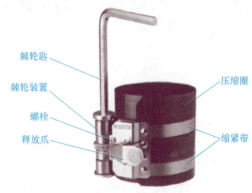

图4-14 固定尺寸式活塞环压缩器   图4-15 棘轮缩紧式活塞环压缩器的结构图

1. 棘轮缩紧式压缩器的分类

棘轮缩紧式活塞环压缩器主要根据压缩圈材质、压缩圈的高低（适应活塞尺寸大小）来进行分类。

根据压缩圈材质可分为不锈钢的和普通的两种，如图 4-16 所示。

图 4-16　按压缩圈材质分类
a）不锈钢活塞环压缩器　b）普通活塞环压缩器

根据压缩圈高低（适应活塞尺寸大小）可分为三种，第一种是 3in（75mm）高，其压缩圈的扩张范围为 53~150mm 之间；第二种是 4in（100mm）高，其压缩圈的扩张范围为 53~175mm 之间，这两种规格尺寸的活塞环压缩器适用于小型汽车的发动机活塞；第三种是 6in（150mm）高，其压缩圈的扩张范围为 90~175mm（有的规格是 53~175mm）之间，其适用于大型汽车的发动机活塞，其尺寸标识如图 4-17 所示。

注意，各个厂家生产的压缩器的尺寸规格有所区别，这里就不再一一描述。

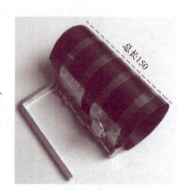

图 4-17　按高度尺寸分类

2. 棘轮缩紧式压缩器的使用

（1）在安装活塞环之前应做好的准备事项

1）应按原厂规定利用活塞环弹力试验机检查每个活塞环的弹力，如图 4-18 所示，各个活塞环的弹力应在厂家的标准要求范围值内。

2）检查各个活塞环的漏光度。将活塞环平放在气缸内，用倒置的活塞将其推平，活塞上面放一块直径略小于活塞环外径的圆形盖板，盖住活塞的内圆，在活塞环的下面放一个发亮的灯，从气缸上部观察活塞与气缸壁的缝隙，确定各个活塞环漏光情况。光度要求：漏光出的缝隙，应不大于 0.3mm；在同一根活塞环的漏光不得多于两处，漏光弧长在圆周上一处不得大于 30°；同一环上的漏光弧长总和不得超过 60°；在环端口处左右 30° 范围内不允许有漏光现象，如图 4-19 所示。

图 4-18　活塞环弹力试验机

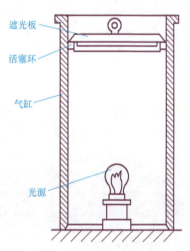

图 4-19　活塞环漏光度检查

3）检查各个活塞环的间隙，分别是开口间隙（端隙）、侧隙（边隙）和背隙。

开口间隙又称为端隙，是活塞冷状态下装入气缸后开口处的间隙。此间隙是为了防止活塞环受热膨胀卡死在气缸内而设置的。在检查漏光度的同时可检查开口间隙，将活塞环置于气缸内，并用倒置的活塞顶部将其推平，然后用塞尺测量，如图 4-20 所示。

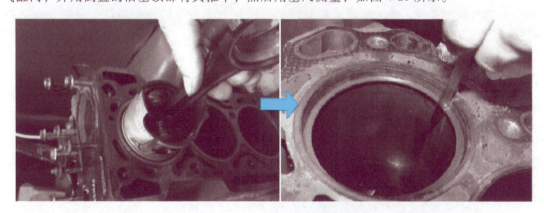

图 4-20　活塞环开口间隙的测量

侧隙又称为边隙，是环高方向上与环槽之间的间隙。此间隙过大会使环的气密性下降，间隙过小会导致在高温膨胀时相互间发生"粘住"的危险。将活塞环置于活塞环槽内，利用塞尺进行测量，如图 4-21 所示。

背隙指的是活塞和活塞环装入气缸后，活塞环背面与环槽底部间的间隙。为了测量方便，维修中以环的厚度与环槽的深度差来表示背隙，如图 4-22 所示。

汽车维修常用工具与仪器设备的使用

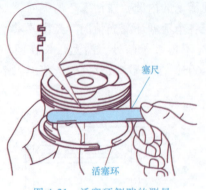

图 4-21 活塞环侧隙的测量

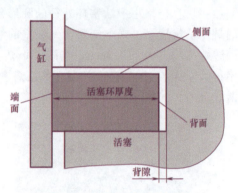

图 4-22 活塞环背隙的测量

4）要在气缸壁、活塞及活塞环四周涂好机油，如图 4-23 所示。按照要求进行装配，注意活塞环的正反方向（朝上标记）等事项。

图 4-23 气缸壁、活塞及活塞环的润滑

（2）利用棘轮缩紧式压缩器进行活塞环安装步骤

1）当安装活塞时，确认活塞的朝前标记，将各个活塞环的各个环口正确地分布，图 4-24 所示为丰田凯美瑞发动机活塞环的开口朝向布置图。

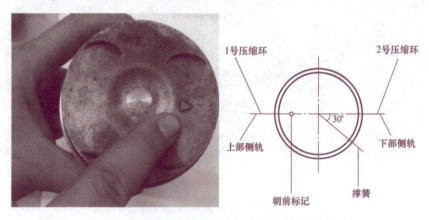

图 4-24 丰田凯美瑞发动机活塞环的开口朝向布置图

2）选择合适尺寸的活塞环压缩器，压下释放爪，如图 4-25 所示。注意：当压下释放爪时，压缩圈在自身回复力的作用下会急速扩张，可能导致缩紧带与压缩圈脱离，而且由于压缩圈钢片极其锋利，有可能会造成维修人员手部割伤。

模块 2　发动机常用拆装工具

3）此时，确认释放爪与棘轮装置的齿轮分离，如图 4-25 中圆圈所示，在保持压住释放爪的同时，利用棘轮匙（配套扳手）逆时针转动棘轮装置，从而释放压缩圈，使得压缩圈的内径稍微大于活塞并能将活塞环压缩器包裹在活塞的外面，如图 4-26 所示。

图 4-25　压下压缩器释放爪

图 4-26　压缩器包裹活塞

4）松开释放爪，然后使用棘轮匙（配套扳手）顺时针转动收缩压缩器，如图 4-27 所示，并确保将活塞环完全压入环槽内。

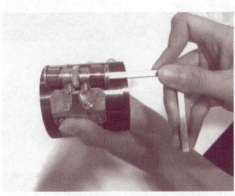

图 4-27　收缩压缩器

5）将带压缩器的活塞下部，即连杆大头部分先放入气缸内，此时必须防止连杆大头刮伤气缸壁，并要求压缩器的下平面要和气缸体的上平面接合完好，如图 4-28 所示。

图 4-28　放置活塞到气缸内

6）使用铁锤木手柄、木棒等工具缓慢轻击活塞顶部，使活塞顺利进入气缸内，如图4-29所示。

在敲击的过程中，应注意以下几点：

① 时刻确认活塞环压缩器的压缩圈与气缸体平面保持完全接合，否则活塞环会脱离压缩圈。

② 如果压缩圈脱离气缸体平面，可用锤子轻敲压缩圈的上部，使得压缩圈与气缸体接合，如图4-30所示。

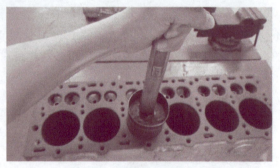

图4-29 活塞安装到气缸内

图4-30 压缩圈与气缸体平面接合

③ 留意活塞连杆大头部分或者螺栓不要撞击到曲轴主轴颈，并确认曲轴轴承有没有掉落，如图4-31所示。

④ 活塞环脱离压缩圈后仍然继续敲击会导致活塞不可修复的损坏后果，如图4-32所示。

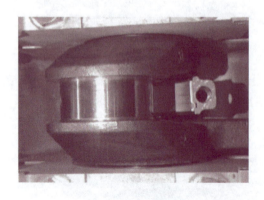

图4-31 连杆大头碰撞曲轴

图4-32 活塞环脱离压缩圈

⑤ 严禁使用金属棒锤击活塞顶部，以防止对活塞造成损伤，如图4-33所示。

7）当活塞第一道活塞环进入气缸后，活塞环压缩器会与活塞脱离，此时，活塞已经完全被安装到气缸内，安装连杆轴承盖，初步紧固连杆螺栓，如图4-34所示。

模块2 发动机常用拆装工具

(3) 使用棘轮缩紧式活塞环压缩器的注意事项
1) 安装活塞环时不允许佩戴手套作业。
2) 防止活塞环环口随压缩器的旋转而改变位置。

图4-33 禁止使用金属棒锤击活塞顶部

图4-34 安装连杆轴承盖

3) 不得用力敲击活塞顶部。

任务总结

1. 活塞拆装常用工具，如活塞环拆装钳、活塞环压缩器。
2. 注意活塞环的安装位置和方向。
3. 活塞环不得过度扩张。
4. 除油环外，禁止在未使用活塞环拆装钳的情况下拆装活塞气环。
5. 使用压缩器防止手部割伤。
6. 当使用压缩器安装活塞时，严格按照作业流程进行，否则会损坏活塞环。
7. 禁止佩戴棉手套进行作业。

作　业

完成"学习工作页"任务4各项作业。

任务5　气门修理常用工具的使用

学习目标

1. 熟悉并能够识别气门修理常用的工具。
2. 学会对气门修理工具进行日常保养。
3. 能选择及安全使用气门修理工具。
4. 掌握气门修理工具的使用注意事项。
5. 培养良好的职业道德与安全、环保意识。

汽车维修常用工具与仪器设备的使用

任务接受

一台丰田卡罗拉汽车因加速无力进店维修,进行故障诊断之后确认为发动机缸体问题,修理车间王主任要求学生跟随修理组长进行发动机大修学习,组长通过对气缸盖的分解,带领学生练习气门修理工具的选择和正确使用。

任务接待参见"学习领域 1 汽车维修接待、沟通与管理"。

任务准备

5.1 气门修理工具准备

气门修理常用工具清单见表 5-1。

表 5-1 气门修理常用工具清单

名　称	数　量	名　称	数　量
气门弹簧钳	1 套/5 人	气门油封钳	1 套/5 人
气门铰刀	1 套/5 人	气门研磨机	1 套/5 人
刮刀	1 套/5 人	小螺钉旋具	1 套/5 人
零件盘	1 套/5 人	磁棒	1 套/5 人
研磨砂	1 套/5 人	红丹/普鲁士蓝	1 套/5 人

任务实施

5.2 气门弹簧压缩器的使用

发动机配气机构(内燃机配气机构)是按照发动机每一气缸内所进行的工作循环和点火顺序的要求,定时开启和关闭各气缸的进、排气门,使新鲜的可燃混合气(汽油机)或空气(柴油机)及时进入气缸,使废气及时从气缸排出,在压缩与做功行程中,关闭气门保证燃烧室的密封。

各式配气机构都可分为气门组和气门传动组两大部分。气门组包括气门、气门导管、气门座及气门弹簧等零件,如图 5-1 所示。

气门功能正常与否是保证发动机正常运转的重要前提条件,如果气门机构发生相应的故障,如图 5-2 所示,那么就要对其进行相应的拆解维修,在维修过程中会用到如气门弹簧夹、气门油封钳等相关的维修专用工具,在本章节中,将介绍这些相关工

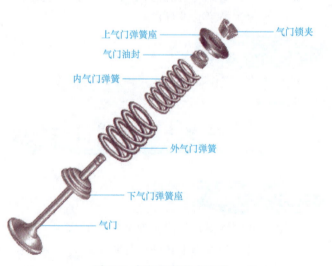

图 5-1 气门组的基本组成

具的结构、原理和使用及注意事项。

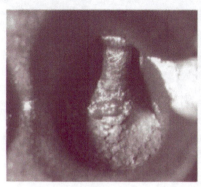
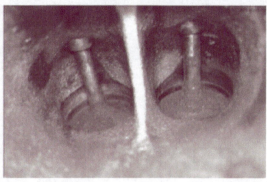

图 5-2　气门积炭

5.2.1　气门弹簧压缩器的类型

气门弹簧钳的结构形式很多，根据不同生产厂家、发动机类型等的不同，气门弹簧压缩器的结构规格也有所不同，常见的类型有以下几种：

1. 螺杆式凡尔钳气门弹簧压缩器

螺杆式凡尔钳气门弹簧压缩器是现阶段汽车发动机气门拆装中最常用的专用工具，如图 5-3 所示。

2. 齿条手柄式气门弹簧压缩器

齿条手柄式气门弹簧压缩器如图 5-4 所示。

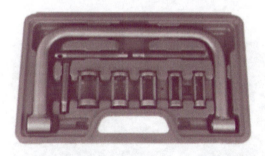
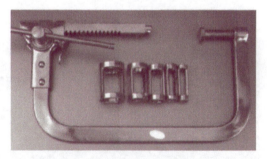

图 5-3　螺杆式凡尔钳气门弹簧压缩器　　　　图 5-4　齿条手柄式气门弹簧压缩器

3. 多功能凡尔钳气门弹簧压缩器

多功能凡尔钳气门弹簧压缩器如图 5-5 所示。

图 5-5　多功能凡尔钳气门弹簧压缩器

4. 免拆式气门弹簧压缩器

免拆式气门弹簧压缩器如图5-6所示。

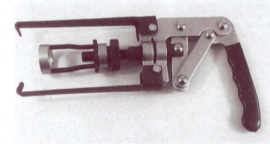
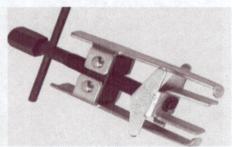

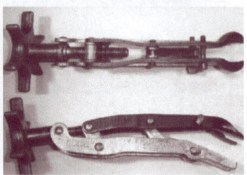

图5-6 免拆式气门弹簧压缩器

5. 压杆式气门弹簧压缩器

压杆式气门弹簧压缩器如图5-7所示。

图5-7 压杆式气门弹簧压缩器

本章节中以某一规格的普通常用的凡尔钳气门弹簧压缩器为例，介绍气门压缩器的组成。图5-8所示为凡尔钳气门弹簧压缩器的组成部件，包括弯弓（也叫作C形架）、接头（也叫作顶圈）、压杆和螺杆，通常都以套件的形式使用，其中，压缩器的接头和螺杆有多种规格，适合不同发动机气门弹簧的尺寸。

凡尔钳接头的规格有30mm、25mm、23mm、19mm和16mm五种，其螺杆规格有70mm、110mm和120mm三种，螺杆尺寸规格和气门接头的尺寸规格根据厂家的不同有所不同，如图5-9所示。

模块 2　发动机常用拆装工具

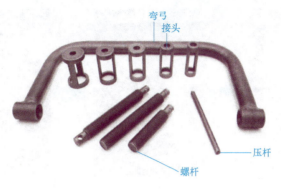

图 5-8　凡尔钳气门弹簧压缩器的组成部件

图 5-9　压缩器接头及螺杆规格

5.2.2　气门弹簧压缩器的作用

气门弹簧压缩器是专门用于拆装气门的专用工具。在安装发动机气门时，气门弹簧处于预压缩状态，要想拆卸气门或气门锁片等气门组件，必须对气门弹簧进行压缩才能拆卸，如果使用套筒、螺栓等非专用工具进行拆卸，就会损坏气门相关部件，导致气门组件不能正常工作，从而影响发动机的运行。

5.2.3　气门弹簧压缩器的使用方法

各个类型气门弹簧压缩器的使用方法和注意事项都有所不同，这里主要以普通常用的凡尔钳气门弹簧压缩器为例，对丰田卡罗拉发动机的气门进行拆装，阐述压缩器的使用及注意事项。

凡尔钳气门弹簧压缩器的使用如下：

1）将气缸盖放置于垫块上，使气缸盖平面处于悬空状态，有足够的空间进行作业。

2）选择合适规格尺寸的螺杆并安装到弯弓的两端。

3）选择合适规格尺寸的接头，将接头套入到螺杆上，并组装压缩器，如图 5-10 所示。

4）调整上、下螺杆到合适长度，将压缩器放置到所要拆卸的气门上，如图 5-11 所示。

5）一只手握着弯弓的杆身，将压缩器的接头顶住上气门弹簧座，同时用另一只手顺时针缓

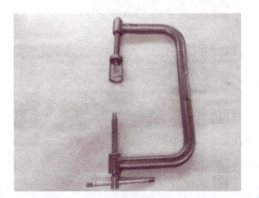

图 5-10　选择合适的接头并组装压缩器

89

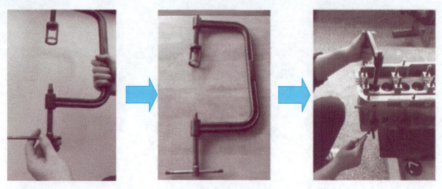

图 5-11 放置压缩器

慢旋转压杆，在旋转的过程中，注意观察上、下螺杆的位置和状态，如图 5-12 所示。

6) 当下部螺杆接触到气门时，确认上部螺杆与气门座圈也同时完好接触，此时，继续旋转压杆，对气门弹簧进行压缩，如图 5-13 所示。

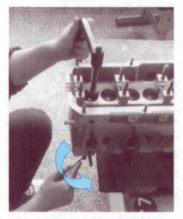  

图 5-12 旋转压杆对气门弹簧进行压缩　　　　图 5-13 压缩器压缩气门弹簧

7) 压缩的过程中留意压缩量，当气门锁夹与气门达到合适的脱离程度时（通常是当气门上座圈到达气门的锁夹槽最为合适），停止旋转压杆，如图 5-14 所示。

8) 利用磁性棒或者带磁性的螺钉旋具将锁夹取出，如图 5-15 所示。

图 5-14 锁夹与气门弹簧座脱离　　　　图 5-15 取出锁夹

9）逆时针缓慢旋转压杆，取出压缩器，取下气门组件，包括气门上弹簧圈、气门弹簧和气门下弹簧圈，并从下部抽出气门，然后将气门组件按顺序放置在零件盘上，如图 5-16 所示。

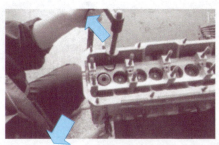

图 5-16　取下并放置气门组件

10）拆解气门弹簧压缩器并清洁后，将其放置到压缩器的工具盒内。

当安装气门组件时，压缩器的使用与拆卸时的是一致的，但要注意的是在安装的时候要调整好气门弹簧的压缩量，以便能够顺利地安装气门锁夹，在确保锁夹完全锁紧气门后方可将压缩器放松。

5.2.4　使用凡尔钳气门弹簧压缩器的注意事项

1）为使气门弹簧钳活动自如，气门弹簧钳的活动部分应保持良好的润滑。
2）确保在使用过程中，压缩器各组件安装完好。
3）选择合适的螺杆，否则压缩量不足而导致气门无法拆卸。
4）选择合适的接头，否则会因接头无法完全压紧气门上弹簧座而出现脱落。
5）压缩器的下螺杆要顶住气门的中心部分，否则会因受力不均而导致气门损坏。
6）安装气门锁夹，确保锁夹完全锁紧气门后，方可完全旋松气门弹簧压缩器。

5.3　气门油封钳的使用

1. 气门油封钳的认识

气门油封是油封的一种，如图 5-17 所示。它是发动机气门组的重要零件之一，在高温下与汽油和机油相接触，因此需要采用耐热性和耐油性优良的材料，一般由外骨架和氟橡胶共同硫化而成，油封径口部安装有自紧弹簧或钢丝，用于发动机气门导杆的密封。

气门油封可以防止机油进入进、排气管，造成机油流失，防止汽油与空气的混合气体以

汽车维修常用工具与仪器设备的使用

图 5-17　气门油封

及废气泄漏,防止发动机机油进入燃烧室。

当气门油封失效之后,要对其进行更换,否则会导致发动机出现烧机油的现象,在对气门油封进行拆卸时需要用到专用的气门油封拆卸工具——气门油封钳。

普通常用的气门油封钳的结构如图 5-18 所示。

油封钳的铰接结构与普通钳子类似,主要的区别在于其夹持用的端部,端部形状与气门油封外形吻合,啮合后其内径尺寸小于气门油封的外径尺寸,这样可以夹紧气门油封,同时,在端部内侧还设有槽纹,能够增大夹持摩擦力,防止在拆卸过程中气门油封从钳中脱落,如图 5-19 所示。

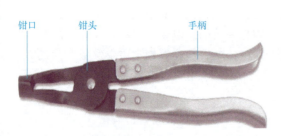

图 5-18　普通常用的气门油封钳的结构

图 5-19　油封钳的钳口

2. 气门油封钳的类型

根据生产厂家、发动机类型等的不同,气门油封的结构、规格也有所区别,有些油封钳的钳颈有长短之分,有些油封钳的结构不同,如图 5-20 所示。

有的汽车品牌有其专用的气门油封拆卸专用工具,图 5-21 所示为大众奥迪气门油封拉拔器。

3. 气门油封钳的作用

气门油封钳是专门用于拆卸气门油封的专用工具。

4. 气门油封钳的使用方法

在拆卸气门油封时,将气门油封钳的前端部伸入气门油封的外侧,用手握住钳子手柄,如图 5-22 中 1 所示,使钳子钳口部分正好钳住气门油封,然后向外拉拔,如图 5-22 中 2 所

模块 2　发动机常用拆装工具

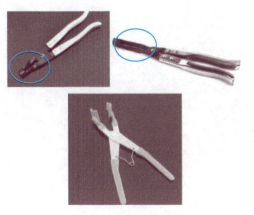

图 5-20　各类型的油封钳

图 5-21　大众奥迪气门油封拉拔器

图 5-22　气门油封钳的使用

气门油封钳的使用

示。必要时可以缓慢转动气门油封，使之与气门导管脱落。

5. 使用气门油封钳的注意事项

1) 选择合适钳颈长度的油封钳。
2) 应注意控制好握力的大小，如果握力过大，气门油封就会变紧，卡在气门导管上。
3) 当拆卸不当时，还可能伤及气门导管。
4) 如果握力过小，钳子无法夹住气门油封，油封就会从钳中滑脱。
5) 在拉拔的过程中应控制拉拔力度，以免瞬间用力过大导致安全事故的发生。

5.4　气门铰刀的使用

5.4.1　气门铰刀的认识

气门及气门座是影响发动机可靠性、安全性的关键零部件之一，主要用于起动和关闭发动机工作过程中的进气道和排气道，控制燃料混合气或空气的进入以及废气的排出。气门及气门座的工作环境十分恶劣，除承受高温燃气的腐蚀外，还要承受气缸内爆发压力的冲击，主要失效模式为磨损。只要气门的密封不严，就会导致发动机出现功率下降、扭力不足等故障，那么就要对气门座进行铰削和研磨。

但是，随着发动机电子控制技术的运用，发动机控制趋于电控化、精准化、细致化和智能化，在发动机运行控制、功率控制、转矩控制和平稳性控制等各个方面要更高，特别是对于汽油发动机的空燃比控制方面,对于进气量的控制要求更高。所以,在有些车型的发动机,气门座是禁止进行铰削的,如宝马车系的气门机构,因其具有的特殊进气控制系统,气门是禁止进行铰削维修的,那么,这些车型对于发动机气门座的维修只能是通过更换发动机气缸盖来解决相应的问题。

在本章节中,主要介绍气门座的铰削专用工具——气门铰刀,如图 5-23 所示,气门铰刀是套装组合工具,其中包括的组件有导杆(刀杆)、手柄、不同角度的铰刀头和研磨头(研磨具)。

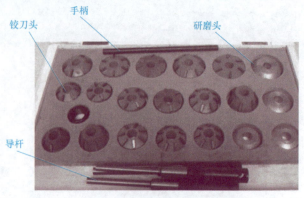

图 5-23 气门铰刀组件

5.4.2 气门铰刀的类型

在实际气门铰削维修过程中,应根据气门头的直径和气门导管的内径来选择铰刀和铰刀导杆。根据铰刀铰削的角度大小不同,铰刀头可分为 15°、30°、45°、60°及 75°等多种类型,如图 5-24 所示。

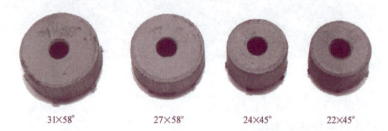

31×58°　　27×58°　　24×45°　　22×45°

图 5-24 按角度分类的气门铰刀

根据铰削的倒角角度不同,可分为上倒角铰刀、下倒角铰刀和工作角铰刀,如图 5-25 所示。

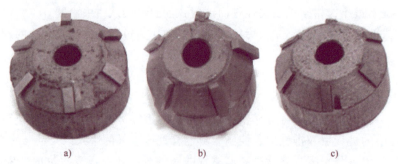

a)　　　　　　b)　　　　　　c)

图 5-25 按铰削的倒角角度分类的气门铰刀
a)上倒角反面　b)下倒角反面　c)工作角反面

各个汽车维修工具生产厂家所制造的铰刀规格尺寸有所不同,表 5-2 列出了铰刀的部分类型。

模块 2　发动机常用拆装工具

表 5-2　铰刀的尺寸规格

铰刀及研磨轮				刀杆规格形式	气门尺寸/mm		车型
工作角		上倒角	下倒角		气门头直径/mm		
铰刀	磨轮	铰刀	铰刀		进	排	
34×60°	34×60°	34×75°	32×30°	6.6	29	27	国产和进口小车、小货车、吉普车、面包车、小拖拉机、三轮摩托车
34×45°	34×45°	34×75°	34×15	7	32	29	
31×45°		31×75°			33	30	
36×45°	38×45°	36×75°			34	31	
38×45°		38×75°			35	33	
40×45°	43×45°	40×75°	40×15	8	36	34	
43×45°		43×75°			37	36	
						38	

5.4.3　气门铰刀的作用

当气门座密封锥面严重磨损、宽度显著增加或烧蚀严重时，可用铰刀对气门座进行铰削来恢复气密性，从而使得发动机恢复到正常运行工况。

5.4.4　气门铰刀的使用方法

1. 气门铰削前的准备工作

（1）检查气门导管的磨损量　在对发动机气门进行铰削前，应先检查气门导管的磨损情况，一般气门与气门杆之间留有 0.05~0.12mm 的间隙，以便气门杆在导管内自由运动，当磨损严重，应更换新气门导管后，再铰削气门座，如图 5-26 所示。

（2）检查气门杆的磨损量　利用外径千分尺对气门进行测量，在气门杆磨损最严重的部位和气门杆的尾部进行对比测量，其值不得超过标准范围。载货汽车不得超过 0.10mm，小型汽车不得超过 0.05mm，否则更换气门，如图 5-27 所示。

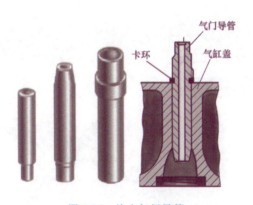

图 5-26　检查气门导管

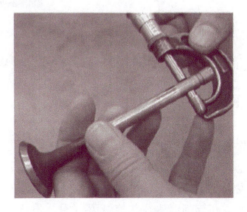

图 5-27　检查气门杆磨损量

（3）检查气门头部边缘厚度　检查气门头部边缘的厚度，不得小于 1mm。因为气门头部边缘厚度过小会增大燃烧室的容积，影响发动机的工作平稳性，同时使气门头的强度降低，在高压冲击波的作用下可能会出现振荡，容易引起密封带的烧蚀，如图 5-28 所示。

（4）检查气门杆的弯曲度　应检查气门杆是否出现过度的弯曲现象，如果其弯曲度超过标准的维修范围值（通常不得超过 0.05mm），此时应更换气门或者对气门校准（校准后的弯曲度不得超过 0.02mm）后再对气门进行铰削，如图 5-29 所示。

汽车维修常用工具与仪器设备的使用

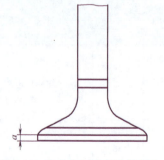

图 5-28　检查气门头部边缘厚度

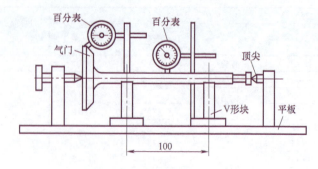

图 5-29　检查气门杆的弯曲度

2. 气门铰刀的使用

1) 根据气门导管的内径，选择相适应的铰刀导杆，并插入气门导管内，使导杆与气门导管内孔表面相贴合，如图 5-30 所示。

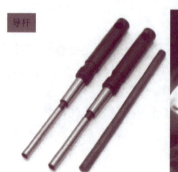

气门铰刀的使用

图 5-30　选择合适的铰刀导杆

2) 根据气门头部的直径选择合适尺寸规格的气门铰刀。

3) 组装好导杆和铰刀，如图 5-31 所示。

4) 首先选择工作倒角铰刀，对气门工作角度进行铰削（气门的工作角度一般都是 30°和 45°），如图 5-32 所示。但是，在发动机运行之后，气门座会存在砂磨硬化层，在铰削时，往往使铰刀打滑，当遇此情况时，可用铰刀状砂磨石砂磨气门座，或用粗砂布垫在铰刀下面先进行砂磨，然后再进行铰削。

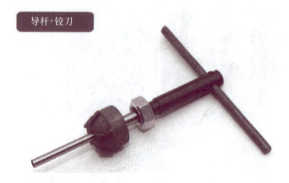

图 5-31　组装好导杆和铰刀

5) 初铰。先将 45°铰刀套在导杆上，进行铰削。当铰削时，导杆应竖直，两手用力要均匀和平稳，直到将烧蚀、斑点等缺陷铰去为止，如图 5-33 所示。

6) 铰上斜面。用 75°铰刀铰削 15°上斜面，缩小和改变上接触面，如图 5-34 所示。

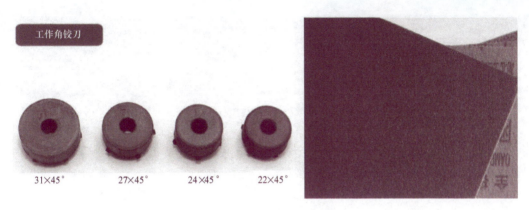

图 5-32　组装工作倒角铰刀

7）铰下斜面。用15°铰刀铰削75°下斜面，缩小和改变下接触面，如图5-35所示。

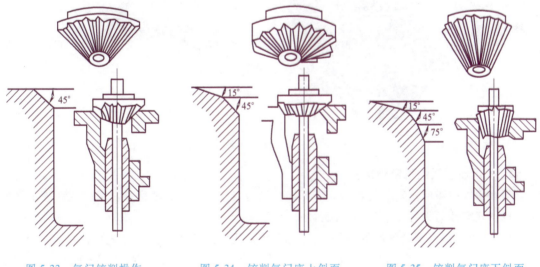

图 5-33　气门铰削操作　　　图 5-34　铰削气门座上斜面　　　图 5-35　铰削气门座下斜面

8）检查气门的贴合位置。初铰后，应用光磨过的相配气门进行试配，检查气门与气门座的贴合位置。在气门锥面上涂一层薄薄的红丹油或普鲁士蓝，如图5-36所示，将气门杆套进气门导管，使气门轻轻地向气门座压下，相对地做定位转动。取出气门，检查气门与气门座的接触位置及其接触带宽度印痕，此印痕应在气门工作锥面的中部偏气门杆部。接触带的宽度进气门一般约为1.2~1.6mm，排气门约为1.2~1.8mm。接触面过窄，会影响密封和散热；过宽则容易积炭，不能紧密吻合。

9）正确接触位置的修正。如果接触面偏上，则用60°和45°铰刀修正气门座上斜面和工作面，使接触面下移；如果接触面偏下，则用30°和45°铰刀修正气门座下斜面和工作面，使接触面上移。初铰时应尽量使气门工作面接触在其中部偏气门杆部（通常称为中下部），应边铰边试配。为了提高气门座与气门的使用寿命，当接触面距气门下边缘1mm时，应停止铰削，更换气门，如图5-37所示。

图 5-36　利用红丹油检查铰削效果

图 5-37　检查气门接触面位置

10）精铰。最后用 45°的精刃铰刀或者铰刀上垫以细砂布再次精细修铰气门座工作面，以降低接触面的粗糙度，如图 5-38 所示。

图 5-38　精铰工具

3. 气门铰削后的气密性检查

为检验气门座的修复是否合格，需要检查气门与气门座的气密性，以保障发动机正常工作。检查气密性通常有以下几种方法：

1）将与气门座配套使用的气门放入气门导管孔内，并使气门紧贴气门座的密封锥面，然后在气门上倒上足够的煤油，经 3～5min 后，如没有出现漏油现象，则可认为气密性良好。

2）在气门密封锥面涂上一层红丹油，并把气门放入气门导管孔内，然后用力将气门压在气门座上旋转 1/8～1/4 周后取出，最后检查气门座上的红丹油情况。如果气门座密封锥面上全部沾上红丹油，并且均匀整齐，则说明气密性良好。

3）用带有气压表的气密性检测器进行检查，即将检测器的空气容筒紧紧压在气门座的外缘上，并使空气容筒与气缸盖接合面保持良好的气密性，然后用手捏橡皮球向空气容筒内充气，使其具有 0.6～0.7MPa 的气压。如果在 30s 内气压表的读数不下降，则表示气密性良好。

4）将气门与气门座清洗干净后，把气门杆放入气门导管孔内，当气门盘部离气门座 25mm 左右时，用手轻拍气门，使其沿气门导管孔垂直落下，连续数次后取出气门，检查气门座密封锥面。若气门座密封锥面上有明亮而完整的光环且无斑点，即可认为气密性良好。

5）用气密性试漏机进行全自动气密性检测。此法适合在大型汽修厂及柴油机装配厂使

模块2 发动机常用拆装工具

用,主要将气门及气门座放在具有一定压力的压缩空气中,并对气密性进行定量检测,然后判定气门与气门座的气密性是否合格。常用泄漏量及泄漏率来表示气密性。

4. 气门铰削时的注意事项

1)铰削时铰刀导杆应与气缸盖底平面垂直,并且用力要均匀、平稳,不得倒退,直到将烧蚀、斑点等缺陷铰去为止。

2)在确保能够消除凹陷、斑点以及能铰出完整密封锥面的前提下,对气门座铰削量越小越好。

3)气门座铰削到气门装入气门座内后,密封锥面位于气门工作面的中下部且宽度在1.2~2.5mm为宜。

4)保证气门杆与气门导管合理的配合间隙,提高气门导管的使用寿命,更换气门座时一般都需要更换气门导管,并且用专用复合刀具同时铰削气门座锥面与气门导管孔。

5)对气门座的铰削,应在保证气门下沉量满足要求的前提下进行。

5.5 气门研磨器的使用

在对气门进行铰削之后,气门的精度可能还不够,这就会导致气门密封不严、发动机的运行不平稳和发动机功率下降等故障现象,气门必须用专用的研磨工具进行研磨。

5.5.1 气门研磨器的分类

气门研磨器有手动气门研磨器、气动气门研磨器和电动气门研磨器三种。气动和电动研磨器主要利用自动冲击和拍打的效果对气门进行研磨。

1. 手动气门研磨器

图5-39所示为手动凡尔研磨器,其组成为手柄和橡胶研磨头。

手动凡尔研磨器的尺寸规格根据生产厂家的不同有所区别,见表5-3。

表5-3 手动凡尔研磨器尺寸规格对照表

产品规格	大号	小号
全长/mm	225	205
大头直径/mm	35	18
小头直径/mm	25	13
头部材质	天然橡胶	天然橡胶
柄部材质	桦木/塑料	桦木/塑料

图5-39 手动凡尔研磨器

2. 气动气门研磨器

图5-40所示为气动气门研磨器,一般以套件组成,其组成包括皮碗、研磨砂、研磨机、空气接头和研磨接头。

研磨机套件的皮碗有多种尺寸规格,各种皮碗规格适合的车型不同,在进行气门研磨过程中需要选择合适的皮碗,如图5-41所示。

3. 电动气门研磨器

图5-42所示为电动气门研磨器,其组成有高磁力永久固定装置、蜗轮/蜗杆减速传动、调速装置、电动机和旋转磨头。

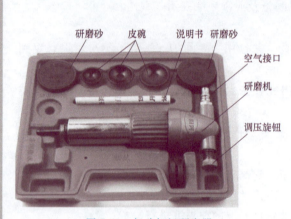

图 5-40　气动气门研磨器

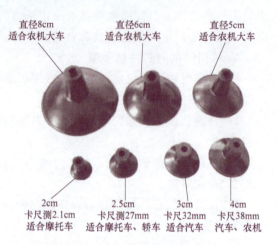

图 5-41　皮碗类型

图 5-42　电动气门研磨器

5.5.2　气门研磨器的作用

气门研磨器是用于气门精细加工的专用工具，经过研磨之后使得气门与气门座的接触更加密切，形成良好的密封平面，有效地保证发动机的运行性能。

5.5.3　气门研磨器的使用方法

1. 研磨前的准备工作

1）确定各个气门数据之后可进行研磨作业。

2）对气门进行铰削作业（上一章节已经进行阐述）。

3）利用钢丝刷或者电动打磨机清洁气门表面，去除气门头部的积炭，最后用抹布清洁，如图 5-43 所示。

4）利用清洗剂、柴油等清洗气门座及气门导管，必要时用压缩空气进行清洁。

5）在气门座与气门工作锥面上涂一薄层研磨砂剂，不宜过多，以免流入气门导管内，如图 5-44 所示。

6）在气门杆上及气门导管内涂抹一层薄薄的机油，防止气门与气门导管干磨，并将气门放入气门导管内，如图 5-45 所示。

模块 2　发动机常用拆装工具

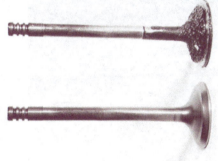

图 5-43　清洁气门头部

图 5-44　涂抹研磨砂

图 5-45　放置气门

2. 手动凡尔研磨器的使用方法

1）选择合适的带尺寸规格的橡胶皮碗研磨器，如图 5-46 所示。

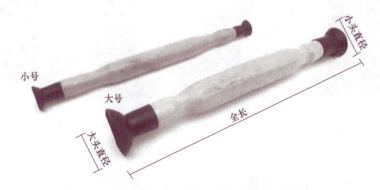

图 5-46　选择合适尺寸规格的研磨器

2）用手捏住研磨器的手柄位置，将皮碗吸住气门的底部，如图 5-47 红圈中所示，然后握住手柄做上下冲击运动。

3）研磨过程中注意适时查看研磨效果，如图 5-48 所示，并做出研磨力度与时间相应调整。

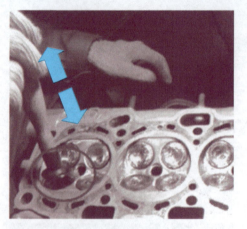

图 5-47 手动气门研磨

图 5-48 研磨效果

使用手动凡尔研磨器的注意事项如下：

1）如果皮碗无法吸住气门，利用干净的抹布清洁，恢复其吸附功能，从而保证气门研磨器的功能。

2）握住手柄的力度不宜过大，否则会影响研磨作业的灵活性。

3）在对气门进行研磨时，力度不宜过大，特别是在对气门进行细磨时，更需要把握研磨力度。

4）研磨时手柄提起的高度不宜过高，否则气门会脱离气门导管或者是橡胶皮碗。

5）如果皮碗破裂，应及时更换，以免影响研磨效果。

3. 气动气门研磨器的使用

1）选择合适尺寸规格的橡胶皮碗并安装到研磨器上，如图 5-49 所示。

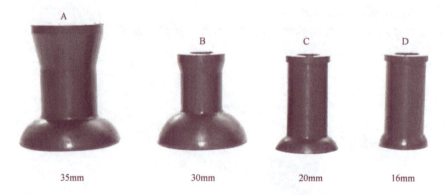

图 5-49 选择合适尺寸规格的橡胶皮碗并安装

2）将压缩空气接口连接到研磨器上的气源接口（进气接头）上，图 5-50 所示的红圈为压缩空气接口。

3）根据研磨器冲击高度的尺寸将研磨器放置在所要研磨的气门上方，打开气源旋钮（进气顶丝），调节压缩空气的压力，以获得合适的研磨冲击力度，此时，轻轻下压研磨器，研磨器的研磨头在压缩空气的作用下做上下及旋转运动，对气门进行冲击及拍打研磨，如图 5-51 所示。

模块 2　发动机常用拆装工具

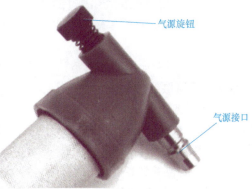

图 5-50　压缩空气接口

4）当气门工作面与气门座工作面研磨出一条完整而无斑痕的接触带时，换用细研磨砂直到研磨出一条灰色的接触带，此时，活动研磨砂，换用润滑油继续研磨几分钟即可。在此研磨过程中，应注意观察接触带的状态，如图 5-52 所示，并适时调节空气压力和研磨时间。

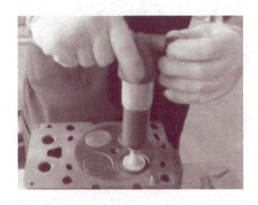

图 5-51　气门研磨作业　　　　　　　　图 5-52　研磨效果查看

使用气门研磨器的注意事项如下：
1）选择合适的皮碗。
2）如果皮碗无法吸住气门，利用干净的抹布清洁，恢复其吸附功能，从而保证气门研磨器的功能。
3）如果皮碗破裂，应及时更换，以免影响研磨效果。
4）连接气源时应确认气源旋钮（进气顶丝）处于关闭状态，防止研磨器误动作。
5）对研磨器的握紧力不宜过大。
6）研磨时不宜过大提起或者转动气门。
7）变化气门与气门座的相对位置，保证均匀研磨。

8）研磨时不宜用力过大。

9）研磨时不宜用力地在气门座上撞击。

10）保养时从气源接口倒入少量润滑油，接通气源，打开气源旋钮（进气顶丝），使得研磨器空转运行。

11）使用完毕后对研磨器进行清洁、润滑，然后放入工具盒内。

4. 电动气门研磨器的使用

1）选择合适的研磨皮碗。

2）确定所要进行研磨的气门，将研磨器放置在准确的位置，保证研磨皮碗与气门在同一轴线上，并根据研磨器研磨头的上下运动高度调整好高磁力永久固定装置（有些型号是螺栓固定装置）的位置和高度，如图5-53所示。

3）确认研磨器电源开关处于关闭状态，连接电源，如图5-54所示。

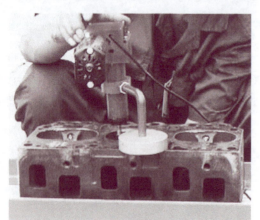

图5-53 放置气门研磨器

图5-54 电源开关处于关闭状态

4）确认研磨器已完全固定，确认皮碗与气门在同一轴线上，打开研磨器开关，按需要设置研磨速度，如图5-55所示，此时，研磨器在电动机的驱动下，研磨头做上下及旋转运动，对气门进行冲击及拍打研磨。

使用电动气门研磨器的注意事项如下：

1）选择合适的皮碗。

2）如果皮碗无法吸住气门，利用干净的抹布清洁，恢复其吸附功能，从而保证气门研磨器的功能。

3）如果皮碗破裂，应及时更换，以免影响研磨效果。

4）没有固定好研磨器的情况下禁止接通电源。

图5-55 设置研磨速度

5）使用时确保研磨器完全固定，皮碗与气门在同一轴线上，调整好需要的研磨高度。

6）机器在长时间工作中，如电动机温度过高时，请停机或空机运转一段时间再开机工模块 2　发动机常用拆装工具

作,以防烧坏电动机。

7) 工作过程中应灵活掌握时间,以防研磨过量。

8) 使用一段时间后需加入少许润滑油,以保证机器各部件的润滑性。

9) 使用完毕后对研磨器进行清洁、润滑,然后放入工具盒内。

10) 当开机不转时,请检查电源是否接好,如电动机出现冒烟现象请更换电动机。

任务总结

1. 气门修理常用工具:气门弹簧钳、气门油封钳、气门铰刀和气门研磨器。

2. 气门弹簧压缩器的类型:螺杆式凡尔钳气门弹簧压缩器、齿条手柄式气门弹簧压缩器、多功能凡尔钳气门弹簧压缩器、免拆式气门弹簧压缩器和压杆式气门弹簧压缩器。

3. 当进行气门组件拆装时,防止气门锁片丢失。

4. 使用气门油封钳时要掌握力度。

5. 气门铰刀的选择、铰削的速度、铰削的力度。

6. 气门研磨过程中的效果检查。

7. 当使用气门修理工具时,严格按照作业流程进行,否则会损坏气门组件。

8. 禁止佩戴棉手套进行作业。

作　业

完成"学习工作页"任务 5 各项作业。

任务6　机油滤清器常用拆装工具的使用

学习目标

1. 熟悉并能够识别机油滤清器的常用工具。
2. 学会对机油滤清器进行日常保养。
3. 能选择及安全使用机油滤清器的常用工具。
4. 掌握机油滤清器常用工具的使用注意事项。
5. 培养良好的职业道德与安全、环保意识。

任务接受

修理车间王主任要求学生跟随快修组长进行汽车保养与维护的日常作业,组长通过对发动机台架上的机油滤清器进行拆装作业,带领学生练习机油滤清器常用工具的选择和正确使用。

任务接待参见"学习领域 1 汽车维修接待、沟通与管理"。

汽车维修常用工具与仪器设备的使用

任务准备

6.1 机油保养作业的工具准备

机油滤清器工具拆装清单见表6-1。

表6-1 机油滤清器工具拆装清单

名　　称	数　　量	名　　称	数　　量
杯式机油滤清器扳手	1套/5人	带式机油滤清器扳手	1套/5人
钳式机油滤清器扳手	1套/5人	爪式机油滤清器扳手	1套/5人
链式机油滤清器扳手	1套/5人	铐式机油滤清器扳手	1套/5人

任务实施

6.2 杯式机油滤清器扳手的使用

发动机在工作过程中，会产生金属屑和尘土，高温下被氧化的积炭和胶状沉淀物、水等不断混入润滑油，机油滤清器的作用就是滤掉这些机械杂质和胶质，保持润滑油的清洁，延长润滑油的使用期限，以洁净的润滑油供给曲轴、连杆、凸轮轴、增压器和活塞环等运动副，保护发动机的正常运行。汽车发动机润滑系统的相关部件如图6-1所示。

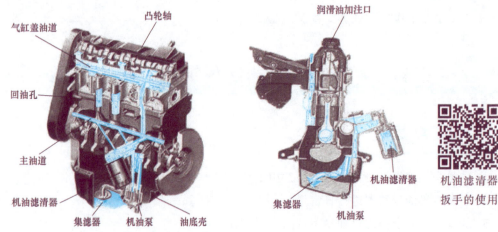

图6-1 汽车发动机润滑系统的相关部件

机油滤清器也称作机油格、机油滤芯，有多种型号，一般常见的一次性机油滤清器如图6-2所示，其外壳为金属，顶部被冲压成多棱面，类似一个大的螺母。

现在有些车型上面采用无金属外壳的机油滤清器，如图6-3所示。这种滤清器通常会有一个机油滤清器座，采用机油滤清器端盖进行对滤芯的密封，端盖的外观也是多棱面结构，类似于螺母外观。

如要拆装更换机油滤清器，需要使用专用的机油滤清器扳手，常见的机油滤清器扳手类型很多，结构各异，主要有杯式机油滤清器扳手、钳式机油滤清器扳手、链式机油滤清器扳

模块 2　发动机常用拆装工具

图 6-2　带金属外壳的机油滤清器

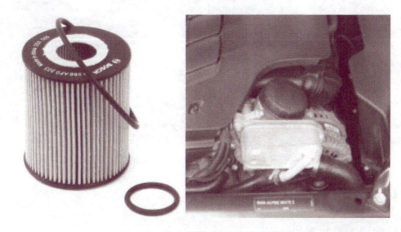

图 6-3　无金属外壳机油滤清器

手、带式机油滤清器扳手、爪式机油滤清器扳手和铐式机油滤清器扳手六种。

1. 杯式机油滤清器扳手的认识

杯式机油滤清器扳手类似一个大型套筒，拆卸不同车型、不同发动机的机油滤清器需要不同尺寸的扳手，它属于专用型的扳手，是机油滤清器拆装时首选的扳手。现阶段多数工具生产厂家、汽车制造商为了适合多个车型的机油保养等维修工作，多为套装组合式工具，如图 6-4 所示。每个扳手只能单一对应一种尺寸的机油滤清器，需配合使用，并且此类型的扳手是唯一能适用于拆卸带端盖的滤清器的扳手，其他型号的扳手禁止用于拆装带端盖的滤清器。

2. 杯式机油滤清器扳手的使用方法

当使用时，将杯式机油滤清器扳手套在机油滤清器顶部的多棱面上，如图 6-5 所示，使用方法与套筒扳手相同，与接杆、棘轮扳手和 T 形杆等工具配合使用。

使用时必须确保扳手完全套入到机油滤清器的棱面，否则在拆卸的过程中可能会因为扳手与滤清器的接触面积太小而导致滤清器出现棱面损坏（通常是棱角变形）的现象，这就像套筒扳手没有完全套入到螺栓、螺母就进行作业后的现象。

汽车维修常用工具与仪器设备的使用

图 6-4　套装组合的杯式机油滤清器扳手

图 6-5　杯式机油滤清器扳手的使用

6.3　钳式机油滤清器扳手的使用

1. 钳式机油滤清器扳手的认识

钳式机油滤清器扳手相对来说比较简单，携带方便，但因其钳口尺寸有限，能对应机油滤清器的尺寸较少，是一种简易装置，其尺寸如图 6-6 所示。

图 6-6　钳式机油滤清器扳手的尺寸规格（单位：mm）

2. 钳式机油滤清器扳手的使用方法

钳式机油滤清器扳手是钳子的改型产品，使用方法类似鲤鱼钳，使用时调节钳口的尺寸，使之与滤清器尺寸相符，钳住滤清器的外壳进行拆卸，如图 6-7 所示。

6.4 链式机油滤清器扳手的使用

1. 链式机油滤清器扳手的认识

图 6-8 所示为链式机油滤清器扳手,其一种是套筒式的,其链条长度不可以调整,分为标准型和重型两个规格,另外一种是手柄链条式的,其链条长度可调整。

手柄链条式机油滤清器扳手有多种尺寸规格,不同厂家生产的扳手链条长度和外观也是有所区别的,图 6-9 所示为某一品牌的链条式扳手。

图 6-7 钳式机油滤清器扳手

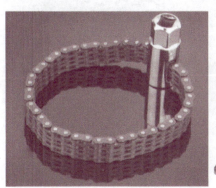 

图 6-8 链式机油滤清器扳手

品牌:易之力		名称:手柄链条式机油滤清器扳手	材质:高碳钢	
规格/in	手柄长/mm	链条长/mm	拆卸直径/mm	质量/g
9	225	420	60~120	414
12	300	520	60~150	570
15	375	680	60~200	958

图 6-9 手柄链条式机油滤清器扳手的规格

2. 链式机油滤清器扳手的使用方法

当使用手柄链条式机油滤清器扳手时,将扳手套入到机油滤清器上,调节链条长度并固定，向链条收缩方向转动手柄，此时链条夹紧滤清器，便可对滤清器进行拆装，如图6-10所示。

图6-10　手柄链条式机油滤清器扳手的使用

此类型的扳手是在没有专用机油滤清器扳手的情况下，可使用这种链条扳手替代专用扳手，达到拆卸机油滤清器的目的。

6.5　带式机油滤清器扳手的使用

1. 带式机油滤清器扳手的认识

图6-11所示为带式机油滤清器扳手，一种是套筒式的，其类似于不可调整的链条式机油滤清器扳手，其传动带部分主要是尼龙材料。另外一种是手柄带式机油滤清器扳手，类似于手柄链条式机油滤清器扳手，其传动带的主要材质是帆布、夹层橡胶、钢带加橡胶，如图6-12所示。

图6-11　带式机油滤清器扳手

2. 带式机油滤清器扳手的使用方法

使用带式机油滤清器扳手，用传动带部分夹住滤清器的棱面部分，然后朝着传动带收缩方向转动手柄，对滤清器进行拆装，如图6-13所示。

6.6　爪式机油滤清器扳手的使用

1. 爪式机油滤清器扳手的认识

图6-14所示为三爪式机油滤清器扳手，其内部设计有行星排传递机构，可根据机油滤

模块2 发动机常用拆装工具

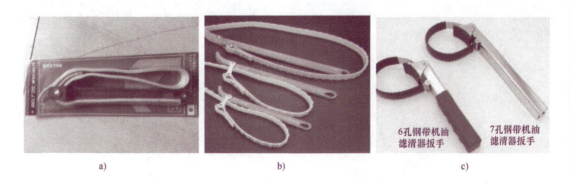

图 6-12 手柄带式机油滤清器扳手
a) 帆布材质扳手 b) 夹层橡胶材质扳手 c) 钢带加橡胶材质扳手

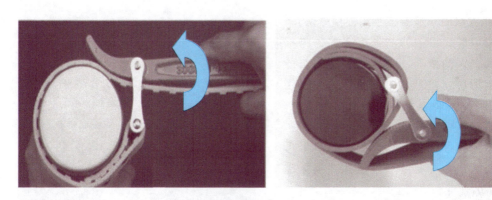

图 6-13 带式机油滤清器扳手的使用

清器大小自动调节三爪的大小,方榫部分有 1/2in、3/8in 接头两个规格,一个三爪式的扳手可对应多种尺寸的机油滤清器,但是其内部结构复杂,若损坏维修麻烦。

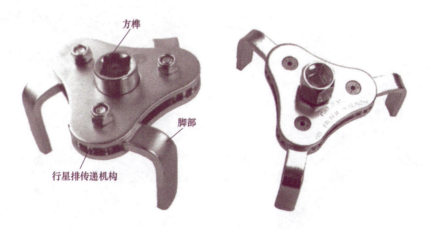

图 6-14 三爪式机油滤清器扳手

111

汽车维修常用工具与仪器设备的使用

三爪式机油滤清器扳手分为两种，第一种是扁三爪式机油滤清器扳手，如图6-14所示，它适用于小型汽车的滤清器拆装。另外一种是圆三爪机油滤清器扳手，如图6-15所示，它适用于大型汽车的滤清器拆装。

图6-15 圆三爪机油滤清器扳手

2. 爪式机油滤清器扳手的使用方法

当使用爪式机油滤清器扳手时，将扳手的脚部套入滤清器，直至扳手底部与滤清器接触为止，如图6-16所示，拆装时用手扶住扳手，确保扳手完全与滤清器接合，如果夹紧力不够，扳手与滤清器容易打滑。需配套套筒扳手，如棘轮扳手、滑动T形杆、弯头扳手、梅花扳手等使用，根据需要进行拆装作业。

6.7 铐式机油滤清器扳手的使用

1. 铐式机油滤清器扳手的认识

铐式机油滤清器扳手（也叫作环形机

图6-16 三爪式机油滤清器扳手的使用

图6-17 铐式机油滤清器扳手

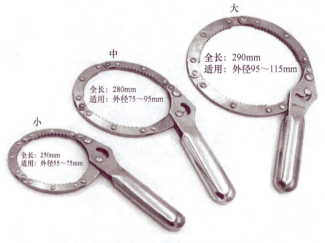

图6-18 铐式机油滤清器扳手的类型

模块 2 发动机常用拆装工具

油滤清器扳手）如图 6-17 所示，其结构为一个可调大小的环形，环形内侧设计为锯齿状。使用时将其套在滤清器顶部的棱面上，扳动手柄扳手的环形会根据滤清器大小合适地卡在棱面上，顺利地完成拆装工作。

铐式机油滤清器扳手有多种尺寸规格，视厂家不同而有所区别，图 6-18 所示为铐式机油滤清器扳手的类型。

2. 铐式机油滤清器扳手的使用方法

使用时将环铐套入到滤清器的棱面部分，利用铆扣调节尺寸使得大小与滤清器相近，朝着环铐收缩方向转动手柄，进行拆装作业，如图 6-19 所示。

图 6-19 铐式机油滤清器扳手的使用

任务总结

1. 机油滤清器常用的工具类型有杯式、钳式、链式、带式、爪式和铐式。
2. 优先选择杯式机油滤清器扳手进行作业。
3. 按标准力矩进行滤清器的紧固。
4. 机油滤清器使用的注意事项。

作 业

完成"学习工作页"任务 6 各项作业。

任务 7 其他发动机常用拆装工具的使用

学习目标

1. 熟悉并能够识别其他发动机常用的拆装工具。
2. 学会对其他发动机常用拆装工具进行日常保养。
3. 能选择及安全使用其他发动机常用拆装工具。
4. 掌握其他发动机常用拆装工具的使用注意事项。

汽车维修常用工具与仪器设备的使用

5. 培养良好的职业道德与安全、环保意识。

任务接受

修理车间王主任要求学生跟随快修组长进行汽车保养与维护的日常作业,组长通过对发动机进行拆装维修作业,带领学生练习其他发动机常用拆装工具的选择和正确使用。

任务接待参见"学习领域1 汽车维修接待、沟通与管理"。

任务准备

7.1 其他发动机常用拆装工具准备

其他发动机常用拆装工具清单见表7-1。

表7-1 其他发动机常用拆装工具清单

名 称	数 量	名 称	数 量
氧传感器扳手	1套/5人	曲轴带轮拆装工具	1套/5人
火花塞套筒扳手	1套/5人	铲刀	1套/5人
套筒扳手	1套/5人	—	—

任务实施

7.2 氧传感器拆装工具的使用

在进行发动机的日常维修工作当中,维修技师经常会用到相应的拆装专用工具进行拆装一些相对特殊的部件,如发动机带轮、火花塞和氧传感器等,普通的常用工具无法满足拆装需求,如果不用专用工具就会损坏相关零部件。

7.2.1 氧传感器拆装工具的认识

在使用三元催化转换器以减少排气污染的发动机上,氧传感器是必不可少的元件。由于混合气的空燃比一旦偏离理论空燃比,三元催化剂对 CO、HC 和 NO_x 的净化能力将急剧下降,故在排气管中安装氧传感器,用以检测排气中氧的浓度,并向 ECU 发出反馈信号,再由 ECU 控制喷油器喷油量的增减,从而将混合气的空燃比控制在理论值附近。

氧传感器一旦出现故障,将使车辆的电子燃油喷射系统的 ECU 不能得到排气管中氧浓度的信息,因而不能对空燃比进行反馈控制,会使发动机油耗和排气污染增加,发动机出现怠速不稳、缺火和喘振等故障现象。因此,必须及时地排除故障就会用到拆装氧传感器的专用工具——氧传感器扳手。

7.2.2 氧传感器扳手的分类

氧传感器扳手可以说是一种特殊的套筒扳手,它有多种规格,不同的工具生产厂家或者汽车制造商所生产的规格有所区别,在市场上所用到的氧传感器扳手如图7-1所示。

氧传感器扳手一般都会在侧面进行开槽或者开孔,使得传感器的连接插头能够从槽口穿过,方便传感器的拆装,如图7-2所示。

模块2 发动机常用拆装工具

图 7-1 各类氧传感器扳手

图 7-2 槽口部分的区别

1. 按方榫部分尺寸大小分类

氧传感器扳手中的扭力类扳手的连接部分即方榫部分分为方形接头和花形接头，如图 7-3 所示，其按照尺寸可以分为 1/2in、3/8in 两种规格，多种尺寸和规格是为了适应更多的车型、各种拆装作业环境。

图 7-3 方榫部分的区别

2. 按扳手的棱面接合部分分类

氧传感器扳手与传感器的棱面接合部分分为六角形和双六角形两种，尺寸规格基本上都是22mm，常用的是六角形的专用工具，如图7-4所示。

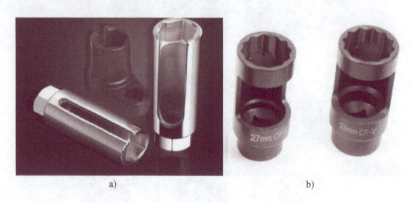

图 7-4　六角与双六角扳手的区别

a）六角形氧传感器扳手　b）双六角形氧传感器扳手

7.2.3　氧传感器扳手的作用

氧传感器扳手是用于拆装氧传感器的专用工具。

7.2.4　氧传感器扳手的使用

氧传感器扳手的使用步骤如下：

1）将已脱开的线束插接器穿过氧传感器扳手的槽口，如图7-5所示。

氧传感器扳手的使用

图 7-5　插接器线束穿过槽口

2）将氧传感器扳手完全套入到传感器的六角棱面上，这类似于套筒扳手与螺栓、螺母的配合，如图7-6所示。

3）根据拆装的空间选择合适的扭转类工具，如棘轮扳手、滑动T形杆等扳手对传感器进行拆装作业，如图7-7所示。

7.2.5　使用氧传感器扳手的注意事项

1）选择合适尺寸、规格的扳手。

2）选择合适的扭转类扳手对传感器进行拆装。

3）拆装过程中小心扳手对传感器线束的拉扯，避免传感器的损坏。

模块 2　发动机常用拆装工具

图 7-6　套入传感器扳手

图 7-7　拆装传感器

4）禁止用氧传感器扳手拆装其他螺栓和螺母。

7.3　曲轴带轮拆装工具的使用

曲轴带轮利用螺栓固定在曲轴上，与曲轴同步运转，它通过传动带带动其他总成，如发电机、空调压缩机和水泵等的运作，如图 7-8 所示。

根据车型不同，曲轴传动带与曲轴的连接方式有所区别，例如，丰田车型的曲轴带轮如图 7-9 所示，它通过一个键槽与发动机的定位键相配合，并通过螺栓形成刚性连接。

图 7-8　发动机前端部分结构图

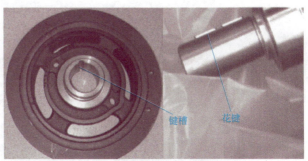

图 7-9　丰田车型带轮与曲轴的连接

宝马车型的曲轴带轮有些车系只是通过螺栓与曲轴实现刚性连接，其没有花键进行定位，如图 7-10 所示。

7.3.1　曲轴带轮拆装工具

1. 曲轴带轮固定器

根据使用的车型不同，曲轴带轮固定器的外观、尺寸等都有所区别，如图 7-11 所示。

2. 曲轴带轮拉拔器

曲轴带轮拉拔器也叫作拉码，根据使用的车型不同，拉拔器也有所区别，如图 7-12 所示。

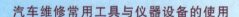

汽车维修常用工具与仪器设备的使用

图 7-10 宝马车型带轮与曲轴的连接

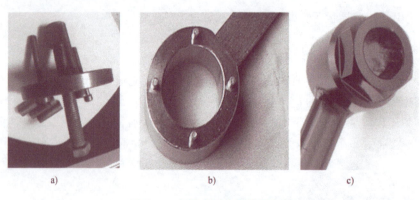

图 7-11 各种车型的带轮固定器
a）别克车型固定器 b）大众奥迪车型固定器 b）本田车型固定器

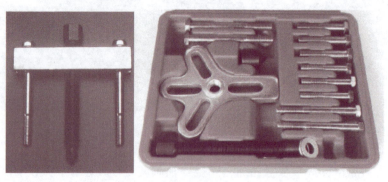

图 7-12 各种类型的拉拔器

曲轴带轮拆装工具的使用

7.3.2 曲轴带轮拆装工具的使用方法

以丰田 1ZR 发动机为例，介绍曲轴带轮拆装工具的使用。

1）准备好拆卸曲轴带轮专用工具，如图 7-13 所示，其中包括曲轴带轮固定器（有固定法兰和固定杆，工具号为 09330-00021、09213-58013）和带轮拉拔器（包括拉拔器和拉拔器定位头，工具号为 09950-50013）。

2）将工具为 09330-00021 的固定法兰对准带轮的两个螺栓孔，利用两个 8mm 的螺栓固

模块 2 发动机常用拆装工具

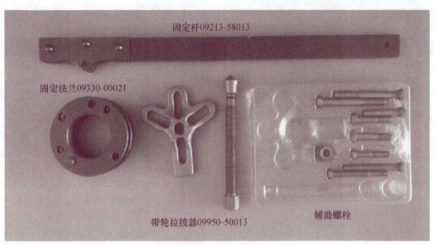

图 7-13 曲轴带轮拆装工具

定带轮和固定法兰并紧固,如图 7-14 所示。

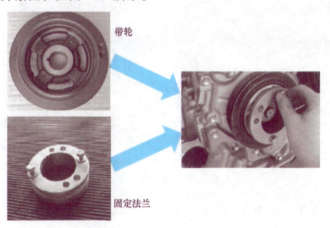

图 7-14 安装固定法兰到带轮上

3)将工具号为 09213-58013 固定杆利用卡销安装到固定法兰上,如图 7-15 所示。

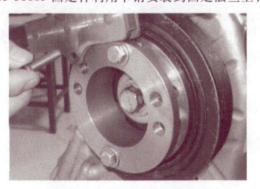

图 7-15 安装固定杆到固定法兰

4)利用套筒扳手和扭转类扳手拆卸曲轴带轮固定螺栓,如图 7-16 所示。右手朝螺栓拧松方向用力下压,左手利用固定杆卡住专用工具,防止带轮旋转,左右手配合,拆卸带轮固定螺栓。

5）松开固定法兰的两个螺栓，取下固定法兰，如图 7-17 所示。

图 7-16　拆卸带轮固定螺栓　　　　图 7-17　取下固定法兰

6）将带轮拉拔器和定位头安装到带轮上，如图 7-18 所示。

图 7-18　安装拉拔器

7）借助扭转类扳手，如梅花扳手、套筒扳手等缓慢拧紧拉拔器的丝杠，拉出曲轴带轮，如图 7-19 所示。

图 7-19　拉出曲轴带轮

8）取下曲轴带轮，如图 7-20 所示。

7.3.3　使用曲轴带轮拆装工具的注意事项

1）选择合适的固定器。

模块 2　发动机常用拆装工具

2）选择固定法兰正确的螺栓孔，如果螺栓孔选择不正确会导致螺栓无法安装到螺栓孔内。

3）选择合适长度的固定螺栓，如果螺栓过长会导致顶爆链条盖。

4）将螺栓拧紧到规定的力矩。

5）固定法兰和带轮完好接合，否则在拆装过程中会导致螺栓弯曲。

6）装带轮螺栓时应注意扳手与固定杆的用力方向。

图 7-20　取下曲轴带轮

7）合适的拉拔器和配套螺栓。

8）当拉拔器安装到带轮时，螺栓拧入的不宜过长或者过短，过长会顶爆链条盖，过短会导致螺纹受力过大而损坏。

9）收紧拉拔器的丝杠，注意观察带轮的移动状态，防止异常受力状况出现。

曲轴带轮拆装工具使用注意事项

7.4　火花塞套筒扳手的使用

7.4.1　火花塞套筒扳手的认识

汽油机点火系统中将高压电流引入到火花塞，进入产生电火花，以点燃可燃混合气体。火花塞工作于高温、高压的恶劣条件下，是汽油发动机的易损件之一，它在发动机的运转中扮演着相当重要的角色，与汽车燃油经济性、发动机运行平稳性有很大关系。为了保证发动机的运行性能，必须对火花塞进行定期检查、维护和保养，那么就会用到火花塞的拆装工具——火花塞套筒扳手。

7.4.2　火花塞套筒扳手的分类

为了适用于不同尺寸火花塞的拆装，现有的火花塞套筒扳手有多种类型。

火花塞套筒扳手的分类

1. 按适合火花塞螺栓部分尺寸大小分类

按适合火花塞螺栓部分尺寸大小进行分类，可分为 14mm、16mm 和 21mm 三种规格，如图 7-21 所示。

2. 按照火花塞螺栓部分的形状分类

按照火花塞螺栓部分的形状分类，可分为六角形和双六角（12 角）形的，如图 7-22 所示。

3. 按照火花塞套筒方榫部分尺寸大小分类

按照火花塞套筒方榫部分尺寸大小进行分类，可分为 1/2in、3/8in，即 12.5mm 和 10mm 两种火花塞套筒，如图 7-23 所示。

4. 按照火花塞套筒内置防滑防脱装置进行分类

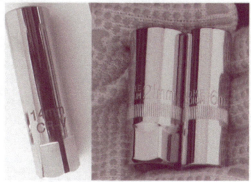

图 7-21　按照火花塞螺栓尺寸分类

按照火花塞套筒内置防滑防脱装置进行分类，可分为弹片式火花塞套筒、橡胶式火花塞

汽车维修常用工具与仪器设备的使用

图 7-22 按照火花塞螺栓部分的形状分类

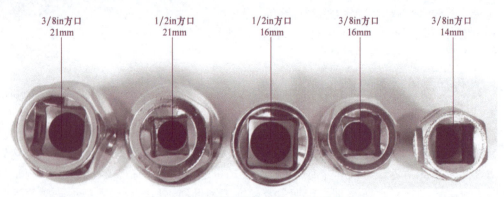

图 7-23 按照方榫部分尺寸大小分类

套筒和磁性式火花塞套筒三种类型，如图 7-24 所示。

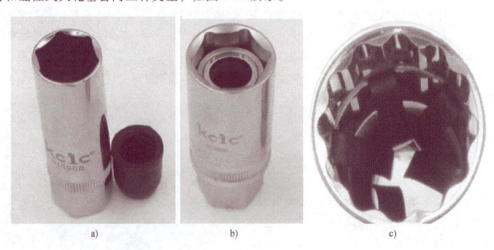

图 7-24 按照火花塞套筒内置防滑防脱装置分类
a) 橡胶式火花塞套筒 b) 磁性式火花塞套筒 c) 弹片式火花塞套筒

5. T形火花塞套筒扳手

带万向节的 T 形火花塞套筒扳手如图 7-25 所示。

模块 2　发动机常用拆装工具

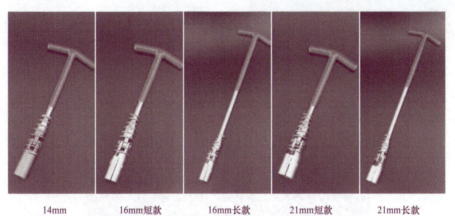

| 14mm | 16mm短款 | 16mm长款 | 21mm短款 | 21mm长款 |

图 7-25　带万向节的 T 形火花塞套筒扳手

6. 空心管状火花塞套筒扳手

空心管状火花塞套筒扳手如图 7-26 所示。

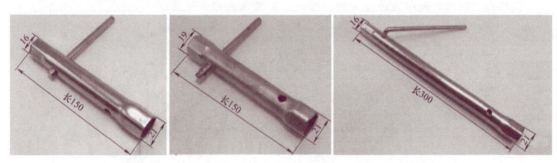

图 7-26　空心管状火花塞套筒扳手（单位：mm）

7.4.3　火花塞套筒的作用

火花塞套筒扳手是用于拆装发动机火花塞的专用工具。

7.4.4　火花塞套筒扳手的使用方法

1. 准备工作

拆下点火线圈或者是高压分火线，如图 7-27 所示，做好相关标记，避免点火线圈与火花塞弄错。

图 7-27　拆下点火线圈或者是高压分火线

2. 选择合适的火花塞套筒

选择该车型合适尺寸、规格的火花塞套筒扳手，如图7-28所示。

图7-28 选择合适的火花塞套筒扳手

3. 选择相应的配合工具

选择合适的接杆和扭转类扳手进行组合，如图7-29所示。

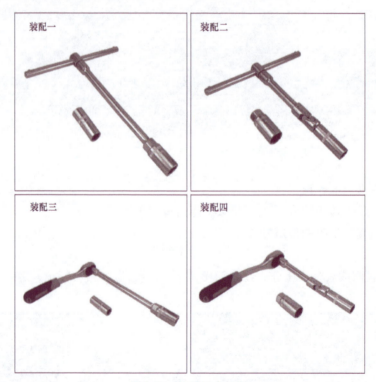

图7-29 按需组合工具

4. 火花塞拆装流程

1）将火花塞套筒扳手缓慢伸入到火花塞孔中，确保扳手已经完全套入火花塞的螺栓部分，如图7-30所示。

2）一手握住棘轮扳手与接杆的连接位置，另一手逆时针转动棘轮扳手，初步松开火花塞，如图7-31所示。

模块 2　发动机常用拆装工具

图 7-30　放入组合工具

图 7-31　初步松开火花塞

3）取下棘轮扳手，用手完全松开火花塞，如图 7-32 所示。

图 7-32　完全松开火花塞

4）取下火花塞，如图 7-33 所示。

5. 后续工作

将所拆下的火花塞按顺序放置好，用布盖住火花塞孔，然后更换同一型号的火花塞，安装点火线圈等发动机其他附件后进行发动机运转测试，保证发动机运行平稳。

7.4.5 使用火花塞套筒扳手的注意事项

1）选择合适型号、尺寸规格的火花塞套筒扳手。

2）确认火花塞套筒防滑防脱装置完好，防止火花塞掉落而损坏。

3）拆装时确认火花塞套筒扳手已完全套入到火花塞的螺栓部分。

4）火花塞套筒是拆装火花塞的专用工具，禁止用于拆装同尺寸的其他螺栓和螺母。

图 7-33　取下火花塞

7.5 铲刀的使用

1. 铲刀的认识

继排放和噪声之后，汽车发动机密封性能的优劣已成为衡量汽车质量的重要标志之一。在汽车发动机上需要密封的地方有很多，例如气门室盖与气缸之间的密封、气缸盖与气缸体的密封、发动机油底壳与气缸体的密封等，其密封目的各不相同，有的是防止气体渗漏，有的是防止液体渗漏。为了达到密封的效果，使用的密封材料有很多，如有工业耐油板、辊压板、纸板、乳胶抄取板、金属和非金属复合板、金属橡胶复合板、金属板、石墨金属复合板、胶圈、胶垫、塑料板或者是密封胶等，这些密封件都是一次性更换的部件。

铲刀的使用

当发动机进行拆解维修时，密封材料必须被完全清理掉，否则就会影响到部件之间的密封性能，导致相关故障的发生。此时，就会用到清理的工具——铲刀。

2. 铲刀的类型

铲刀也叫作刮刀，为了适用于发动机不同的部件、不同密封材料的清理工作，铲刀有多种类型，如图 7-34 所示。

3. 铲刀的作用

铲刀是用于清理发动机部件密封材料，如气缸盖垫片、液态密封剂、胶粘物以及表面上的其他东西。

4. 铲刀的使用

下面以清理油底壳与气缸体的密封胶为例，介绍铲刀的使用方法：

1）选择合适的铲刀。

2）检查切削刃部分是否整齐，如图 7-35 所示。

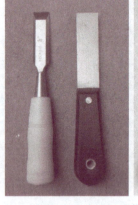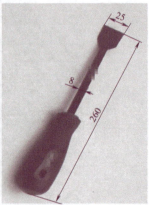

图 7-34　发动机维修用铲刀（单位：mm）

3）将铲刀置于部件密封面的平面上，确认切削刃部分完全与表面接合，如图 7-36 所示。

4）保持切削刃与接合平面完全接触，稍微用力下压铰刀向前推进刮除密封材料，如图 7-37 所示。

5）在刮除过程中，合理选择切削刃的朝向，确保密封材料的清理效果，如图 7-38 所示。

模块 2　发动机常用拆装工具

图 7-35　检查切削刃

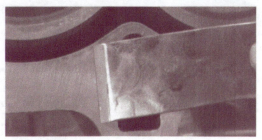

图 7-36　确认切削刃与气缸盖平面接合

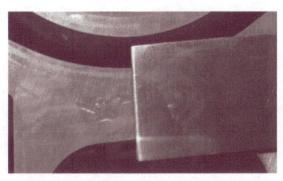

图 7-37　刮除密封材料

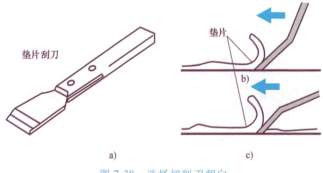

图 7-38　选择切削刃朝向

由于切削刃切入垫片，刮的效果会更好些，如图 7-38b 所示。但是，容易刮到表面。

切削刃未很好地切入垫片，意味着难以获得整齐的效果，如图 7-38 中 c 所示。但是，被刮的表面未被损坏。

5. 使用铲刀的注意事项

1）当使用在易于破损的表面上时，刮刀应包裹塑料带，如电工胶布，如图 7-39 所示。

2）禁止把手放在刀片前，刀片可能会伤害到手，如图 7-40 所示。

3）禁止在磨床上对切削刃进行快速磨削。

4）如果需要对切削刃进行加工，选择合适的磨石磨刀片。

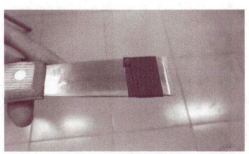

图 7-39　刮刀包裹塑料带

汽车维修常用工具与仪器设备的使用

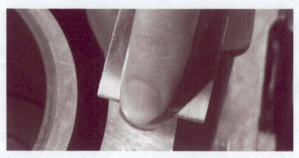

图 7-40 禁止把手放在刀片前

任务总结

1. 禁止用氧传感器扳手拆装其他的螺栓和螺母,在拆装过程中防止线束扭转。
2. 当安装传动带拆装工具时小心螺栓顶爆正时链条盖。
3. 选择合适的火花塞扳手,并确认内部防滑防脱装置完好。
4. 当使用刮刀时,适时调整切削刃的方向。
5. 防止刮刀损伤部件,避免刮刀伤及手部。

作　业

完成"学习工作页"任务 7 各项作业。

模块 3
底盘及内饰饰板拆装工具

任务 8　底盘拆装常用工具的使用

学习目标

1. 熟悉并能够识别底盘拆装常用工具。
2. 学会对底盘拆装常用工具进行日常保养。
3. 能选择及安全使用底盘拆装常用工具。
4. 掌握底盘拆装常用工具的使用注意事项。
5. 培养良好的职业道德与安全、环保意识。

任务接受

一台丰田凯美瑞汽车,因行驶在颠簸路面时底盘发出异响进店维修,机电维修组长带领学生进行故障诊断学习,通过故障诊断和维修,使学生掌握底盘拆装常用工具的选择和正确使用。

汽车维修常用工具与仪器设备的使用

任务接待参见"学习领域 1 汽车维修接待、沟通与管理"。

任务准备

8.1 底盘拆装常用工具准备

底盘拆装过程中会涉及很多的工具、量具的使用，其中会使用到一些专用的拆装工具，如拉拔器、减振器拆装工具和球头分离器等，如图 8-1 所示。

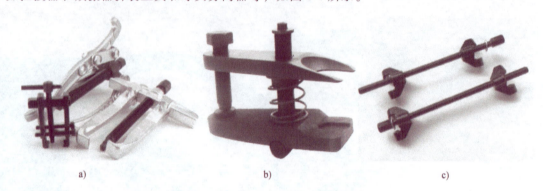

图 8-1 底盘拆装工具

a）拉拔器 b）球头分离器 c）减振器弹簧压缩器

本章就汽车底盘修配项目中经常用到的相关工具的使用方法和注意事项进行介绍。底盘拆装常用工具清单见表 8-1。

表 8-1 底盘拆装常用工具清单

名 称	数 量	名 称	数 量
减震器拆装工具	1 套/5 人	球头分离器	1 套/5 人
拉拔器	1 套/5 人	制动分泵压缩器	1 套/5 人
冲子	1 套/5 人	錾子	1 套/5 人

任务实施

8.2 减振器拆装工具的使用

8.2.1 减振器弹簧压缩器的认识

当减振器在装配时，必须向减振弹簧施加很大的压力。要想更换减振阻尼器，必须拆卸减振器弹簧。拆卸减振器弹簧，就必须要使用专用的减振器弹簧压缩器工具对弹簧进行压缩，如图 8-2 所示。

8.2.2 减振器弹簧压缩器的分类

常用的减振器弹簧压缩器主要有三种。第一种是简易式减振器弹簧压缩器，它在两根长杆上加工有螺纹，在螺纹杆上设计有爪形钩，如图 8-2 所示。第二种是立式减振器弹簧压缩器，该压缩器立柱的下端设有减振器固定器，通过螺栓可以将减振器的外筒壳体进行固定，在立柱中间装有一根齿条轴，通过旋转手柄可以使齿条轴上下移动，在齿条轴的顶端装有两个可绕齿条轴进行一定角度转动的减振器弹簧固定支架，在每个支架上都装有一个可调的爪

模块3　底盘及内饰饰板拆装工具

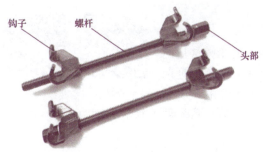

图 8-2　简易式减振器弹簧压缩器

形钩，用以嵌入和抓牢弹簧。旋转手柄带动的齿轮与齿条间有自锁功能，当向下压缩弹簧到一定程度时，松开手柄，弹簧会保持在压缩位置不动，要释放对弹簧的压力，操作旋转手柄，稍微向下压缩弹簧，然后反方向旋转手柄即可，如图8-3所示。第三种是免拆式减振器弹簧压缩器，如图8-4所示。

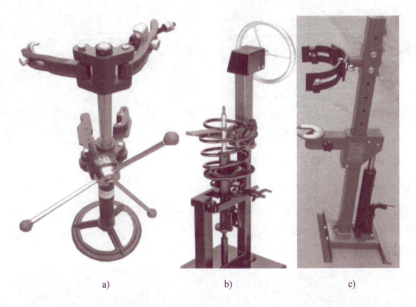

a)　　　　　　　　　　b)　　　　　　　　　　c)

图 8-3　立式、圆盘立式、液压立式减振器弹簧压缩器
a）立式减振器弹簧压缩器　b）圆盘立式减振器弹簧压缩器　c）液压立式减振器弹簧压缩器

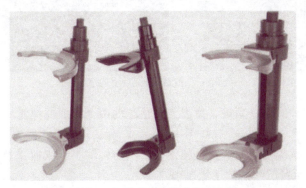

图 8-4　免拆式减振器弹簧压缩器

8.2.3 减振器弹簧压缩器的使用

1. 简易式减振器弹簧压缩器

在使用简易式减振器弹簧压缩器时,先将减振器弹簧压缩器对置于螺旋弹簧的两端,使爪形钩固定于弹簧上,并保证两螺纹杆间隔180°对置,如图8-5所示。爪形钩固定好后,使用扳手转动螺纹杆的头部,使两爪形钩之间的距离变短,这样就可以将螺旋弹簧进行压缩。

减振器弹簧压缩器的结构

减振器弹簧压缩器的使用

在压缩螺旋弹簧时,一定要保证两根螺旋杆的压缩程度相同,防止滑脱造成安全事故。当压缩减振器弹簧时,一定要保证爪形钩牢牢地固定住弹簧,如果爪形弹簧在操作中弹开,将会造成严重的后果,甚至对操作者的生命安全构成威胁。

简易式减振器弹簧压缩器也可用于车上减振器弹簧的拆装,如图8-6所示。

图8-5 使用简易式减振器弹簧压缩器压缩弹簧

图8-6 使用简易式减振器弹簧压缩器在车上压缩弹簧

2. 立式减振器弹簧压缩器的使用

在使用立式减振器弹簧压缩器时,先将减振器的弹簧托盘下端放稳在压缩器的下端支架上,旋转如图8-7中的手柄,将紧固螺栓稍微拧紧,防止减振器掉落,但同时应保证减振器可以沿竖直轴线自由转动,如图8-7所示。

图8-7 放置减振器到压缩器

调整齿条轴高度和减振器角度,使齿条轴顶端的两个减振器弹簧固定支架能够合适地抓紧弹簧,如图8-8所示。

接下来将压缩器下端支架的紧固螺栓锁紧,然后转动手柄压缩弹簧。

8.2.4 使用减振器弹簧压缩器的注意事项

1)安装时确认压缩器完全安装到位。

模块 3　底盘及内饰饰板拆装工具

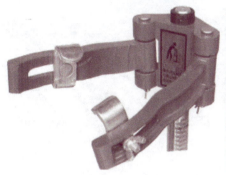

图 8-8　调整并安装上部固定支架

2）在进行减振器弹簧拆装作业的过程中，无论是压缩弹簧还是释放弹簧都要缓慢进行。

3）双手要始终施力在手柄上，直到作业完成，切不可中途松开手柄，以免发生弹簧飞脱的事故。

8.3　球头分离器的使用

1. 球头分离器的认识

车辆长时间使用之后，底盘的球头会因为磨损、生锈等导致车辆出现异响等故障，那么就要对球头进行更换，因为球头与其他部件如拉杆、摆臂等部件连接，如图 8-9 所示，在进行拆卸时必须用到专用的拆卸工具——球头分离器。

图 8-9　球头位置图

2. 球头分离器的分类

球头分离器有多种类型，根据球头的位置不同，设计球头分离器的结构也不同，主要有双叉式球头分离器和鸭嘴式球头分离器。

双叉式球头分离器如图 8-10 所示。

鸭嘴式球头分离器如图 8-11 所示。

3. 球头分离器的使用方法

在空间受到限制时，利用球头分离器可直接轻易地拆除横拉杆球头。

（1）双叉式球头分离器的使用　将双叉式球头分离器插入到转向节与下摆臂之间，利用圆头锤敲击分离器，使得球头与摆臂分离。

汽车维修常用工具与仪器设备的使用

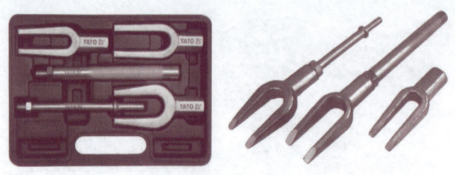

图 8-10　双叉式球头分离器

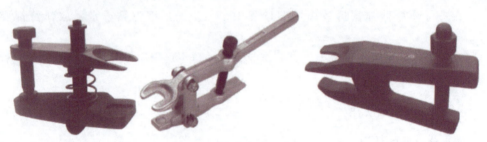

图 8-11　鸭嘴式球头分离器

（2）鸭嘴式球头分离器的使用　如图 8-12 所示，当使用球头分离器时，将其开口插入转向节与下悬臂之间，使用扳手旋动球头分离器后端的螺栓顶动压臂，使压臂将球头压下。

4. 使用球头分离器的注意事项

1）当使用双叉式球头分离器时必须小心进行敲击，防止手部受伤，敲击时防止损坏其他部件。

2）确认分离器完好，无损坏、变形。

3）当鸭嘴式球头分离器在插入球头与摆臂之间时必须要小心，防止损坏球头的防尘套。

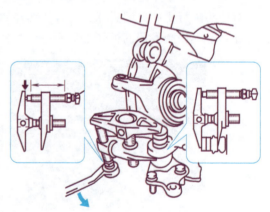

图 8-12　鸭嘴式球头分离器的使用

4）球头分离器安装时必须到位。

5）在拆卸过程中，如有必要可用手扶着球头分离器。

6）在进行作业过程中，球头与摆臂等部件会瞬间分离，防止手部受伤。

7）使用完毕后应将球头分离器进行清洁、润滑，然后归位放置。

8.4　拉拔器的使用

车辆上面安装了多种配合副，如曲轴带轮安装到曲轴上、轴承安装到车轮的转轴上，而这些部件必须要借助拉拔器才能够顺利地进行拆卸。

8.4.1 拉拔器的认识

拉拔器也称为拉卸器或扒马，俗称拉马，是用于汽车维修中静配合副和轴承部位拆卸的专用工具，一般的拉拔器结构由拉脚（爪片）、螺栓螺母、丝杠（螺杆）座、金属夹片和丝杠（螺杆）组成，螺杆前端加工为锥形，后端有供扳手拧动的六角头螺栓，如图8-13所示。

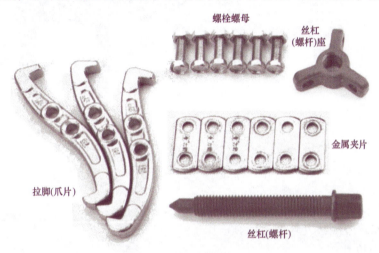

图8-13 拉拔器的组成

8.4.2 拉拔器的类型

1. 按照拉脚的数量分类

按照拉脚的数量进行分类，拉拔器可分为两爪拉拔器和三爪拉拔器两种类型，这种类型的拉拔器属于手动拉拔器，也作为外轴承拉拔器，有些拉拔器是以套装组合使用的，如图8-14所示。

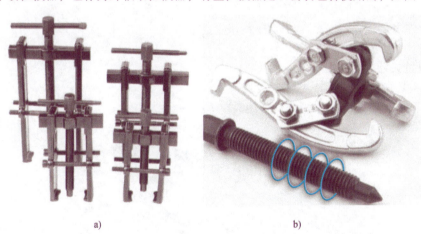

图8-14 拉拔器的类型
a）两爪拉拔器　b）三爪拉拔器

两爪拉拔器有多种规格，如3in、4in、6in、8in和10in等尺寸，如图8-15所示。

三爪拉拔器同样也有多种规格，如3in、4in、6in、8in、10in和12in等尺寸。

注意：现阶段车辆维修作业的三爪拉拔器可进行两爪和三爪变换，称为两用拉拔器，如图8-15所示。

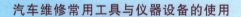

汽车维修常用工具与仪器设备的使用

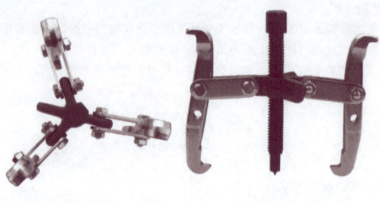

图 8-15 两用拉拔器
a）三爪拉拔器 b）两爪拉拔器

2. 按照拉力驱动方式分类

拉拔器按照拉力驱动方式的不同有液压拉拔器，如图 8-16 所示。

液压拉拔器按照拉力的大小可以分为 5T、10T、15T 和 20T 等规格，如图 8-17 所示，不同拉力大小规格的拉拔器具有不同的横向拉距和纵向拉距。

3. 按照拆卸轴承位置分类

按照拆卸位置的不同进行分类，可分为内轴承拉拔器和外轴承拉拔器，如图 8-18 所示。

4. 按照拉拔器的组成分类

按照拉拔器的组成进行分类，拉拔器可分为单个拉拔器和组合套装拉拔器，如图8-19所示。

图 8-16 液压拉拔器

图 8-17 液压拉拔器的泵体

模块 3　底盘及内饰饰板拆装工具

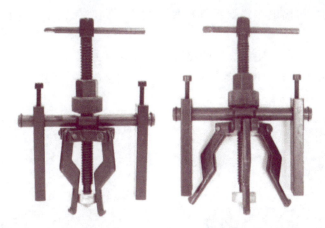

图 8-18　内轴承拉拔器

图 8-19　组合套装拉拔器

8.4.3　拉拔器的使用方法

下面以三爪拉拔器为例，介绍拉拔器的使用方法：

1）根据要拆卸的轴承，选用合适尺寸规格的拉拔器，如图 8-20 所示。

两爪式拉拔　　三爪式拉拔
器的使用　　　器的使用

2）检查并确认拉拔器的状况。

3）调整中心螺杆的长度，并将中心螺杆的前端锥形顶在固定部件的导向凹槽或孔中，使中心螺杆与部件轴线保持一致，如图 8-21 所示。

图 8-20　选择合适尺寸规格的拉拔器　　　　图 8-21　螺杆对准部件轴线

137

4）将拉拔器的拉脚固定在需要拆卸部件的边缘，同时保持中心螺杆与部件轴线一致，如图8-22所示。

5）用手旋拧中心螺杆，使拉拔器的拉脚抓紧需要拆卸部件的边缘，保持各拉脚受力均匀，然后利用梅花扳手、套筒扳手等扭转类工具拧动中心螺杆，使需要拆卸的部件在拉脚的拉拔下被拆卸下来，如图8-23所示。

图8-22　放置拉脚

图8-23　拆卸部件

利用拉拔器拆卸部件，不会破坏工件配合性质和工作表面，如拆卸曲轴带轮、齿轮等零件应选用三爪拉拔器，而拆卸轴承等零件最好使用两爪拉拔器。

8.4.4　使用拉拔器的注意事项

1）根据拆卸部件、位置等选择合适的拉拔器。
2）确认拉拔器的状况，如拉脚与夹片的螺栓的紧固状况。
3）在拉拔过程中时刻观察拉拔状况。
4）禁止快速旋转螺杆，防止拉拔器和部件损坏。
5）使用完毕后应对拉拔器进行清洁、归位。

8.5　制动分泵压缩器的使用

制动系统是使汽车的行驶速度可以强制降低的一系列专门装置，它的主要功用是使行驶中的汽车减速甚至停车、使下坡行驶的汽车速度保持稳定、使已停驶的汽车保持不动。盘式制动器如图8-24所示。

现阶段轿车上使用的是液压制动系统，在汽车的使用过程中，制动摩擦片的厚度会随着车辆行驶里程、行驶时间的增加而逐渐减小，为了保证制动效果，作用于制动摩擦片的液压制动分泵活塞会向外伸出，消除摩擦片因磨损产生的间隙，当制动摩擦片使用达到极限时，必须更换制动摩擦片，以恢复制动系统的功能。此时，必须用到专用的制动分泵压缩工具将移出的活塞压回，以便安装新的制动摩擦片，这个工具就是制动分泵活塞压缩器。

1. 制动分泵活塞压缩器的认识

制动分泵活塞压缩器的结构如图8-25所示，其组成分别有固定顶板、导向杆、螺杆、手柄和活动顶板。

2. 制动分泵活塞压缩器的类型

制动分泵有鸭嘴式制动分泵活塞压缩器、快速式制动分泵活塞压缩器和专用制动分泵活塞压缩器三种。

模块3 底盘及内饰饰板拆装工具

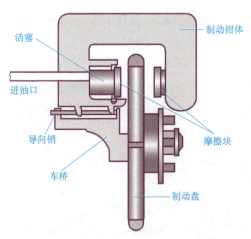

图 8-24 盘式制动器

图 8-25 制动分泵活塞压缩器的结构

常见的制动分泵活塞压缩器是鸭嘴式制动分泵活塞压缩器，如图 8-25 所示。

快速式制动分泵活塞压缩器如图 8-26 所示。

专用制动分泵活塞压缩器如图 8-27 所示，宝马车型上用到的是此种类型的压缩器。

3. 制动分泵活塞压缩器的作用

制动分泵活塞压缩器是用于将盘式制动分泵活塞进行复位的专用工具，是汽车制动系统维修工作中常用的工具。

4. 制动分泵活塞压缩器的使用

制动分泵活塞压缩器的使用方法都是一样的，下面以宝马车型为例，介绍专用制动分泵活塞压缩器的使用。

1）拆下制动摩擦片和制动分泵，用挂钩将钳体悬挂起来，如图 8-28 所示。

制动分泵活塞压缩器的使用

图 8-26 快速式制动分泵活塞压缩器

图 8-27 专用制动分泵活塞压缩器

2）将压缩器置于活塞与活塞之间，如图 8-29 所示。

图 8-28 拆卸钳体

图 8-29 放置压缩器

3）一手扶住钳体，另一手顺时针缓慢旋转手柄，使活塞压缩器的两个顶板撑开，如图8-30所示。

4）旋转手柄，直到活塞被压回到底部为止，如图8-31所示。逆时针旋转手柄，拆下压缩器。

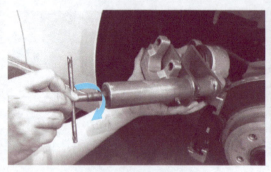

图8-30 压缩器的使用　　　　　图8-31 活塞被压回的状态

5. 使用制动分泵活塞压缩器的注意事项

1）压缩时缓慢旋转手柄。

2）压缩过程中时刻观察制动液液位状况。

3）压缩过程中制动分泵活塞应能缓慢移动，否则应检查压缩器是否有卡滞现象。

4）使用完毕后对压缩器进行清洁润滑，并放回盒子内。

8.6 冲子的使用

8.6.1 冲子的认识

冲子主要用来冲出（脱离）铆钉和销子等，也可用来标示钻孔的位置，如图8-32所示。

冲子的分类

图8-32 冲子

8.6.2 冲子的类型

冲子的类型主要有中心冲、销冲和孔冲等多种形式。

1. 中心冲

中心冲也叫作圆柱冲和平头冲，如图8-33所示。

模块 3　底盘及内饰饰板拆装工具

中心冲主要用于标示要钻孔的位置及导向，也可用于零件拆卸前对其做标记，通过标示拆下的零件，可便于重新安装，如图 8-34 所示。

2. 销冲

销冲如图 8-35 所示，销冲有各种不同的直径，可用于把铆钉或销钉从孔中冲出，销冲的柄部呈六边形，也有呈圆形的。在汽车维修厂里，常用销冲的直径范围为 3～12mm。

图 8-33　中心冲

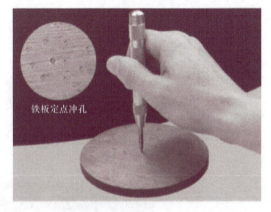

图 8-34　中心冲的作用

3. 孔冲

孔冲（图 8-36）有多种形状，在汽车维修作业中主要用到的是圆孔冲，它主要用于加工密封件，如密封垫片螺栓孔的开孔。

冲子还有其他的类型，如针孔冲、起动冲和方头冲等。

8.6.3　冲子的使用方法

下面以销冲为例，介绍其使用方法。销冲的握法如图 8-37 所示。

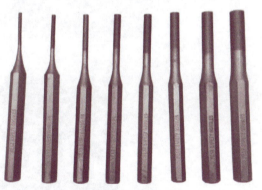

图 8-35　销冲

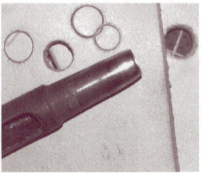

图 8-36　孔冲

冲子的使用

1)选择合适尺寸规格的销冲,如图 8-38 所示。
2)确认销冲头部位置的平整度,如图 8-39 所示。
3)将销冲的头部顶住穿销,如图 8-40 所示。
4)调整销冲的位置,使得销冲与穿销保持在同一轴线上,如图 8-41 所示。
5)利用锤子轻轻敲打销冲,观察穿销的移动状况,直到穿销被冲出,如图 8-42 所示。

图 8-37 销冲的握法

图 8-38 选择合适尺寸的销冲

图 8-39 检查销冲头部的平整度

图 8-40 放置销冲到穿销

图 8-41 调整销冲位置

模块 3　底盘及内饰饰板拆装工具

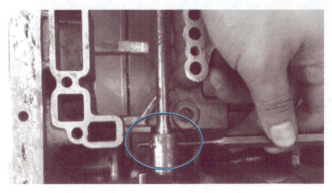

图 8-42　冲出穿销

8.6.4　使用销冲的注意事项

1）选择合适的销冲进行作业。
2）销冲的头部如果不平整，应利用打磨机进行修整。
3）禁止使用头部不平整的销冲进行作业。
4）在使用过程中，销冲应与穿销保持同一轴线位置。
5）作业过程中应轻轻敲打销冲，并时刻观察穿销状态。
6）使用后将销冲归位放置。

8.7　錾子的使用

1. 錾子的认识

錾子是錾削用到的主要工具。所谓錾削，是指用锤子锤击錾子对金属进行切削加工的操作，又称为齿削。錾子通常配合锤子一起使用，一般由工具钢锻制，其刃部经刃磨和热处理而成，如图 8-43 所示。在汽车维修工作中，錾子主要用于剔下不能拆卸的旧螺栓。

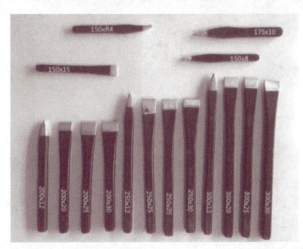

图 8-43　錾子

錾子的使用

2. 錾子的分类

常见的錾子有扁錾、狭錾、油槽錾和扁冲錾等，如图 8-44 所示。

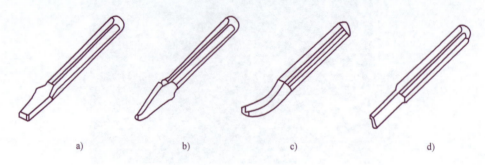

图 8-44　錾子的类型
a) 扁錾　b) 狭錾　c) 油槽錾　d) 扁冲錾

扁錾用于錾削平面，切割和去除毛刺。
狭錾用于开槽。
油槽錾用于錾削润滑油槽。
扁冲錾用于打通两个钻孔之间的间隔。

3. 錾子的使用方法

錾子的握法随錾削工件的不同而不同，一般有三种握法，如图 8-45 所示。

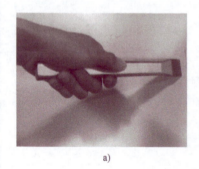 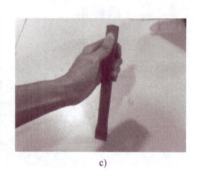

图 8-45　錾子的握法
a) 正握法　b) 反握法　c) 立握法

（1）正握法　手的腕部伸直，拇指和食指自然接触，松紧适当，用中指、无名指握住錾子，小指自然合拢，錾子头部伸出约 20mm。这种握法适合于錾削平面。

（2）反握法　手心向上，左手拇指、中指握住錾子，食指抵住錾身，无名指、中指自然接触。这种握法适合于錾削小平面和侧面。

（3）立握法　左手拇指与食指捏住錾子，中指、无名指和小指轻轻扶持錾子。这种握法适合于垂直錾削，如在铁砧上錾断材料等。

4. 使用錾子的注意事项

1）新锻制或使用钝了的錾子，要及时修磨锋利，修磨方法可在砂轮机上进行。当刃磨时，两手要拿稳錾身，一只手在上，另一只手在下，使刃口向上倾斜靠在砂轮上，轻加压力同时要注意刃口要高于砂轮水平中心线，在砂轮上平稳均匀地左右移动錾身。

模块3　底盘及内饰饰板拆装工具

2）錾子在刃磨过程中，要注意磨后的楔角大小要适宜，两刃面要对称，刃口要平直，刃面宽2~3mm。錾子头部未经过热处理，在使用过程中易卷边，如出现这种现象应及时磨掉。

3）錾子使用完毕后应将其归位放置，防止錾子生锈。

任务总结

1. 缓慢操作弹簧压缩器，防止减震器弹簧弹出危险。
2. 用手扶好弹簧压缩器。
3. 利用球头分离器拆装球头时注意部件弹出危险。
4. 确认拉拔器的拉脚完全卡到位。
5. 应缓慢操作制动分泵压缩器，否则会损坏制动器内部部件。
6. 区分冲子的选用及冲子的使用注意事项。
7. 錾子的握法：正握法、反握法和立握法。

作　业

完成"学习工作页"任务8各项作业。

任务9　内饰饰板拆装常用工具的使用

学习目标

1. 熟悉并能够识别内饰饰板拆装常用工具。
2. 学会对内饰饰板拆装常用工具进行日常保养。
3. 能选择及安全使用内饰饰板拆装常用工具。
4. 掌握内饰饰板拆装常用工具的使用注意事项。
5. 培养良好的职业道德与安全、环保意识。

任务接受

一台丰田凯美瑞汽车，因行驶在颠簸路面时左侧车门饰板发出异响进店维修，机电维修组长带领学生进行故障诊断学习，通过故障诊断、维修，使学生掌握内饰饰板拆装常用工具的选择和正确使用。

任务接待参见"学习领域1 汽车维修接待、沟通与管理"。

任务准备

9.1　内饰饰板拆装常用工具准备

内饰饰板拆装常用工具清单见表9-1。

汽车维修常用工具与仪器设备的使用

表 9-1 内饰饰板拆装常用工具清单

名　称	数　量	名　称	数　量
饰板撬棒	1套/5人	胶扣起子	1套/5人

任务实施

9.2 饰板撬板的使用

车辆内饰主要有车门饰板、门柱饰板和仪表饰板等，这些饰板的安装除了常用的螺栓固定外，还利用到塑料胶扣、塑料胶钉进行固定，如图9-1所示，而这些部件属于橡胶部件、皮革部件等，在进行拆装作业时必须用到塑料撬棒、塑料撬刀和胶扣起子，否则容易损坏。

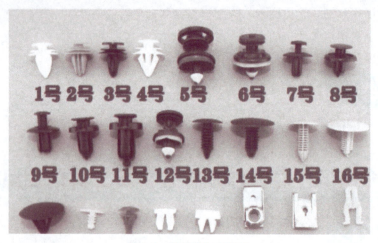

图 9-1 塑料胶扣和胶钉

车门饰板、仪表饰板的材料一般为天然纤维或者合成纤维纺织品、皮革、人造革、多层复合材料和连皮泡沫材料等，如图9-2所示。

饰板安装到车门框架上除了用到常规的螺栓固定外，还需要用塑料胶钉将车门扣于车门框架，这样就使得车门可以牢固安装而不影响美观，那么，在拆卸饰板时需要用饰板撬棒将饰板与车门框架分离，在拆卸的同时保护饰板。

1. 撬棒的认识

撬棒也叫作撬板，如图9-3所示。

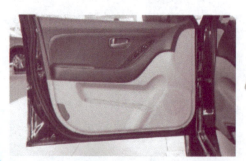

图 9-2 车门饰板

图 9-3 撬棒一

模块3 底盘及内饰饰板拆装工具

2. 撬棒的作用

撬棒是一种专门用于拆卸饰板组件、仪表和音响中控区的工具,根据形状和功能不同,有些撬棒具备胶扣起子的作用。

3. 撬棒的分类

撬棒根据所拆卸饰板等部件的不同,可分为以下几种类型:

1) 适用于拆卸汽车内饰较小、材质脆弱、容易破损和接缝的位置,如图9-4所示。撬棒的使用如图9-4所示。

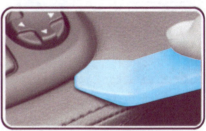

图9-4 撬棒的使用

2) 适用于汽车音响饰板、内饰较大较硬接口处,如图9-5所示。

3) 适用于汽车饰板卡扣、塑料扣子和小接缝处,如图9-6所示。

4) 撬棒类型很多,其他的如图9-7所示。

5) 另外,各个车型都有其专用的撬棒,图9-8所示为宝马专用的套装撬棒。

4. 撬棒的使用

下面以宝马专用撬棒为例,介绍其使用方法:

1) 根据所要拆装饰板的位置,查找拆装说明文件,确定所要使用的撬棒,如图9-9所示。

撬棒的使用

汽车维修常用工具与仪器设备的使用

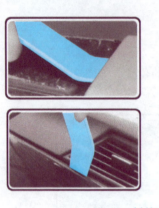

图 9-5　撬棒二　　　　　　　　　　图 9-6　撬棒三

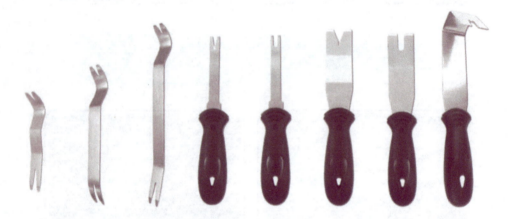

图 9-7　各种类型的撬棒

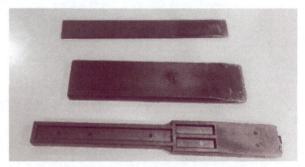

图 9-8　宝马专用的套装撬棒　　　　图 9-9　选择合适的撬棒

2）根据拆装说明文件，将撬棒插入到拆装位置，并将饰板撬开，如图 9-10 所示。

3）将饰板撬离车门饰板，如图 9-11 所示。

4）取下饰板，检查饰板各部件是否完好。

模块3　底盘及内饰饰板拆装工具

图9-10　拆卸饰板

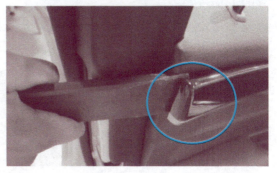

图9-11　撬开饰板

5. 使用撬棒的注意事项

1）根据所要拆卸的饰板选择合适的撬棒，否则会损坏饰板。

2）在拆卸某些类型的饰板时，必须要利用胶布缠绕撬棒，否则会损坏饰板，如图9-12所示。

3）在拆卸时应注意不能用力过大、过猛，否则会损坏撬棒或者饰板。

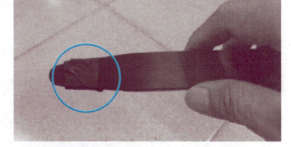

图9-12　利用胶布缠绕撬棒

9.3　胶扣起子的使用

1. 胶扣起子的认识

汽车的车身外观、发动机舱等大量使用饰板进行安装，在进行安装时需要有塑料胶扣或者塑料胶钉进行固定，那么，在进行拆装时就需要用到专用的胶扣起子进行拆卸，否则就可能损坏胶钉或者饰板。胶扣起子如图9-13所示。

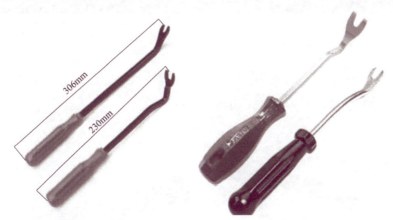

图9-13　胶扣起子

2. 胶扣起子的类型

胶扣起子大概可以分为三种，普通式、板式和钳式。

（1）普通式胶扣起子　图9-14所示为普通式胶扣起子，这种类型的起子只有单一的拆卸胶扣的功能。

普通式的胶扣起子可按尺寸大小分为大、中、小号,如图 9-14 所示。

(2)板式胶扣起子 图 9-15 所示为板式胶扣起子。

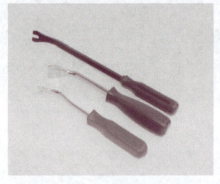

图 9-14 普通式胶扣起子的类型

图 9-15 板式胶扣起子

这种类型的胶扣起子具备了拆卸胶扣和拆卸饰板的功能,如图 9-16 所示。

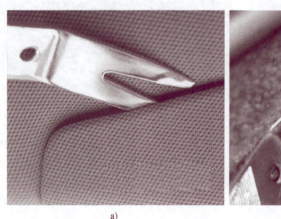
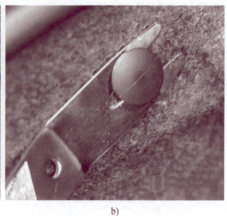

a)   b)

图 9-16 板式胶扣起子的作用

a)拆内饰卡扣 b)拆钉扣

(3)钳式胶扣起子 图 9-17 所示为钳式胶扣起子。

图 9-17 钳式胶扣起子

模块 3　底盘及内饰饰板拆装工具

这种类型的起子除了起胶扣外，还可起铁片卡、剪胶扣等，如图 9-18 所示。

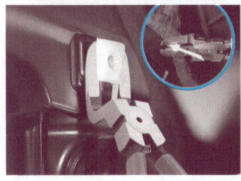 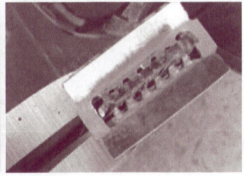

图 9-18　钳式胶扣起子的作用

3. 胶扣起子的使用方法

下面以拆卸凯美瑞车辆行李箱饰板为例说明一下普通式胶扣起子的使用和使用注意事项。

1）根据所要拆卸的胶扣选择合适的起子，如图 9-19 所示。
2）将胶扣起子缓慢插入到胶扣下方，如图 9-20 所示。

胶扣起子的使用

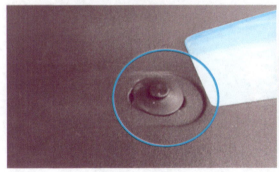 

图 9-19　饰板胶扣　　　　　　　　图 9-20　插入起子

3）下压起子手柄，此时便可将胶扣拆下，如图 9-21 所示。

4. 胶扣起子的使用注意事项

1）根据胶扣的类型选择合适的起子。
2）当插入起子到胶扣上时，必须小心，否则会损坏车辆饰板。
3）在拆卸某些特殊位置的胶扣、胶钉时，必须在起子上缠绕胶布，否则会损坏车辆饰板或者车身表面，如图 9-22 所示。

151

图 9-21 拆下胶扣

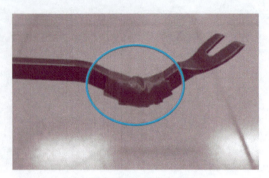
图 9-22 利用胶布缠绕起子

4) 禁止将起子当作撬棒使用。

任务总结

1. 当拆卸部分饰板时，撬棒应缠绕胶布，防止损坏饰板。
2. 当使用胶扣起子时，应根据拆卸部位的不同，适当用胶布缠绕起子，防止损坏车辆表面。
3. 当插入撬棒或者起子时应防止损坏车辆。

作 业

完成"学习工作页"任务 9 各项作业。

模块 4
常用钳工工具

任务 10　钳子类常用工具的使用

学习目标

1. 熟悉并能够识别钳子类常用工具。
2. 学会对钳子类常用工具进行日常保养。
3. 能选择及安全使用钳子类常用工具。
4. 掌握钳子类常用工具的使用注意事项。
5. 培养良好的职业道德与安全、环保意识。

任务接受

一台宝马 320Li 汽车，因发动机冷却液温度过高进店维修，机电维修组长带领学生进行故障诊断学习，通过故障诊断、维修，使学生掌握钳子类常用工具的选择和正确使用。

任务接待参见"学习领域 1 汽车维修接待、沟通与管理"。

任务准备

在汽车维修工作中，除了要用到扭矩类拆装工具外，还要经常使用钳工工具，如钳子、螺钉旋具（即改锥）、锤子和锉刀等，如图10-1所示。钳工工具的材质有多种材料，如镍铬钢、铬钒钢、高碳钢和球墨铸铁等，其材质只是强度高低之分，镍铬钢强度最高。

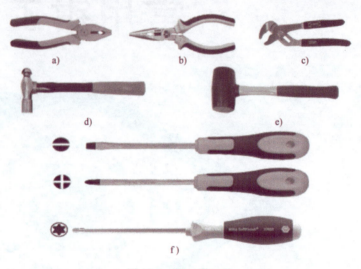

图 10-1 钳工类工具

a）钢丝钳　b）尖嘴钳　c）水泵钳　d）手工锤　e）橡胶锤　f）螺钉旋具

10.1 钳子类常用工具准备

钳子是一种利用杠杆原理，用于弯曲小的金属材料、夹持扁形或圆形零件、切断软的金属丝等的工具。钳子的外形呈V形，通常包括手柄、钳腮和钳嘴三个部分。钳的手柄依握持形式而设计成直柄、弯柄和弓柄三种样式。钳子在使用时常与电线之类的带电导体接触，故其手柄上一般都套有聚氯乙烯等绝缘材料制成的护管，以确保操作者的安全。钳嘴的形式很多，常见的有尖嘴、平嘴、扁嘴、圆嘴和弯嘴等样式，可适应对不同形状工件的作业需要。

在汽车维修中，常用钳子的类型有钢丝钳、鲤鱼钳、尖嘴钳、斜口钳、水泵钳、卡簧钳、大力钳和管钳等，如图10-2所示。

内饰饰板拆装工具清单见表10-1。

表 10-1 内饰饰板拆装工具清单

名　称	数　量	名　称	数　量
尖嘴钳	1套/5人	钢丝钳	1套/5人
鲤鱼钳	1套/5人	大力钳	1套/5人
剥线钳	1套/5人	斜口钳	1套/5人
水泵钳	1套/5人	卡簧钳	1套/5人
台虎钳	1套/5人	螺钉旋具	1套/5人
锤子	1套/5人	—	—

模块 4　常用钳工工具

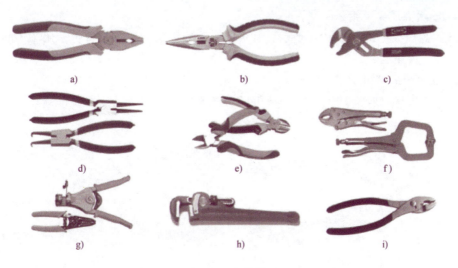

图 10-2　各类钳子

a）钢丝钳　b）尖嘴钳　c）水泵钳　d）卡簧钳　e）斜口钳　f）大力钳
g）剥线钳　h）管钳　i）鲤鱼钳

任务实施

10.2　尖嘴钳的使用

10.2.1　尖嘴钳的认识

尖嘴钳也叫作修口钳、尖头钳和尖嘴钳，它是一种运用杠杆原理的典型工具之一，由尖头、刀口和钳柄三部分组成。钳口长而细，特别适合在狭窄空间里使用，钳柄上套有额定电压 500V 的绝缘套管，是一种常用的钳形工具，其结构如图 10-3 所示。

10.2.2　尖嘴钳的分类

市场上的尖嘴钳一般有以下几种：日式尖嘴钳、美式尖嘴钳、德式尖嘴钳、VDE 耐高压尖嘴钳（VDE 是德国钳类的一级专业认证）和专业电子尖嘴钳。

1. 汽车维修作业常用尖嘴钳

日式、美式、德式尖嘴钳，其主要区别在于外观结构的不同，如图 10-4 所示。

图 10-3　尖嘴钳的结构图　　　　　图 10-4　日式、美式与德式尖嘴钳

2. VDE 耐高压尖嘴钳

VDE 耐高压尖嘴钳如图 10-5 所示，其手柄橡胶绝缘层为红色和黄色，用于 1000V 供电电压线路的检修作业。

3. 专业电子尖嘴钳

专业电子尖嘴钳如图 10-6 所示，其钳口尺寸较小，适用于电子元器件等细小部件的检修作业。

图 10-5　VDE 耐高压尖嘴钳

图 10-6　专业电子尖嘴钳

4. 多功能尖嘴钳

在普通尖嘴钳的基础上，有些尖嘴钳具备了剪线等功能，叫作多功能尖嘴钳，如图 10-7 所示。

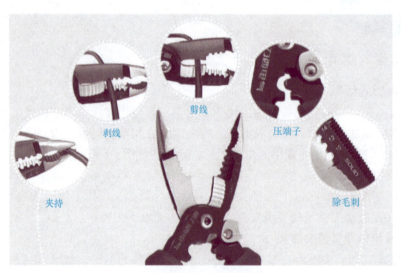

图 10-7　多功能尖嘴钳

有些尖嘴钳的手柄位置增加了弹簧，使尖头部分具备自动撑开功能，操作更加省力、快速，如图 10-8 所示。

另外，尖嘴钳也有尺寸大小之分，如图 10-9 所示。

10.2.3　尖嘴钳的作用

尖嘴钳既可以用来夹持零件，也可以用来切断线径较细的单股与多股线，以及给单股导线接头弯圈，还可以用来剥电线的塑料绝缘层等。尖嘴钳的优势在于在狭

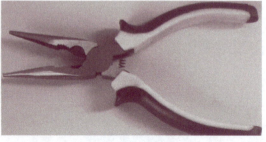

图 10-8　带弹簧尖嘴钳

模块 4　常用钳工工具

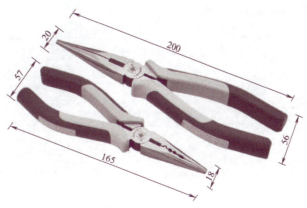

图 10-9　按尺寸大小分类（单位：mm）

窄的空间中，钢丝钳无法满足工作条件时，尖嘴钳可以代替钢丝钳完成，但其钳口的咬合力不及钢丝钳，如图 10-10 所示。

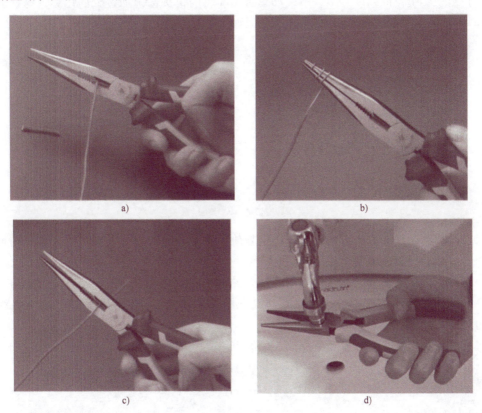

图 10-10　尖嘴钳的作用
a）剪线　b）绞线　c）剥线　d）紧固

10.2.4　尖嘴钳的使用方法

尖嘴钳的使用方法与钢丝钳相同，通常采用平握法：用手握住钳柄后端，使钳口开闭，钳口前端主要用于夹持各种零件，根部的刃口可用来切割细导线。另外，在必要的空间条件下，还可以采用立握法使用尖嘴钳来夹取

尖嘴钳的使用

工件。尖嘴钳的握法如图10-11所示。

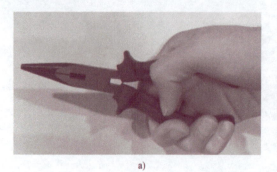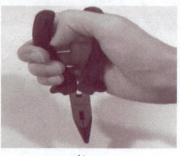

图 10-11 尖嘴钳的握法
a）平握法　b）立握法

10.2.5 使用尖嘴钳的注意事项

1）由于尖嘴钳的强度有限，所以严禁对尖嘴钳的钳头部施加过大的压力，这样会使尖嘴钳的钳口尖部扩张成 U 形，如图10-12所示。

图 10-12 使用尖嘴钳的注意事项
a）变形前　b）变形后

2）尖嘴钳钳柄只能用手握，不允许用其他方法来增加剪切力（如用锤子打、用台虎钳夹等），这样会损坏尖嘴钳，如图10-13所示。

3）钳子钳柄上套装的绝缘塑料管具有绝缘功能，通常耐压500V以上，VDE耐高压尖嘴钳可耐压1000V，有了它可以带电剪切高压电线。使用中切忌乱扔，以免损坏绝缘塑料管，并且要注意防潮。

4）为防止生锈，钳轴要经常加油，如图10-14所示。

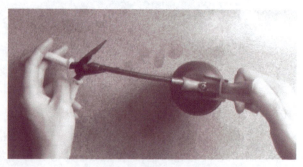

图 10-13 禁止用锤子进行敲击　　图 10-14 尖嘴钳的保养

模块 4　常用钳工工具

5）当带电操作时，手与尖嘴钳的金属部分保持 2cm 以上的距离。

6）根据不同用途，选用不同规格的尖嘴钳。

7）禁止将尖嘴钳当作榔头使用，如图 10-15 所示。

8）使用钳子要量力而行，不可以超负荷使用。

9、禁止把尖嘴钳当作扳手拆装螺栓和螺母。

图 10-15　禁止将尖嘴钳当作榔头使用

10.3　钢丝钳的使用

10.3.1　钢丝钳的认识

钢丝钳也叫作老虎钳、平口钳和综合钳，是汽车修配作业中最常见的一种钳子。钢丝钳由钳头和钳柄组成，钳头包括钳口、齿口和刀口，各部位的结构如图 10-16 所示。

10.3.2　钢丝钳的分类

一般的钢丝钳种类比较多，大致可以分为：日式钢丝钳、美式钢丝钳、德式钢丝钳和 VDE 耐高压钢丝钳。

1. 常用钢丝钳

日式、美式和德式钢丝钳如图 10-17 所示。

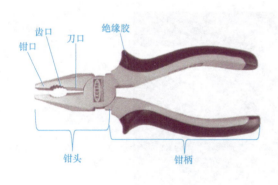

图 10-16　钢丝钳的结构图

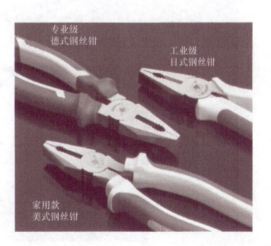

图 10-17　日式、美式和德式钢丝钳

2. VDE 耐高压钢丝钳

VDE 耐高压钢丝钳如图 10-18 所示，与 VDE 耐高压尖嘴钳相似，其手柄橡胶绝缘层为红色和黄色，用于 1000V 供电电压线路的检修作业。

钢丝钳也有尺寸大小之分，一般有 6in、7in 和 8in，尺寸越大，剪切能力越强，如图 10-19 所示。

钢丝钳的结构和分类

汽车维修常用工具与仪器设备的使用

图 10-18　VDE 耐高压钢丝钳

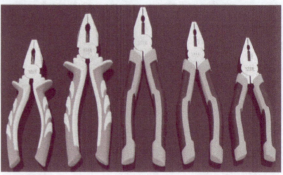

图 10-19　按照尺寸大小分类

10.3.3　钢丝钳的作用

钢丝钳主要用来切断金属丝、夹持零件和缠绕或者弯曲导线（金属丝）。另外，刀口可用来剖切软电线的橡胶或塑料绝缘层，如图 10-20 所示。

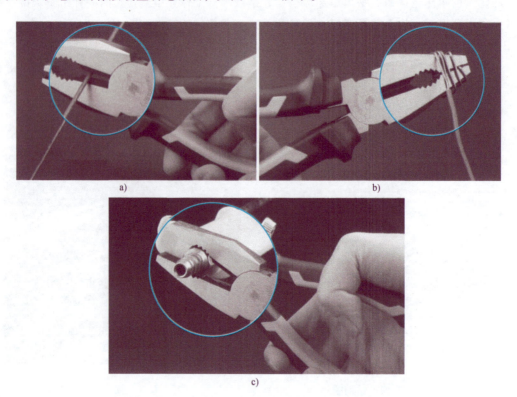

图 10-20　钢丝钳的作用
a）剪切　b）缠绕　c）夹持

不同的钢丝钳适用的剪切功能也有所区别，表 10-2 所示为某品牌不同钢丝钳的尺寸规格和剪切导线的直径大小。

不同材质钢丝钳所能剪切的有所不同，见表 10-3。

模块 4　常用钳工工具

表 10-2　某品牌不同钢丝钳的尺寸规格和剪切导线的直径大小

货号		规格/in	铜丝/mm	钢丝/mm	45 钢丝/mm
工业级 日式钢丝钳	LJB10006B	6	φ3.0	φ2.0	φ2.0
	LJB10008B	8	φ4.0	φ3.0	φ2.2
	LJB10008C	8	φ4.0	φ3.0	φ2.2
专业级 德式钢丝钳	LJB10006D	6	φ3.0	φ2.0	φ2.0
	LJB10008D	8	φ4.0	φ3.0	φ2.2
家用款 美式钢线钳	LJB10006A	6	φ3.0	φ2.0	φ2.0
	LJB10007A	7	φ3.5	φ2.5	φ2.0
	LJB10008A	8	φ4.0	φ3.0	φ2.2

表 10-3　不同材质钢丝钳的剪切功能

款式	材质	最大剪切能力		
		铜丝/mm	钢丝/mm	40 钢丝/mm
6in 双劲柄	高碳钢	φ2.5	φ1.5	φ0.8
8in 双劲柄	高碳钢	φ3.0	φ2.0	φ1.0
6in 鱼磷柄	高碳钢	φ2.5	φ1.5	φ0.8
8in 鱼磷柄	高碳钢	φ3.0	φ2.0	φ1.0
8in 工业款(橙灰)	镍铬钢	φ3.5	φ2.5	φ2.2

10.3.4　钢丝钳的使用方法

当使用钢丝钳时，用手握住钳柄后端，如图 10-21 所示，使钳口开闭，钳口前端主要用于夹持各种零件，根部的刀口（也称刃口）可用来切割细导线。

在使用钢丝钳时，还应注意以下事项：

1）钳子钳柄上套装的绝缘塑料管具有绝缘功能，通常耐压 500V 以上，VDE 耐高压钢丝钳可耐压 1000V，有了它可以带电剪切电线。使用中切忌乱扔，以免损坏绝缘塑料管，并且要注意防潮。

钢丝钳的使用　　钢丝钳的使用注意事项

2）为防止生锈，钳轴要经常加油，如图 10-22 所示。

图 10-21　钢丝钳的握法　　图 10-22　钢丝钳保养

3）当带电操作时，手与钢丝钳的金属部分保持 2cm 以上的距离。

4）根据不同用途，选用不同规格的钢丝钳。

5）禁止将钢丝钳当作榔头使用，如图 10-23 所示。

6）当钢丝钳切断较硬的钢丝等物体时，禁止使用锤子击打钢丝钳的钳头来增加切削力，这样会损坏钢丝钳，如图 10-24 所示。

7）使用钳子要量力而行，不可以超负荷使用。

汽车维修常用工具与仪器设备的使用

图 10-23 禁止将钢丝钳当作榔头使用

图 10-24 禁止用锤子击打钢丝钳

8）禁止把钢丝钳当作扳手拆装螺栓和螺母。

10.4 鲤鱼钳的使用

1. 鲤鱼钳的认识

鲤鱼钳也称为鱼嘴钳、鱼尾钳，因外形酷似鲤鱼而得名，其结构如图 10-25 所示。

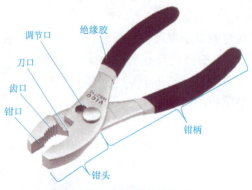

图 10-25 鲤鱼钳的结构图

鲤鱼钳的特点是钳口的开口宽度有两档调节位置，可放大或缩小钳口，以适用于不同的作业场合，如图 10-26 所示。

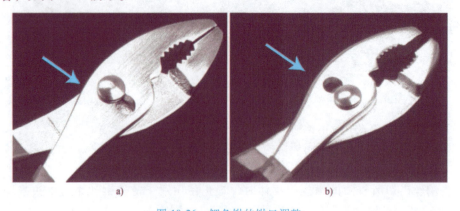

图 10-26 鲤鱼钳的钳口调整
a) 一档开口 b) 二档开口

模块4　常用钳工工具

2. 鲤鱼钳的分类

鲤鱼钳一般按照尺寸规格大小进行分类，可分为6in、8in和10in三种规格，如图10-27所示。

3. 鲤鱼钳的作用

鲤鱼钳用于夹持扁形或圆柱形金属零件，还可以用于弯曲和扭转工件，钳口后部刃口可用于切断金属丝，在汽修行业中运用较多，如图10-28所示。

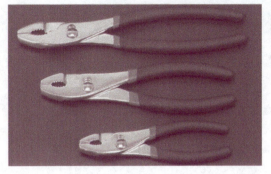

鲤鱼钳的结构和分类

图 10-27　按照尺寸大小分类

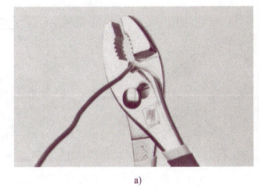
　　　　a)　　　　　　　　　　　　　b)

图 10-28　鲤鱼钳的作用
a) 剪线　b) 夹持

4. 鲤鱼钳的使用方法

鲤鱼钳的手柄一般较长，可通过改变支点上槽孔的位置来调节钳口张开的程度，以满足夹持不同尺寸部件的需要。当使用钢丝钳时，用手握住钳柄后端，如图10-29所示，使钳口开闭，钳口前端主要用于夹持各种零件，根部的刀口可用来切割细导线。

当所夹持的工件尺寸较大时，可进行排档调节使钳口增大，以适应工作需求，如图10-30所示。调整时摆动钳子手柄，钳子的偏心孔移动到另外的位置，即可对钳口进行开度调整。

鲤鱼钳还可以用来夹持部分空气或者燃油管路，如图10-31所示。

5. 使用鲤鱼钳的注意事项

1）在用钳子夹持零件前，必须用防护布或其他防护罩遮盖易损件，如图10-32所示，防止锯齿状钳口对易损件造成伤害。

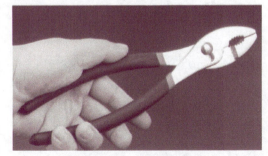

图 10-29　鲤鱼钳的握法

2）严禁把鲤鱼钳当成扳手使用，因为锯齿状钳口会损坏螺栓或螺母的棱角。

3）鲤鱼钳钳柄外的塑料防护套可以耐高压，在使用过程中不要随意乱扔，以免损坏塑料护套。

4）为防止生锈，钳轴要经常加油，如图10-33所示。

汽车维修常用工具与仪器设备的使用

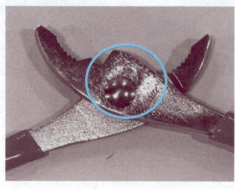
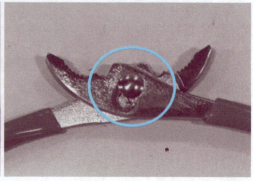

图 10-30　鲤鱼钳的钳口调整

5）当带电操作时，手与鲤鱼钳的金属部分保持 2cm 以上的距离。

6）禁止将鲤鱼钳当作榔头使用，如图 10-34 所示。

7）当鲤鱼钳切断较硬的钢丝等物体时，禁止使用锤子击打钢丝钳的钳头来增加切削力，这样会损坏鲤鱼钳，如图 10-35 所示。

8）使用钳子要量力而行，不可以超负荷使用。

9）禁止把鲤鱼钳当作扳手拆装螺栓和螺母。

图 10-31　使用鲤鱼钳夹持软管

图 10-32　用防护布或其他防护罩遮盖易损件

图 10-33　鲤鱼钳保养

图 10-34　禁止将鲤鱼钳当作榔头使用

图 10-35　禁止用锤子击打鲤鱼钳

模块 4　常用钳工工具

10.5　大力钳的使用

10.5.1　大力钳的认识

大力钳也称为锁钳、多用钳，由于其能产生很大的夹紧力而得名。其特点是钳口可以锁紧并产生很大的夹紧力，使被夹紧零件不会松脱，而且钳口的开口大小可以在其范围内进行无级调节，适用于不同尺寸的工件。普通大力钳的结构如图 10-36 所示。

大力钳属于杠杆增力的手工工具，其工作的关键是应用二次杠杆原理，在一组顶杆的夹角较大时，可以获得数倍的增力，从而通过钳爪给工件施加一个较大的夹紧力。大力钳经过淬火之后，它的强度、耐磨性、疲劳强度及韧性都得到了增强，从而提高了大力钳的使用寿命。

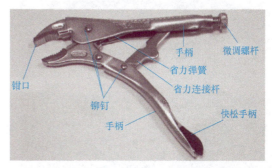

图 10-36　普通大力钳的结构

10.5.2　大力钳的分类

1. 按照功能分类

根据大力钳的功能可分为普通大力钳、尖嘴带刃大力钳、焊接用大力钳、铁皮大力钳、C 形大力钳、链条式大力钳、弧齿加硬大力钳和直齿加硬大力钳等。

大力钳的结构和分类

1）普通大力钳如图 10-37 所示。

2）尖嘴带刃大力钳如图 10-38 所示。

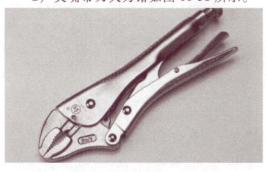

图 10-37　普通大力钳

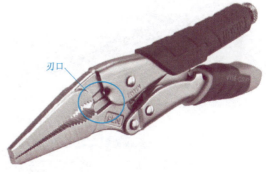

图 10-38　尖嘴带刃大力钳

3）焊接用大力钳如图 10-39 所示。

4）铁皮大力钳也叫作扁嘴大力钳，如图 10-40 所示。

5）C 形大力钳如图 10-41 所示。

6）链条式大力钳如图 10-42 所示。

7）弧齿加硬大力钳如图 10-43 所示。

8）直齿加硬大力钳如图 10-44 所示。

2. 按照尺寸大小分类

1）以普通的弧齿加硬大力钳为例，它可分为 5in、6in、7in 和 10in 等尺寸规格，如图 10-45 所示。

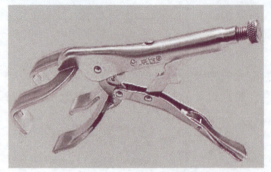

图 10-39 焊接用大力钳

图 10-40 铁皮大力钳

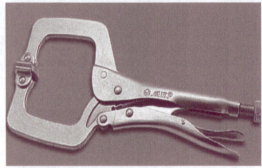

图 10-41 C 形大力钳

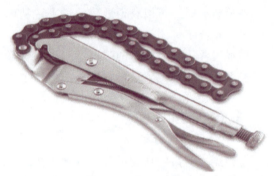

图 10-42 链条式大力钳

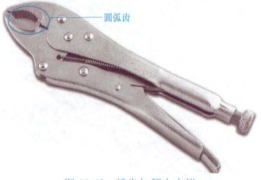

图 10-43 弧齿加硬大力钳

图 10-44 直齿加硬大力钳

2) 以尖嘴带刃大力钳为例,它可分为 4.5in、6.5in 和 9in 等尺寸规格,如图 10-46 所示。

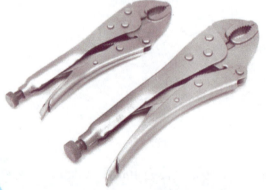

图 10-45 普通的弧齿加硬大力钳分类

图 10-46 尖嘴带刃大力钳分类

模块4　常用钳工工具

10.5.3　大力钳的作用
大力钳主要是用于夹持零件，工件进行铆接、焊接和磨削等相关加工作业，但根据大力钳类型的不同，其所具备的功能都有所区别，例如链条式大力钳可用于拆卸机油滤清器，焊接大力钳专用于焊接时候。

10.5.4　大力钳的使用方法
大力钳后面有滚花式调整螺杆，通过旋转这个螺杆可以调节钳爪的开口尺寸。当逆时针旋转调整螺杆时，钳口张开的尺寸增大；当顺时针旋转调整螺杆时，钳口张开的尺度减小，如图10-47所示。将钳爪的开口尺寸调到适当的宽度，然后将钳柄合上即可。

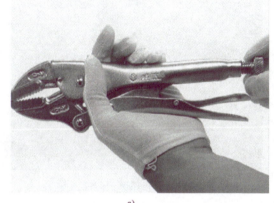
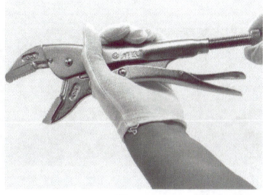

图10-47　钳口调整方法
a）调整螺杆　b）钳口张开

大力钳的使用

大力钳的握法如图10-48所示。

使用完毕之后，下压快松手柄，如图10-49所示，钳口张开，手柄处于松弛状态。

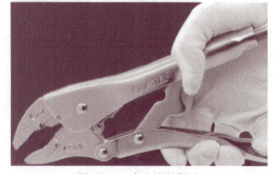
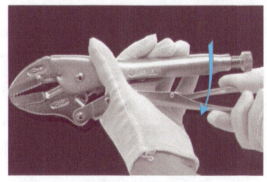

图10-48　大力钳的握法　　　　　　　图10-49　快松手柄的操作

10.5.5　使用大力钳的注意事项
1) 大力钳的钳柄只能用手握，不能用其他方法加力（如用锤子打、台虎钳夹等）。
2) 弧齿加硬大力钳可用于钳住棱角损坏的螺栓或螺母，对螺栓、螺母进行拆卸。
3) 根据不同的作业需求，选择合适功能的大力钳。
4) 为防止生锈，钳轴要经常加油，如图10-50所示。

5）禁止将大力钳当作榔头使用，如图10-51所示。

6）当大力钳切断较硬的钢丝等物体时，禁止使用锤子击打大力钳的钳头部分来增加切削力，这样会损坏大力钳，如图10-52所示。

7）使用钳子要量力而行，不可以超负荷使用，适当调节夹紧力度。

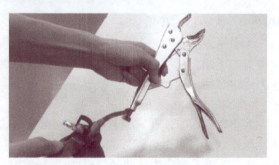

图10-50　大力钳保养

图10-51　禁止将大力钳当作榔头使用

图10-52　禁止用锤子击打大力钳

10.6　剥线钳的使用

1. 剥线钳的认识

剥线钳为汽车电工常用工具之一，它由刀口、压线口、省力弹簧和钳柄等组成。图10-53所示为常见剥线钳的结构图。

2. 剥线钳的分类

剥线钳的种类很多，厂家不同，剥线钳的外观、尺寸及功能都有所区别，以下列出几种市场上常见的和车辆电气维修工作中常用的剥线钳。

（1）按功能分类　按功能可分为普通单功能剥线钳（图10-53）和多功能剥线钳，如图10-54所示。

剥线钳的结构和分类

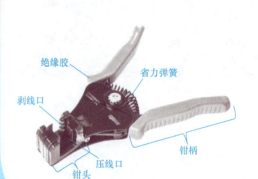

图10-53　常见剥线钳的结构图

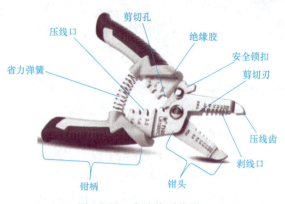

图10-54　多功能剥线钳

模块 4 常用钳工工具

（2）按照自动剥线程度进行分类　按照自动剥线程度可以分为自动剥线钳与手动剥线钳。

1）自动剥线钳如图 10-55 所示。

2）手动剥线钳如图 10-56 所示。

3. 剥线钳的作用

剥线钳用于塑料、橡胶绝缘电线和电缆芯线的剥皮，钳头上有多个大小不同的剥线孔，以适用于不同尺寸规格的导线，如图 10-57 所示。

4. 剥线钳的使用方法

剥线钳的握法如图 10-58 所示。

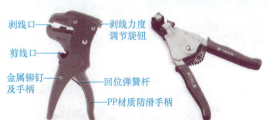

图 10-55　自动剥线钳

剥线钳的使用

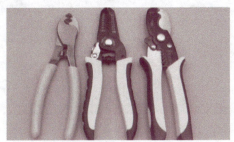

图 10-56　手动剥线钳

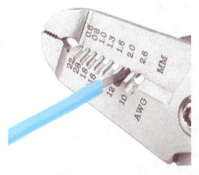

图 10-57　不同尺寸的剥线孔

下面以图 10-53 所示的自动剥线钳为例，介绍剥线钳的使用方法：

1）根据导线的尺寸，将导线伸入合适尺寸的剥线孔内，如图 10-59 所示。

2）用手将两个钳柄捏住，首先是压线口压住导线，防止导线移动，剪线孔同时慢慢合拢，逐渐剪切绝缘皮，随着钳柄的收缩，钳口慢慢张开，此时，绝缘皮便与芯线脱开，放松

汽车维修常用工具与仪器设备的使用

图 10-58 剥线钳的握法

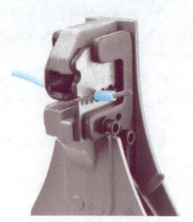

图 10-59 伸入导线到剥线孔中

钳柄,剥线作业完成,如图 10-60 所示。

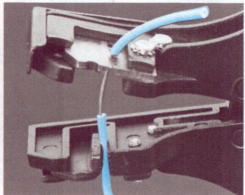

图 10-60 剥线操作

5. 使用剥线钳的注意事项

1) 选择合适的剥线钳。
2) 使用剥线钳时导线必须放在稍大于线芯直径的切口上切剥,以免损伤线芯。
3) 剥线钳定期用润滑油对钳轴进行润滑。
4) 禁止带电进行剥线。
5) 禁止将剥线钳当作榔头使用。

10.7 斜口钳的使用

1. 斜口钳的认识

斜口钳也叫作剪钳,其结构如图 10-61 所示。

2. 斜口钳的分类

1) 斜口钳种类有很多,根据厂家不同,其尺寸、外观及具备的功能都有所不同,斜口钳有带回位弹簧和无回位弹簧两

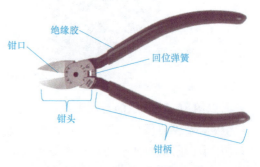

图 10-61 斜口钳的结构图

种，如图 10-62 所示。

2) 根据斜口尺寸大小进行分类，可分为 5in、6in 和 7.5in 等规格，如图 10-63 所示。

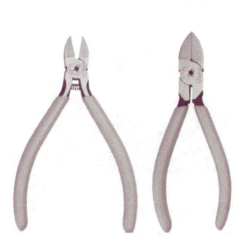

图 10-62　斜口钳的分类

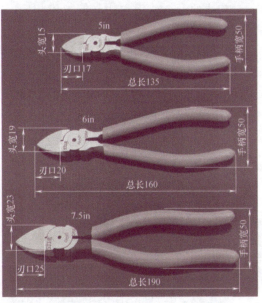

图 10-63　按照斜口尺寸大小进行分类（单位：mm）

3. 斜口钳的作用

斜口钳的钳口有刃口，而且尖部为圆形，不具备夹持零件的作用，能用于切割金属丝、导线，还可用于剥线和修边等。斜口钳可以剪切钢丝钳和尖嘴钳不能剪切的细导线或线束中的导线，如图 10-64 所示。

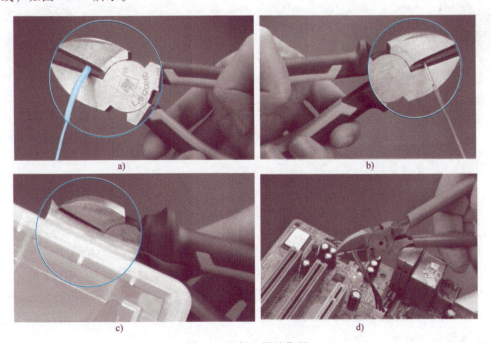

图 10-64　斜口钳的作用

a)、d) 剪切　b) 剥线　c) 修剪

汽车维修常用工具与仪器设备的使用

4. 斜口钳的使用方法

斜口钳的握法如图 10-65 所示。

斜口钳的握持使用方法与钢丝钳相同,在使用斜口钳时,还应注意以下事项:

1)钳子钳柄上套装的绝缘塑料管具有绝缘功能,通常耐压 500V 以上,有了它可以带电剪切电线。使用中切忌乱扔,以免损坏绝缘塑料管,并且要注意防潮。

斜口钳的使用

2)为防止生锈,钳轴要经常加油,如图 10-66 所示。

图 10-65　斜口钳的握法

图 10-66　斜口钳保养

3)当带电操作时,手与斜口钳的金属部分保持 2cm 以上的距离。

4)严禁使用斜口钳来切割硬的或粗的金属丝,这样会损坏刃口。

5)禁止将斜口钳当作榔头使用,如图 10-67 所示。

6)当斜口钳切断较硬的钢丝等物体时,禁止使用锤子击打斜口钳的钳头来增加切削力,这样会损坏斜口钳,如图 10-68 所示。

图 10-67　禁止将斜口钳当作榔头使用

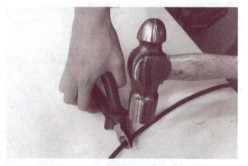

图 10-68　禁止用锤子击打斜口钳

7)使用钳子要量力而行,不可以超负荷使用。

10.8　水泵钳的使用

1. 水泵钳的认识

水泵钳的结构与鲤鱼钳相似,其钳口的开口宽度均可调节,但水泵钳的可调节档位要比鲤鱼钳多。水泵钳一般情况更适用于家庭非专业应急或简单安装水管时使用,当然夹紧力也不如管钳。图 10-69 所示为水泵钳与管钳。

水泵钳的结构图如图 10-70 所示。

2. 水泵钳的分类

水泵钳种类有很多,根据厂家不同,其尺寸、外观及具备的功能都有所不同,主要是以

模块 4　常用钳工工具

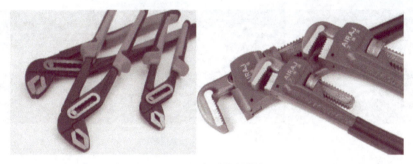

图 10-69　水泵钳与管钳

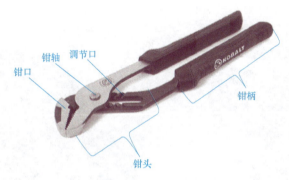

图 10-70　水泵钳的结构图

尺寸大小来进行分类，如图 10-71 所示。

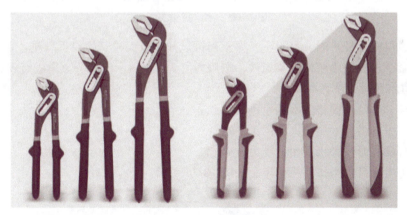

图 10-71　水泵钳的分类

3. 水泵钳的作用

水泵钳的作用类似管钳，但比管钳更轻便小巧易用，主要用于夹持扁形或圆柱形金属零件，其特点是钳口的开口宽度有多档（五档）调节位置，以适应夹持不同尺寸的零件的需要，是汽车、内燃机等安装、维修工作中常用的工具，用于上紧或松开管件（金属管、附件）和管箍。

4. 水泵钳的使用方法

水泵钳的握法如图 10-72 所示。

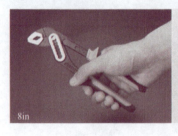  

图 10-72　水泵钳的握法

1）打开钳头的咬口部分，滑动钳轴进行调节，使钳口与夹持部件的尺寸吻合，如图 10-73 所示。

 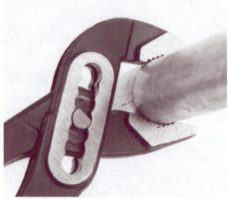

图 10-73　水泵钳钳夹工件

2）当钳口开度较小时，可单手操作；当钳口开度较大时，需双手操作。
3）握紧手柄，使水泵钳夹紧工件，按照如图 10-74 所示的箭头方向进行施力操作。

5. 使用水泵钳的注意事项

1）选择合适尺寸规格的水泵钳进行作业。
2）钳口张开的尺寸应与夹持的工件吻合。
3）进行操作时注意水泵钳的受力方向。
4）禁止将水泵钳当作榔头使用，如图 10-75 所示。

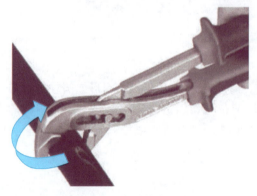 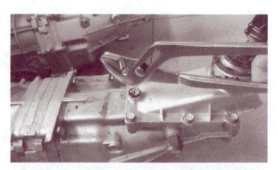

图 10-74　水泵钳的操作　　　　　图 10-75　禁止将水泵钳当作榔头使用

5) 使用钳子要量力而行，不可以超负荷使用。

10.9 卡簧钳的使用

1. 卡簧钳的认识

卡簧钳是一种用来安装内簧环和外簧环的专用工具，外形上属于尖嘴钳一类，如图 10-76 所示。

2. 卡簧钳的分类

1) 按照钳头外观可分为弯头和直头两种，如图 10-77 所示。

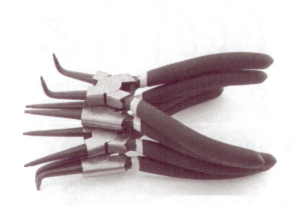

图 10-76　卡簧钳的结构图

图 10-77　按照钳头外观分类

2) 按照钳头张开与收缩方向可分为内直、外直、内弯和外弯四种形式，如图 10-78 所示。

图 10-78　按照钳口张开方向分类
a) 外直　b) 内直　c) 外弯　d) 内弯

3) 卡簧钳分为外卡簧钳和内卡簧钳两大类，其中外卡簧钳又叫作轴用卡簧钳，外卡簧钳常态时的钳口是闭合的；内卡簧钳又叫作穴用或者孔用卡簧钳，内卡簧钳常态时的钳口是打开的。

图 10-78 中的内直、内弯卡簧钳属于内卡簧钳，也就是穴用卡簧钳；图 10-78 中的外直、外弯卡簧钳就属于外卡簧钳，也就是轴用卡簧钳。

4) 卡簧的另外一种类型是钳头可拆卸的，如图 10-79 所示。

5) 卡簧钳根据尺寸规格大小分类，如图 10-80 所示。

6) 根据钳嘴形状不同，可分为圆嘴卡簧钳和扁口（平口）卡簧钳，扁口卡簧钳一般只用于拆卸轴外用卡簧，如图 10-81 所示。

 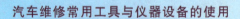
汽车维修常用工具与仪器设备的使用

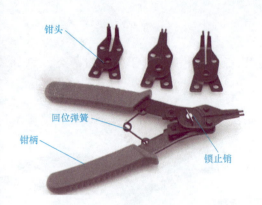

图 10-79 钳头可拆卸的卡簧钳

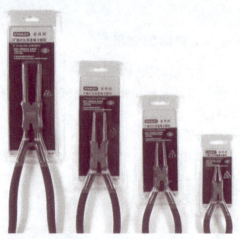

图 10-80 按照尺寸大小分类

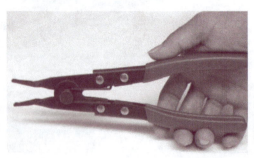 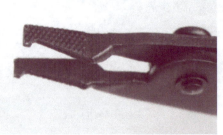

图 10-81 扁口卡簧钳

3. 卡簧钳的作用

根据使用范围的不同，卡簧钳分为外卡簧钳和内卡簧钳两大类（图 10-78），分别用来拆装轴外用卡簧和孔内用卡簧。它们可以把卡在孔间或者轴上的用来防止机件轴向窜动的定位卡簧取出，也可以将定位卡簧卡在孔间或轴上。

4. 卡簧钳的使用方法

（1）卡簧钳的握法　卡簧钳的握法如图 10-82 所示。

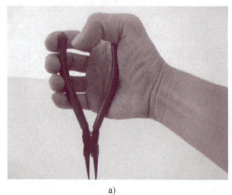

a)　　　　　　　　　　　　　b)

图 10-82 卡簧钳的握法
a) 竖握法　b) 平握法

卡簧钳的使用

模块4 常用钳工工具

(2) 使用卡簧钳的方法

1) 根据所要拆卸的卡簧，选择合适尺寸、功能的卡簧钳，如图10-78所示。

2) 用手握住卡簧钳钳柄，根据卡簧的开口大小调整钳嘴开度，如图10-83所示。

3) 将卡簧钳钳嘴插入到卡簧端部的孔中，如图10-84所示，然后手部对钳柄施力，使卡簧脱离轴或孔。

4) 保持手柄握紧状态，将卡簧从轴上或孔中取出，如图10-85所示。

反之，在安装卡簧时，也应先将卡簧钳钳嘴插入到卡簧端部的孔中，对于孔用卡簧，使用内卡簧钳来压缩卡簧，使其直径变小，然后放入孔中；对于轴用卡簧，使用外卡簧钳使卡簧张开，使其直径变大，然后放在轴上。

5. 使用卡簧钳的注意事项

1) 选择合适尺寸大小的卡簧钳，特别是选择合适大小的钳嘴。

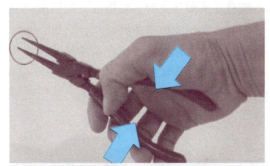

图10-83 调整钳嘴开度

图10-84 钳嘴插入卡簧孔　　　　图10-85 取出卡簧

2) 在对卡簧做张开动作时，其张度不宜过大，否则会损坏卡簧。

3) 禁止将卡簧钳用于其他操作，如当尖嘴钳使用。

4) 定期对钳轴进行润滑保养。

5) 当使用卡簧钳拆装卡簧时，应注意卡簧有弹出危险。

6) 使用完毕后应将卡簧钳清洁归位。

10.10 台虎钳的使用

1. 台虎钳的认识

台虎钳又称为虎钳、台钳。台虎钳是钳工必备工具，也是钳工的名称来源原因，因为钳工的大部分工作都是在台虎钳上完成的，台虎钳是一种常用的夹持工具，与前面所介绍的各种钳子不同的是，上述各种钳子为手持式工具，而台虎钳为台式工具，比如锯、锉、錾，以及零件的装配和拆卸。

台虎钳主要由钳台和虎钳构成，台虎钳由固定钳身、活动钳身、回转盘、固定座、丝杠、螺母及手柄及夹紧手柄组成，如图10-86所示。

汽车修配作业中常用回转式台虎钳，回转式台虎钳的工作原理是：活动钳身通过导轨与固定钳身的导轨孔做滑动配合。丝杠装在活动钳身上，可以旋转，但不能轴向移动，并与安装在固定钳身内的丝杠螺母（内部结构）配合。当旋转丝杠手柄使丝杠旋转，就可带动活动钳身相对于固定钳身做进退移动，使用钳口张开尺寸发生变形，如图10-87所示，起夹紧或放松工件的作用。

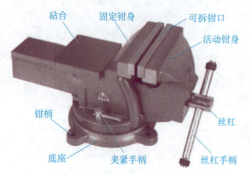

图10-86 台虎钳的组成

图10-87 钳口的开度变化

在固定钳身和活动钳身上，各装有钢质钳口，并用螺钉固定，钳口的工作面上制有交叉的网纹，使工件夹紧后不易产生滑动，且钳口经过热处理淬硬，具有较好的耐磨性，如图10-88所示。

固定钳身装在转盘座上，并能绕转座轴心线转动，当转到要求的方向时，扳动夹紧手柄使夹紧螺钉旋紧，便可在夹紧盘的作用下把固定钳身紧固，如图10-89所示。

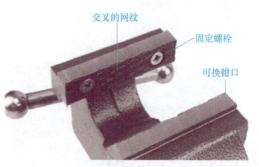

图10-88 钳口形状外观

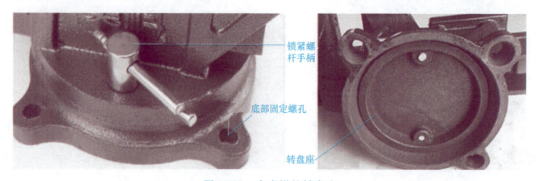

图10-89 台虎钳的转盘座

转盘座上有三个螺栓孔，用以通过螺栓与钳台固定，如图10-90所示。

台虎钳可分为固定式和回转式两种类型，台虎钳安装在钳工台上，以钳口的宽度为标定规格，常见的规格从70~300mm。

模块4 常用钳工工具

2. 台虎钳的分类

（1）按照钳口宽度分类 台虎钳的种类比较多，厂家不同，尺寸规格都有所不同，一般可分为 3in、4in、5in、6in、8in、10in 和 12in 等，其大小如图 10-91 所示。

（2）按照台虎钳质量分类 按照台虎钳质量分类，可分为特轻型、轻型、重型（小重型）、加重型（大重型）四种规格，一般以英文字母表示，A（加重型）、B（重型）、C（轻型）、D（特轻型），例如 8in 台虎钳，其开口尺寸是一样的，但是台虎钳的总质量不同，如图 10-92 所示。

图 10-90　台虎钳固定于工作台上

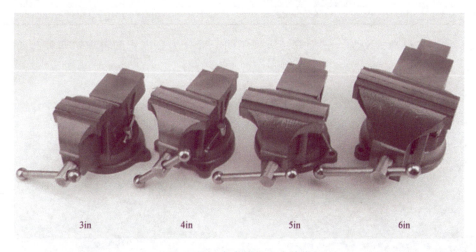

图 10-91　台虎钳的大小分类

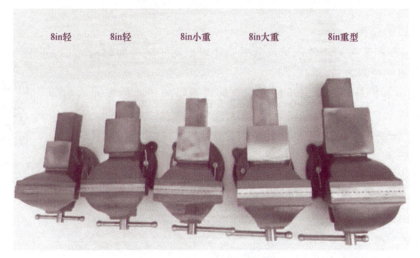

图 10-92　按照台虎钳质量分类

台虎钳尺寸规格对照表见表 10-4。

汽车维修常用工具与仪器设备的使用

表 10-4 台虎钳尺寸规格对照表（部分）

规格	单个尺寸（长/mm）×（宽/mm）×（高/mm）	钳口宽度/mm	开口度/mm	质量/kg
3inD（特轻）	210×105×110	75	70	3.4
4inD（特轻）	230×105×115	100	90	3.9
5inD（特轻）	290×125×13	125	90	5.5
6inD（特轻）	310×150×155	150	90	8
8inD（特轻）	370×200×180	200	100	13
3inC（轻型）	260×105×130	75	90	4.7
4inC（轻型）	290×105×120	100	90	5.5
5inC（轻型）	310×125×155	125	90	7.5
6inC（轻型）	370×155×180	150	115	11.7
8inC（轻型）	430×200×210	200	140	17.4
10inC（轻型）	490×250×235	250	190	25
12inC（轻型）	540×290×300	300	180	34

（3）按照安装方式分类 按照安装方式不同，可分为桌虎钳和台虎钳两种，如图 10-93 所示。

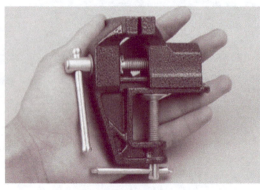

图 10-93 按照安装方式分类

3. 台虎钳的作用

台虎钳主要用于夹持工件，另外其砧台还可以用于工件的敲击加工，如图 10-94 所示。

4. 台虎钳的使用方法

1) 使用前逆时针旋转夹紧手柄，调整好台虎钳的作业位置和朝向，如图 10-95a 所示。

2) 顺时针旋转夹紧手柄，将台虎钳的固定钳身与底座固定好，如图 10-95b 所示。

3) 调节钳口，顺时针旋转丝杠手柄，钳口变小，反之钳口变大，旋转手柄时要平稳。

4) 夹持工件时不要太紧，防止钳口吃进工件表面或损坏钳身，当夹持工件时，工件另一端要用支架支撑。

5) 用完后要用棉纱将钳口和钳台擦干净。

5. 使用台虎钳的注意事项

1) 固定钳身的钳口工作面应处于钳台边缘，当安装台虎钳时，必须使固定钳身的钳口

台虎钳的使用

模块 4　常用钳工工具

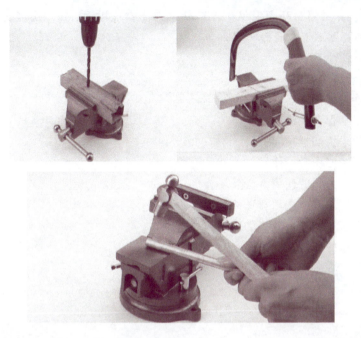

图 10-94　台虎钳的作用

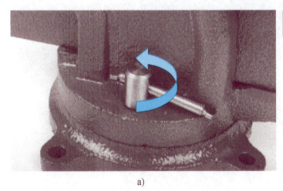
a)

b)

图 10-95　旋转夹紧手柄

工作面处于钳台边缘以外，以保证夹持长条形工件时，工件的下端不受钳台边缘的阻碍。

2）必须把台虎钳牢固地固定在钳台上，工作时两个夹紧手柄必须扳紧，保证钳身没有松动现象，以免损坏台虎钳和影响加工质量。

3）当用手扳紧手柄夹紧工件时，只允许用手的力量扳紧手柄，不能用锤子敲击手柄或套上长管子扳手柄，以免丝杠、螺母或钳身因受力过大而损坏。

4）施力应朝向固定钳身方向，当强力作业时，应尽量使力量朝向固定钳身，否则丝杠和螺母会因受到过大的力而损坏。

5）不允许在钳台和钳身上砸东西，特别是不能在活动钳身的光滑平面上进行敲击作业，以免降低活动钳身与固定钳身的配合性能。

6）应保持丝杠清洁，螺母和其他活动表面应经常加润滑油，以防锈蚀，并注意保持清洁。

7）安装台虎钳的钳台高度为 800~900mm，装上台虎钳后，钳口高度恰好与人的手肘平齐为宜，长度和宽度随工作需要而定。

任务总结

1. 钳子不能过载使用。
2. 注意钳子的保养和润滑。
3. 禁止用钳子拆卸螺栓和螺母。
4. 禁止把钳子当作锤子使用。
5. 注意各种大力钳的使用方法及场合。
6. 当使用剥线钳时应选用合适的孔径。
7. 区分内卡簧钳与外卡簧钳的使用场合。
8. 注意台虎钳的受力位置为砧台与被固定的钳身。

作 业

完成"学习工作页"任务 10 各项作业。

任务 11 丝锥和板牙的使用

学习目标

1. 熟悉丝锥和板牙类型。
2. 学会对丝锥和板牙进行日常保养。
3. 能选择及安全使用丝锥和板牙。
4. 掌握丝锥和板牙的使用注意事项。
5. 培养良好的职业道德与安全、环保意识。

任务接受

一台宝马 320Li 汽车，因发动机油底壳漏油进店维修，但由于维修技师操作不当，导致其中一个油底螺栓螺纹损坏，机电维修组长带领学生进行螺纹加工，使学生掌握丝锥和板牙的选择和正确使用。

任务接待参见"学习领域 1 汽车维修接待、沟通与管理"。

任务准备

11.1 丝锥和板牙准备

丝锥和板牙是加工内、外螺纹的工具。一般用碳素工具钢或高速工具钢制作，并经热处理淬火硬化。通常，丝锥和板牙以组合套件的形式出现，套件一般包括铰杠（丝锥铰手）、T 形铰杠、板牙、一字螺钉旋具、板牙铰手、牙规和丝锥，如图 11-1 所示。

模块4　常用钳工工具

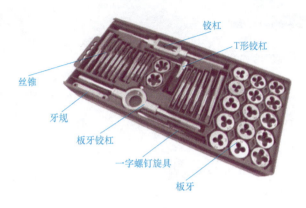

图 11-1　丝锥和板牙套件

丝锥和板牙套件的介绍

丝锥和板牙清单见表 11-1。

表 11-1　丝锥和板牙清单

名　　称	数　　量	名　　称	数　　量
丝锥(套)	1套/5人	板牙(套)	1套/5人

任务实施

11.2　丝锥的使用

11.2.1　丝锥的认识

丝锥也叫作螺丝攻、丝攻，它是一种加工内螺纹的刀具，沿轴向开有沟槽，其结构如图 11-2 所示。丝锥由工作部分和柄部构成，工作部分又分为切削部分和校准部分，前者磨有切削锥，负责切削工作，后者用以校准螺纹的尺寸和形状。

1. 铰杠

铰杠是用来夹持丝锥的工具，有固定式铰杠、活动式铰杠和丁字铰杠。丁字铰杠主要用在攻工件凸台旁的螺孔或机体内部的螺孔（丁字铰杠适用于在高凸台旁边或箱体内部攻螺纹）。固定

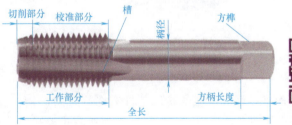

图 11-2　丝锥的结构

式铰杠常用在攻 M5 以下螺孔，活动式铰杠可以调节方孔尺寸，柄部的方榫部分用来插入铰杠中用以传递转矩，如图 11-3 所示。

2. 工作部分

工作部分包括切削部分与校准部分（导向部分）。

切削部分担任主要的切削任务，其牙型由浅入深，并逐渐变得完整，以保证丝锥容易攻入孔内，并使各牙切削的金属量大致相同。

183

汽车维修常用工具与仪器设备的使用

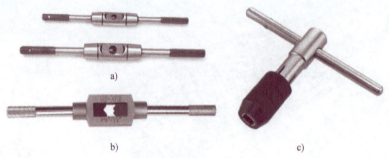

图 11-3　铰杠

a）固定式铰杠　b）活动式铰杠　c）丁字铰杠

常用丝锥轴向开 3~4 条容屑槽，以形成切削部分锋利的切削刃和前角，同时能容纳切屑。端部磨出切削锥角，使切削负荷分布在几个刀齿上，逐渐切到齿深部位，而使切削省力、刀齿受力均匀，不易崩刃或折断，也便于正确切入。

校准部分均具有完整的牙型，主要用来校准和修光已切出的螺纹，并引导丝锥沿轴向前进。为了制造和刃磨方便，丝锥上的容屑槽一般做成直槽。

有些专用丝锥为了控制排屑方向，做成螺旋槽。加工不通孔螺纹，为使切屑向上排出，容屑槽做成右旋槽。加工通孔螺纹，为使切屑向下排出，容屑槽做成左旋槽。

11.2.2　丝锥的分类

1. 按照形状不同分类

按照形状不同可以分为螺旋丝锥、直刃丝锥（直槽丝锥）、刃倾角丝锥和挤压丝锥，如图 11-4 所示。

丝锥的分类

图 11-4　按形状分类

a）螺旋丝锥　b）直刃丝锥　c）刃倾角丝锥　d）挤压丝锥

（1）螺旋丝锥　螺旋丝锥的特征是具有螺旋状的沟槽，能够加工到不通孔的底部，容易进行螺纹加工，加工时不会残留切屑，切削通心孔较好。这种类型的丝锥用于切屑呈卷曲状材料的螺纹，多用于不通孔加工，也可用于通孔加工。

（2）直刃丝锥　直刃丝锥的特征是丝锥的沟槽为直形、刃尖的强度高，容易再研磨，对应螺纹的尺寸选择性大。切削锥部分有 2、4、6 牙，短切削锥用于不通孔加工，长切削锥用于通孔加工，只要底孔足够深，就应尽量选用切削锥长一些的丝锥，这样分担切削负荷的齿就多一些，使用寿命就长一些。

（3）刃倾角丝锥　刃倾角丝锥的特征是有刃倾角式的沟槽，加工时所产生的切屑向前排除，而且切屑不容易缠绕和堵塞，切削性能好并且抗折损强度高。这种类型的丝锥只能用于通孔加工。

注意，这种类型的丝锥在切削未完成时就反转，很容易折断丝锥。

（4）挤压丝锥 挤压丝锥的特征是通过金属的塑性变形加工螺纹，加工时不会产生切屑，加工的螺纹精度高，虽然加工时的扭力较大，但其抗折损较好。其多用于延展性好的材料（铝合金，铜合金和低、中碳钢），可用于不通孔、通孔加工。

2. 按照驱动方式不同分类

按照驱动方式不同可以分为手用丝锥和机用丝锥。习惯上把制造精度较高的高速工具钢磨牙丝锥称为机用丝锥，把碳素工具钢或合金工具钢的滚牙（或切牙）丝锥称为手用丝锥，实际上两者的结构和工作原理基本相同。图 11-14 所示的各种丝锥都是可以用作手用丝锥和机用丝锥。

3. 按照单位制度不同分类

按照单位制度不同可以分为米制粗牙丝锥、米制细牙丝锥、管螺纹丝锥，还有美制丝锥和英制丝锥。粗牙、细牙之分在于螺纹的螺距大小之分。

4. 按照被加工螺纹不同分类

按照被加工螺纹不同又分为普通三角螺纹丝锥（其中 M6～M24 的丝锥为两支一套，小于 M6 和大于 M24 的丝锥为三支一套）、圆柱管螺纹丝锥（为两支一套）和圆锥管螺纹丝锥（大小尺寸均为单支）。

（1）圆柱管螺纹丝锥 圆柱管螺纹丝锥与一般手用丝锥相近，只是其工作部分较短，一般为两支一组，如图 11-5 所示。

（2）圆锥管螺纹丝锥 圆锥管螺纹丝锥的直径从头到尾逐渐增大，而牙型与丝锥轴线垂直，以保证内外螺纹接合时有良好的接触，如图 11-6 所示。

（3）成组丝锥 对于成组丝锥，按照丝锥的攻螺纹先后顺序，分为头锥、二锥和三锥（有些只有头锥和二锥）。三种丝锥直径相同，但斜切面长度不同，通常头锥斜切面长度最长，三锥斜切面长度最短。如图 11-7 所示，自上而下分别是头锥、二锥和三锥。

图 11-5 圆柱管螺纹丝锥

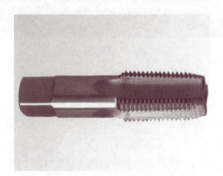

图 11-6 圆锥管螺纹丝锥

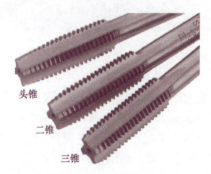

图 11-7 成组丝锥

5. 按照螺纹尺寸规格分类

按照螺纹尺寸规格分类有多种型号，分别有 M2、M2.5、M3、M4 到 M20，不同尺寸规格的丝锥具有不同的螺距、柄径、总长等数据。

11.2.3 丝锥的使用

1. 丝锥的选用

为了减小切削力和提高丝锥使用寿命和加工精度，通常在攻螺纹时将整个切削工作量分配给几支丝锥来分别担当切除，并按切削顺序分别叫作头攻、二攻和三攻。

通常手用丝锥中 M6~M24 的丝锥为两支一套，小于 M6 和大于 M24 的丝锥为三支一套，称为头锥、二锥和三锥。这是因为 M6 以下的丝锥强度低，易折断，分配给三个丝锥切削，可使每一个丝锥担负的切削余量小，因而产生的转矩小，从而保护丝锥不易折断。而 M24 以上的丝锥要切除的余量大，分配给三支丝锥后可有效减小每一支丝锥的切削阻力，以减轻工人的体力劳动。细牙螺纹丝锥为两支一组。

丝锥的使用

2. 攻螺纹流程

在汽车修配作业中，攻螺纹主要用于内孔螺纹的修复。通常遵循以下操作流程：

1) 确认螺孔有坏牙，不是螺栓断裂。
2) 用游标卡尺测量螺栓外径，获得标准尺寸，用以选择合适的丝锥。
3) 根据工件的材料和加工位置选择合适类型的丝锥，如图 11-4 所示。
4) 用螺距量规测量螺纹螺距。以此为依据，选择与螺纹螺距相同相配的丝锥，如图 11-8 所示。
5) 选择与螺纹螺距相适应的丝锥。丝锥选择不合适可能导致修出的螺孔过大，因此一定要仔细选择。选择丝锥时应参考丝锥上显示的尺寸，如图 11-9 所示，一个是"M12×1.75"，另一个是"M10×1.5"，12 和 10 代表螺纹直径，1.75 和 1.5 代表螺距。

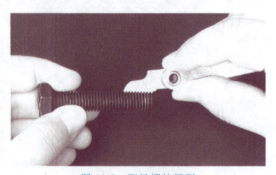

图 11-8　测量螺纹螺距

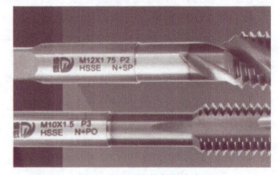

图 11-9　丝锥的规格标识

6) 攻螺纹过程。

① 插入选好的丝锥转动 1~2 圈（用于丝锥定位，使丝锥轴线与螺孔轴线一致），然后将铰杠安装到丝锥方柄上。铰杠应与丝锥（方柄）尺寸相配。

② 当用头锥起攻时，右手握住铰杠中间，沿丝锥中心线加适当压力，左手配合将铰杠顺时针转动（左旋丝锥则逆时针转动铰杠），或两手握住铰杠两端均匀施加适当压力，并将铰杠顺向旋进，将丝锥旋入，保证丝锥中心线与孔中心线重合，不致歪斜。

③ 当丝锥切削部分切入 1~2 圈后，应及时用目测或用直角尺在前后、左右两个方向检查丝锥是否垂直，并不断校正至要求。校正丝锥轴线与底孔轴线是否一致，若一致，两手即可握住铰杠手柄继续平稳地转动丝锥。一般在切入 3~4 圈时，丝锥位置应正确无误，此时

不应再强行纠正偏斜。

④ 当丝锥的切削部分全部进入工件时，只需要两手用力均匀地转动铰杠，就不再对丝锥施加压力，而靠丝锥进行自然旋进切削，丝锥会自行向下攻削。

⑤ 为防止切屑过长损坏丝锥，每扳转铰杠1/2~2圈，应反转1/4~1/2圈，以使切屑折断排出孔外，避免因切屑堵塞而损坏丝锥，如图11-10所示。

⑥ 在攻螺纹过程中要用刷子或加油器加注切削油，这可以降低切削过程中产生的高温，保护丝锥，降低丝锥的工作强度。图11-11所示为高温导致的粘刀现象。

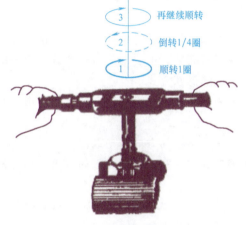

图 11-10 攻螺纹操作方法

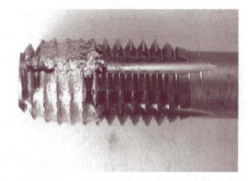

图 11-11 高温导致的粘刀现象

7）按照第一步到最后一步的顺序使用各种丝锥完成攻螺纹。

8）用压缩空气将铁屑吹净。

9）将螺栓安装到螺孔内，检查是否可以平顺旋转。

11.2.4 攻螺纹的注意事项

1. 底孔的孔口必须倒角

钻孔后，在螺纹底孔的孔口必须倒角，通孔螺纹两端都倒角，倒角处最大直径应和螺纹大径相等或略大于螺孔大径。这样可使丝锥开始切削时容易切入，并可防止孔口出现挤压出的凸边。

2. 攻削顺序

对于成组丝锥要按头锥、二锥和三锥的顺序攻削。当攻螺纹时，必须以头锥、二锥和三锥的顺序攻削至标准尺寸。用头锥攻螺纹时，应保持丝锥中心与螺孔端面在两个相互垂直方向上的垂直度。头锥攻过后，先用手将二锥旋入，再装上铰杠攻螺纹。以同样办法攻三锥。对于在较硬的材料上攻螺纹时，可轮换各丝锥交替攻下，以减小切削部分负荷，防止丝锥折断。

3. 排屑处理

当攻不通孔时，可在丝锥上做好深度标记，并要经常退出丝锥，清除留在孔内的切屑。否则，会因切屑堵塞易使丝锥折断或攻螺纹达不到深度要求。当工件不便换向进行清屑时，可用弯曲的小管子吹出切屑或用磁性针棒吸出。

4. 添加切削液

攻螺纹时要加切削液。为了减少摩擦，减小切削阻力，减小加工螺孔的表面粗糙度，保持丝锥的良好切削性能，延长丝锥寿命，得到光洁的螺纹表面，当攻螺纹时，应根据工件材料，选用适当的切削液。攻钢件时用全损耗系统用油，螺纹质量要求高时可用工业植物油，攻铸铁件可加煤油。

5. 断丝锥取出方法

在攻制较小螺孔时，常因操作不当，会造成丝锥断在孔内。如果不能取出，或即使取出而使螺孔损坏，都将使工件报废。在取断丝锥前，都应先将螺孔内的切屑及丝锥碎屑清除干净，防止回旋时再将断丝锥卡住。去除碎屑时可使用钢丝或小号錾子。如果孔较深，可以向孔内吹入压缩空气清洁丝锥。并加入适当的润滑液，如煤油、全损耗系统用油等，来减小摩擦阻力。

拆下断裂的丝锥前最好弄清楚导致断裂的原因。例如：如果是定位孔大小，丝锥会咬入材料中，从而损坏。大多数情况下靠近孔口的部位最容易断裂，不要采用沿松动方向敲击的方式拆下丝锥。根据断裂丝锥的尺寸和材质选择最合适的拆卸方式。

如果折断部分距孔口较浅，可采用锤子敲击冲子的方式取出。沿松动方向转动丝锥，小心不要破坏孔口的螺纹。

如果断裂部分还露在孔外，就用钳子夹住丝锥，然后沿松动方向转动取出。

如果丝锥较大，可根据丝锥槽数选用3脚或4脚工具将它取出。把插脚伸进槽内小心地将丝锥旋出。

在一般情况下，也可用在带方榫的断丝锥上拧上两个螺母，用钢丝插入断丝锥和螺母间的容屑槽中，然后用铰杠顺着退转方向扳动方榫，把断在螺孔中的丝锥带出来。

当断丝锥与螺孔契合牢固而不能取出时，可在断丝锥上焊上便于施力的弯杆，或用焊条小心地在断丝锥上堆焊出一定厚度的便于施力的金属层，然后用工具旋出。

如果以上办法不奏效，可用喷灯沿孔圆周表面加热，然后试着取出。在大多数情况下这种方法都会奏效。

11.3　板牙的使用

1. 板牙的认识

板牙由切削锥（切削部分）、校准部分和排屑孔组成，如图11-12所示。板牙相当于一个具有很高硬度的螺母，螺孔周围制有几个排屑孔，一般在螺孔的两端为切削锥，中间为校准部分。

板牙的结构

板牙的校准部分因使用后磨损会使螺纹尺寸增大而超出公差范围。因此，为提高板牙的使用寿命，常用的圆板牙，在外圆上有四个锥坑和一条V形槽，起调节板牙尺寸的作用，如图11-13所示。

其中的两个锥坑，其轴线与板牙直径方向一致，借助铰杠上的两个相应位置的紧固螺钉顶紧后，用以套螺纹时传递转矩。另外两个与板牙中心偏心的锥坑起调节作用。当板牙磨损，套出的螺纹尺寸变大，以致超出公差范围时，可用锯片砂轮沿板牙V形槽将板牙磨割出一条通槽，用铰杠上的另两个紧固螺钉，拧紧顶入板牙上面两个偏心的锥坑内，让板牙产生弹性变形，使板牙的螺纹中径变小，以补偿尺寸的磨损。当调整时，应使用标准样件进行尺寸校对。板牙两端面都有切削部分，待一端磨损后，可换另一端使用。

板牙一般与板牙架成套组成，如图11-14所示。

模块4 常用钳工工具

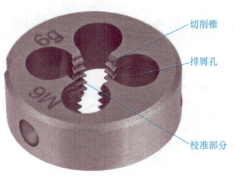

图11-12 板牙的结构

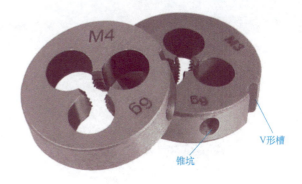

图11-13 锥坑与V形槽

图11-14 板牙架

2. 板牙的分类

板牙按外形和用途可分为圆板牙、方板牙（四方板牙）、六方板牙（六角板牙）、管形板牙和管子板牙，如图11-15所示。圆板牙、六方板牙均有国标，但五金市场上一般只能买到圆板牙，很难买到六方板牙和四方板牙。

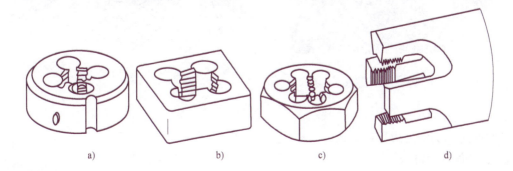

图11-15 各类板牙
a) 圆板牙 b) 方板牙 c) 六方板牙 d) 管形板牙

圆板牙可分为固定式和可调式两种，如图11-16所示。可调式圆板牙也称为开口式圆板牙。

可调式圆板牙因其直径可以调整，因此是应用最为广泛的普通外螺纹切削工具。可调式

 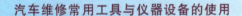 汽车维修常用工具与仪器设备的使用

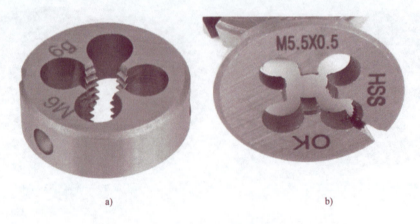

图 11-16 圆板牙的类型
a) 固定式板牙　b) 可调式板牙

圆板牙的开始端有 2~2.5 个螺扣被切削成锥形，这种设计使得板牙斜切面直径较大，能够保证板牙可以很容易切入被加工材料，如图 11-17 所示。需要注意的是，在套螺纹起始时，应保持板牙锥角朝下。

在各种类型的板牙中，以圆板牙应用最广，规格范围为 M0.25~M68，如图 11-18 所示。

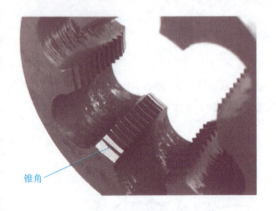

图 11-17 可调式板牙的锥角

图 11-18 各种尺寸的板牙

3. 板牙的作用
板牙是可作为加工或修正外螺纹的螺纹加工工具。

4. 板牙的使用方法
当用圆片板牙加工螺纹时，呈半切削半挤压状态。板牙的内径和中径为切削部分，尤其是板牙内径要承受较大的切削力，因此必须具有一定的强度和切削能力。考虑到板牙切削出的螺钉与螺孔配合时应有一定的间隙，并考虑到磨损量，故设计板牙时，应使内径和中径小于螺纹内径、中径的标称尺寸。

在汽车修配作业中，加工螺纹主要用于螺栓或螺杆外螺纹的修复。通常遵循以下操作流程：

板牙的使用

模块 4　常用钳工工具

1) 将螺母插入螺栓检查牢固程度。
2) 用游标卡尺测量螺栓外径，以选出标准尺寸。
3) 用螺距量规测量螺距。
4) 根据测得的螺栓外径和螺距，选择合适的板牙，然后将板牙安装到板牙架上并紧固固定螺栓，如图 11-19 所示。
5) 利用板牙修理螺栓。

① 将板牙旋入到要加工的螺栓上。用右手掌按住板牙架中部，沿圆杆的轴向施加压力，左手配合使板牙架顺向旋进，转动要慢，压力要大，并保证板牙端面与圆杆垂直，不歪斜。

② 在板牙旋转切入圆杆 2~3 圈时，要及时检查板牙与圆杆垂直情况并及时校正，应从两个方向进行垂直度的及时校正，这是保证套螺纹质量的重要一环。

③ 进入正常套螺纹后，不再施加轴向压力，两手握住板牙架的手柄，均匀用力，缓慢旋转板牙，让板牙自然引进，以免损坏螺纹和板牙，并经常倒转以断屑，如图 11-20 所示。

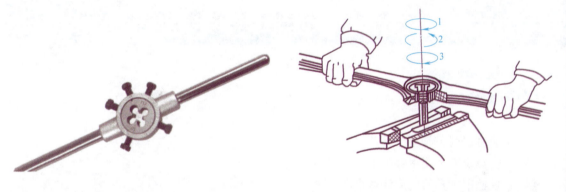

图 11-19　安装板牙　　　　　　　图 11-20　螺纹加工方法

6) 用刷子清理切屑。
7) 将螺母置入螺栓确认螺栓转动。

5. 使用板牙的注意事项

1) 在调节可调式圆板牙时，不得把板牙张开，张开的板牙在攻螺纹时会对工件产生刮擦而不是切削。
2) 均匀地转动调节螺钉，可把可调式圆板牙闭合大约 0.15 mm。若压力只作用在板牙的一边，可能会使板牙损坏。
3) 采用正确的切削液，并把足量的切削液对准切削加工区域。
4) 套螺纹时控制两手用力均匀和掌握好最大用力限度，是影响套螺纹质量的关键因素。

任务总结

1. 丝锥类型：螺旋丝锥、直刃丝锥（直槽丝锥）、刃倾角丝锥和挤压丝锥。

2. 板牙可分为圆板牙、方板牙、六方板牙、管形板牙和管子板牙，圆板牙可分为固定式和可调式两种类型。

3. 确定孔径大小，利用牙规测量螺纹尺寸值。

4. 当攻螺纹时，必须以头锥、二锥和三锥的顺序攻削至标准尺寸。

5. 可在丝锥上做好深度标记，并要经常退出丝锥，清除留在孔内的切屑。

6. 攻螺纹时要加切削液。

7. 钻孔后，在螺纹底孔的孔口必须倒角。

8. 加工时控制力度与速度。

9. 注意可调式圆板牙的开口调节尺寸为 0.15mm。

作　业

完成"学习工作页"任务 11 各项作业。

任务 12　锉削工具的使用

学习目标

1. 熟悉锉削工具类型。
2. 学会对锉削工具进行日常保养。
3. 能选择及安全使用锉削工具。
4. 掌握锉削工具的使用注意事项。
5. 培养良好的职业道德与安全、环保意识。

任务接受

一台丰田威驰汽车，因左前驱动轴漏油进店维修，但由于维修技师操作不当，导致驱动轴外侧螺纹损坏，机电维修组长带领学生进行对驱动轴的锉削加工，使学生掌握锉削工具的选择和正确使用。

任务接待参见"学习领域 1 汽车维修接待、沟通与管理"。

任务准备

12.1　锉削工具准备

锉削工具清单见表 12-1。

表 12-1　锉削工具清单

名　称	数　量	名　称	数　量
锉刀（套）	1套/5人	锯子	1套/5人

模块 4　常用钳工工具

任务实施

12.2　锉刀的使用

锉刀一般采用碳素工具钢经轧制、锻造、退火、磨削、剁齿和淬火等工序加工而成,是手工锉削的主要工具,如图 12-1 所示。锉削就是对工件表面进行切削加工,使其尺寸、形状、位置和表面粗糙度都达到要求的加工方法,其加工范围包括:平面、台阶面、角度、曲面、沟槽和各种复杂的表面等。

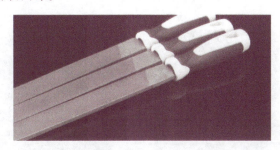

图 12-1　锉刀

12.2.1　锉刀的认识

锉刀主要由锉身和锉刀柄两部分组成,如图 12-2 所示。

图 12-2　锉刀的结构

1. 锉身

锉身包括锉刀面、锉刀边和锉刀尾三部分。

(1) 锉刀面　锉刀的上下两面是锉削的主要工作面。锉刀面在前端做成凸弧形,上下两面都有锉齿,便于进行锉削。锉刀也在纵长方向做成凸弧形的作用是能够抵消锉削时由于两手上下摆动而产生的表面中凸现象,以使工件锉平。

(2) 锉刀边　锉刀边是指锉刀的两个侧面,有齿边和光边之分。齿边可用于切削,光边只起导向作用。有的锉刀两边都没有齿,有的其中一个边有齿。没有齿的一边叫作光边,其作用是在锉削内直角形的一个面时,用光边靠在已加工的面上去锉另一直角面,防止碰伤已加工表面。

(3) 锉刀尾　锉刀尾(舌)是用来装锉刀柄的。锉刀尾是不经淬火处理的。

2. 锉柄

锉柄的作用是便于锉削时握持锉刀并传递推力。通常是木质制成的,在安装孔的一端应有铁箍。

12.2.2 锉刀的分类

1. 按锉齿的大小分类

按锉齿的大小锉刀可分为粗齿锉、中齿锉、细齿锉和油光锉等。这通常是按锉刀的10mm长度范围内齿纹条数多少来划分的,齿纹条数越多,则齿纹越细。4~12齿的称为粗齿锉,13~23齿的称为中齿锉,30~40齿的称为细齿锉,50~62齿的称为油光锉,如图12-3所示。

2. 按锉纹分类

锉刀按锉纹形式分为单纹锉和双纹锉两种,如图12-4所示为双纹锉刀。

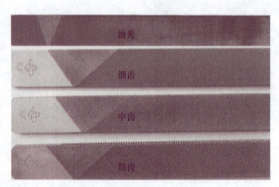

图12-3 按锉刀的锉齿分类

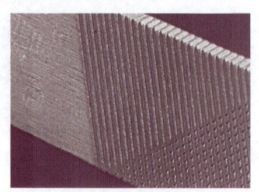

图12-4 双纹锉刀

3. 按断面形状分类

按断面形状分类,锉刀按剖面形状分有扁锉(平锉、板锉)、方锉、半圆锉、圆锉、三角锉、菱形锉和刀形锉等,如图12-5所示。

1)扁锉用来锉平面、外圆面和凸弧面。

2)方锉用来锉方孔、长方孔和窄平面。

3)三角锉用来锉内角、三角孔和平面。

4)半圆锉用来锉凹弧面和平面。

5)圆锉用来锉圆孔、半径较小的凹弧面和椭圆面。

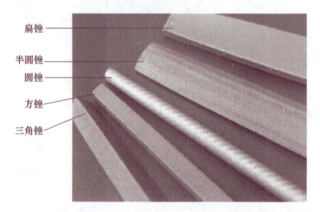

图12-5 按锉刀断面形状分类

4. 按锉刀用途分类

按锉刀用途分有:普通钳工锉、木锉、整形锉和专用锉刀等。

(1)普通钳工锉 普通钳工锉用于一般的锉削加工,如扁锉、方锉、三角锉、半圆锉和圆锉,如图12-5所示。

(2)木锉 木锉用于锉削木材、皮革等软质材料,如图12-6所示。

(3)整形锉(什锦锉) 整形锉用于锉削小而精细的金属零件,有许多各种断面形状的

模块 4　常用钳工工具

锉刀组成一套，如图 12-7 所示。

（4）专用锉刀（特种锉、异形锉）如锉修特殊形状的平形和弓形的专用锉，主要用于修整细小部分的表面，其长度和截面尺寸均很小，截面形状有圆形、不等边三角形、矩形和半圆形等，如图 12-8 所示。

（5）螺纹锉　螺纹锉主要用来修复受损的螺纹，如图 12-9 所示。

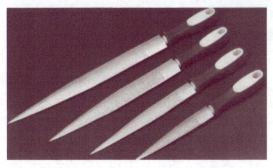

图 12-6　木锉

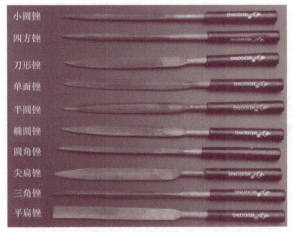

图 12-7　整形锉

图 12-8　专用锉刀

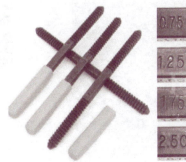

图 12-9　螺纹锉刀

5. 按锉刀的规格分类

根据各个锉刀生产厂家不同，锉刀规格有所不同，同时，不同类型的锉刀也有不同的尺寸规格，以扁锉为例，其长度尺寸规格有 6in、8in、10in 和 12in 等，如图 12-10 所示。

锉纹规格按锉刀每 10mm 长度内主锉纹条数分为Ⅰ～Ⅴ号，其中Ⅰ号为粗齿锉，Ⅱ

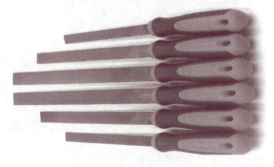

图 12-10　扁锉

号为中齿锉，Ⅲ号为细齿锉，Ⅳ号和Ⅴ号为油光锉，分别用于粗加工和精加工。

12.2.3 锉刀的选用及使用方法

1. 锉刀的选用原则

合理选用锉刀对提高锉削效率、保证锉削质量、提高锉刀使用寿命有很大影响。每种锉刀都有它一定的用途，锉削前必须认真选择合适的锉刀。如果选择不当，就不能充分发挥它的效能或过早地丧失切削能力，不能保证锉削质量。

正确地选择锉刀要根据加工对象的具体情况，从如下几方面考虑：

1）要根据所要加工零件的形状选用不同截面的锉刀。方锉四面都有锉齿，可锉方形孔，另外还可加工直角形状的工件；半圆锉可用来锉内凹的弧面；圆锉可用来锉圆弧面工件，还可把圆孔锉大。

2）粗加工选用粗锉刀，精加工选用细锉刀。粗锉刀用于粗加工，适用于锉削加工余量大、加工精度低和表面粗糙度值大的工件；中锉刀用于粗加工后的加工；细锉刀适用于锉削加工余量小、加工精度高和表面粗糙度值小的工件；油光锉刀只用于对工件表面进行最后的修光；单齿纹锉刀适用于加工软材料。

3）锉刀尺寸规格的大小选择取决于工件加工面尺寸的大小和加工余量的大小。当加工面尺寸较大，加工余量也较大时，宜选用较长锉刀；反之，则选用较短的锉刀。锉刀的长度一般应比锉削面长 150~200mm。

4）当选用锉刀时，锉刀的硬度必须高于所要锉削材料的硬度，而且普通的锉刀不能用来锉如铜、铝等低硬度的材料，因为铜屑、铝屑会堵塞锉齿。

2. 锉刀的使用方法

（1）锉刀的握法　不同的锉刀在使用时有不同的握法，具体如图12-11所示。

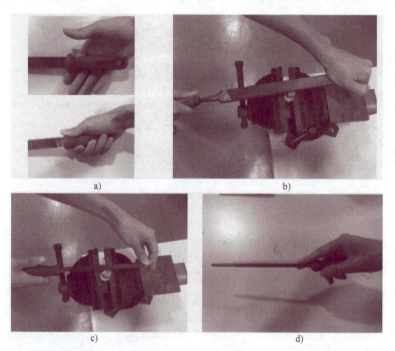

锉刀的使用

图 12-11　锉刀的握法

a）右手握姿　b）大锉刀两手握法　c）中锉刀两手握法　d）小锉刀单手握法

模块 4 常用钳工工具

当使用大锉重锉（长度大于 250mm）时，其握法是：右手握柄，柄端抵在拇指根部的手掌上，大拇指放在手柄上部，其余手指由上而下地握着锉刀柄，左手拇指根部肌肉压在锉刀上，拇指自然伸直，其余四指弯向掌心，用中指、无名指捏住锉刀前端，锉削时右手小臂要与锉身水平，右手肘部要提起。

使用中型锉（长度 200mm 左右）时的握锉方法：右手与握大锉一样，左手的拇指与食指轻轻捏住锉身前端。

使用小型锉（长度 150mm 左右）时的握锉方法：右手拇指放在刀柄的上方，食指放在刀柄的侧面，其余手指则从下面稳住锉柄；用左手的食指、中指和无名指压在锉身中部，以防锉身弯曲。

当使用整形锉或长度小于 150mm 的更小锉刀时，只用右手握住，拇指放在锉柄的侧面，食指放在上面，其余手指由上而下握住锉刀柄。

在锉削过程中，不可用手触摸锉削表面、锉屑及锉刀，因为锉削时产生的金属粉沾在手上后很难去除，会造成手部打滑。

（2）锉削时的站立姿势　锉削时的站立姿势如图 12-12 所示，两手握住锉刀，放在工件上面。左臂弯曲，小臂与工件锉削前面的左右方向保持基本平行；右小臂自然地与工件锉削的前后方向保持基本平行。右脚尖到左脚跟的距离约等于锉刀长，左脚与锉销工件中线约成 30°。

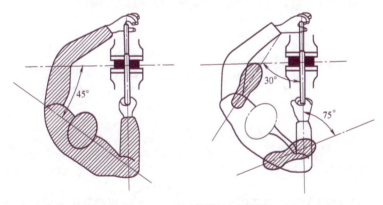

图 12-12　锉削时的站立姿势

（3）锉削时的动作　锉削时的动作按以下步骤进行，如图 12-13 所示。当开始锉削时，身体前倾约 10°，右脚后伸，以充分利用锉身有效的长度。当锉刀推到 1/3 行程时，身体前倾约 15°，使左腿稍弯曲。当右肘再向前推至 2/3 行程时，身体逐渐前倾到 18°左右。当锉削最后 1/3 行程时，用手腕推锉刀至尽头，身体随着锉刀的反作用力自然退回到前倾 15°左右的位置。当锉削终了时，两手按住锉刀，取消压力，抽回锉刀，身体恢复到原来位置。如此进行下一次的锉削。锉削时身体的重心要落在左脚上，右腿伸直、左腿弯曲，身体向前倾斜，两脚站稳不动，锉削时靠左腿的屈伸使身体做往复运动。两手握住锉刀放在工件上面，左臂弯曲，小臂与工件锉削面的左右方向保持基本平行，右小臂要与工件锉削面的前后方向保持基本平行，但要自然。

在锉削行程中，身体先于锉刀一起向前，右脚伸直并稍向前倾，重心在左脚，左膝部呈弯曲状态；当锉刀锉至约 3/4 行程时，身体停止前进，两臂则继续将锉刀向前锉到头，同时，左腿自然伸直并随着锉削时的反作用力，将身体重心后移，使身体恢复原位，并顺势将

汽车维修常用工具与仪器设备的使用

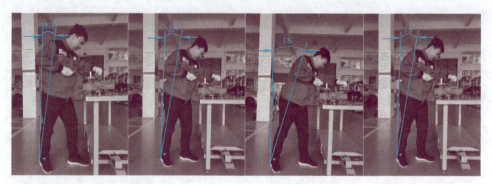

图 12-13 锉削时的动作

锉刀收回；当锉刀收回将近结束，身体又开始先于锉刀前倾，进行第二次锉削的向前运动。

如要锉出平直的平面，必须使锉刀保持直线锉削运动。在锉刀回程时两手不要加压、以减少锉刀磨损。

（4）锉削时的施力　锉刀推进时应保持在水平面内。两手施力按图12-14所示变化，返回时不加压力，以减少齿面磨损。如锉削时两手施力不变，则开始阶段刀柄会下偏，而锉削终了时前端又会下垂，结果将锉成两端低、中间凸起的鼓形表面。

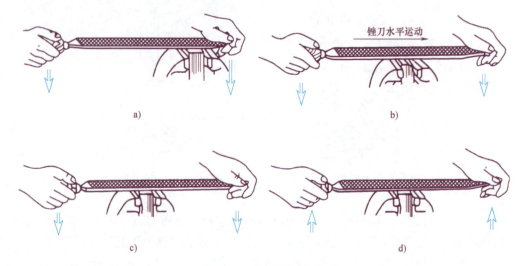

图 12-14 锉削时的施力
a）锉削开始　b）锉削中　c）锉削终结　d）锉刀返回

（5）锉削方法

1）平面锉削。平面锉削是锉削中最基本的一种，常用顺向锉、交叉锉和推锉三种操作方法，如图12-15所示。

顺向锉是锉刀始终沿其长度方向锉削，一般用于最后的锉平或锉光。

交叉锉是先沿一个方向锉一层，然后再转90°锉平。交叉锉切削效率较高，锉刀也容易掌握，如工件余量较多先用交叉锉法较好。

推锉法的锉刀运动方向与其长度方向垂直。当工件表面已锉平，余量很小时，为了降低

模块 4　常用钳工工具

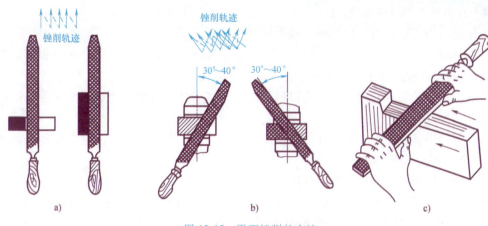

图 12-15　平面锉削的方法
a）顺向锉　b）交叉锉　c）推锉

工件表面粗糙度值和修正尺寸，用推锉法较好。推锉法尤其适用于较窄表面的加工。

2）圆弧面锉削。当锉削圆弧面时，锉刀既需向前推进，又需绕弧面中心摆动。常用的有外圆弧面锉削时的滚锉法和顺锉法，如图 12-16 所示。

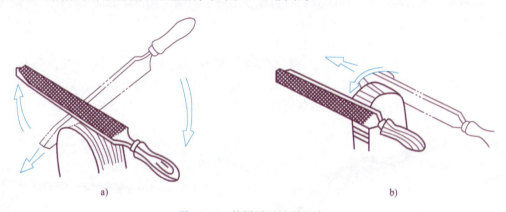

图 12-16　外圆弧面锉削方法
a）滚锉法　b）顺锉法

内圆弧面锉削时的滚锉法和顺锉法如图 12-17 所示。当滚锉时，锉刀顺圆弧摆动锉削。滚锉常用作精锉外圆弧面。当顺锉时，锉刀垂直圆弧面运动，顺锉适宜于粗锉。

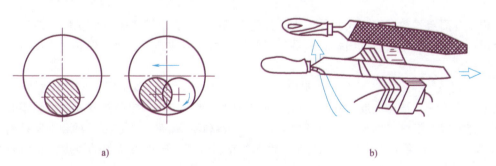

图 12-17　内圆弧面锉削方法
a）滚锉法　b）顺锉法

12.2.4 使用锉刀的注意事项

1）不能使用无柄锉刀、裂柄锉刀和无柄箍锉刀。

2）新锉要先使用一面，用钝后再使用另一面。另外，锉刀在使用时应充分利用有效全长，这样既可提高锉削效率，又可避免锉齿局部磨损。

3）锉刀上不可沾水和油污。当锉刀槽齿被锉屑堵塞时，应使用专用铜丝刷顺其齿纹进行清除。

4）不可锉毛坯件的硬皮及淬硬的工件。如铸件或毛坯表面有硬皮，应先用砂轮磨去或用旧锉刀锉去后，再进行正常锉削加工。

5）不能把锉刀当作撬棒或锤子使用。

6）锉刀硬而脆，无论在使用过程或存放过程中，不可与其他工具或工件堆放在一起，另外还要防止锉刀掉落在地上，以免损坏锉刀。

7）锉刀使用完毕后必须清刷干净，存放在干燥通风的地方，以免生锈。

12.3 锯削工具的使用

12.3.1 手锯的认识

手锯是锯削的工具，主要用于分割材料或在工件上切槽。在汽车修配工作中，经常用到的手锯是钳工用手锯，如图12-18所示。

手锯由锯弓和锯条组成。将锯条装于锯弓上就成了手锯。

（1）锯弓　锯弓用来张紧锯条。锯弓由手柄、梁身和夹头组成。锯弓两端都装有夹头，与锯弓的方孔配合，一端是固定的，另一端是活动的。当锯条装在两端夹头的销子上后，旋紧活动夹头上的翼形螺母就可以把锯条拉紧，如图12-19所示。

图12-18　手锯

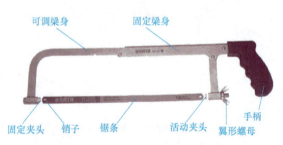

图12-19　手锯的结构图

锯弓有固定式和可调整式两种形式，如图12-20所示。固定式锯弓的长度不能变动，只能使用单一规格的锯条。可调整式锯弓可以使用不同规格的锯条，手把形状便于用力，故目前广泛使用。

（2）锯条　锯条由碳素工具钢制成，并经淬火处理。为了减小锯缝两侧面对锯条的摩擦阻力，避免锯条被夹住或折断，当锯条在制造时，使锯齿按一定的规律左右扳斜错开，排列呈一定形状，形成了锯齿的不同排列形式，称为锯路。锯路有波浪形排列和交叉排列，如图12-21所示。锯条有了锯路以后，使工件上的锯缝宽度大于锯条背部的厚度，从而防止了"夹锯"和锯条过热，并减少锯条磨损。

锯条规格以锯条两端安装孔之间的距离表示，有150mm、200mm和400mm等几种规

模块 4　常用钳工工具

 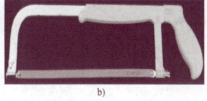

图 12-20　锯弓的类型
a) 固定式锯身　b) 可调式锯身

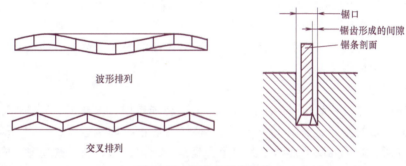

图 12-21　锯条的锯齿形状

格。随着长度增加，宽度由 10mm 增至 25mm，厚度由 0.6mm 增至 1.25mm。常用的锯条约长 300mm、宽 12mm、厚 0.8mm。锯条长度一般根据工件大小选择。

按锯齿的齿距大小，锯条可分为粗齿、中齿和细齿三种，其各自用途见表 12-2。应根据工件材料及厚度选择合适的锯条。

表 12-2　锯条的齿距及用途

锯齿	每25mm长度内含齿数目	用　　途
粗齿	14~18	锯铜、铝等软金属及厚工件
中齿	24	加工普通铜、铸铁及中等厚度的工件
细齿	32	锯硬钢板料及薄壁管子

12.3.2　手锯的使用

1. 锯条的选用

选择粗细合适的锯条，是保证锯削质量和效率的重要条件。选择锯齿粗细的主要依据是工件材料的硬度、强度、厚度及切面的形状大小等。一般来说，锯削薄材料时，在锯削截面上至少应有三个齿能同时参加锯削，这样才能避免锯齿被钩住和崩裂，如图 12-22 所示。

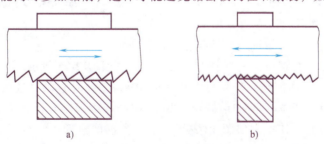

图 12-22　锯齿粗细的选择
a) 厚工件用粗齿　b) 薄工件用细齿

汽车维修常用工具与仪器设备的使用

1) 软而切面大的工件用粗齿锯条。一般来说，粗齿锯条的容屑槽较大，适用于锯削软材料或较大的切面。因为这种情况每锯一次的切屑较多，只有大容屑槽才不致发生堵塞而影响锯削效率。如锯削纯铜、青铜、铝、铸铁、低碳钢和中碳钢等软材料，以及较厚的材料时应选用粗齿锯条。

2) 硬而切面较小的工件应用细齿锯条。因硬材料不易锯入，每锯一次切屑较少，不易堵塞容屑槽，细齿锯同时参加切削的齿数增多，可使每齿担负的锯削量小，锯削阻力小，材料易于切除，推锯省力，锯齿也不易磨损。如锯削工具钢、合金钢等硬材料或小尺寸型钢、钢丝缆绳等薄的材料时应选用细齿锯条。在锯削薄板和薄壁管子时，必须用细齿锯条，以保证在锯削截面上至少有两个以上的锯齿同时参加锯削。否则会因齿距大于板厚，使锯齿被钩住而崩断。

3) 锯削中等硬度的材料用中齿锯条。锯削中等硬度的钢、黄铜、铸铁、厚壁管及大、中尺寸的型钢用中齿锯条。

2. 锯条的安装

锯是在向前推进时才起切削作用，回程时不起切削作用，因此锯条安装应使齿尖朝向前推的方向，如图12-23所示，这样在前推时切割金属，工作平稳且用力方便。如果装反了，则锯齿前角为负值，切削困难，就不能正常锯削了。

锯条的安装

锯条的松紧也要控制适当，它由锯弓上的翼形螺母调节。在调节锯条松紧时，翼形螺母不宜旋得太紧或太松，太紧时锯条受预拉伸力太大，在锯削中用力稍有不当，稍有阻力时就会发生弯曲并崩断；太松则锯削时锯条容易扭曲，也易折断，而且锯出的锯缝容易歪斜。一般用两手指的力能旋紧为止。

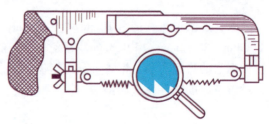

图12-23 锯条的安装方向

其松紧程度可用手扳动锯条，以感觉硬实即可。锯条安装后，要保证锯条平面与锯弓中心平面平行，不得倾斜和扭曲，否则，锯削时锯缝极易歪斜。

3. 手锯的握法

手锯的握法如图12-24所示，右手握锯柄，左手轻扶弓架前端。

4. 锯削的站姿

锯削时的站立位置，应面向台虎钳，站在台虎钳中线的左侧，与台虎钳的距离按大小臂垂直端平锯弓，使锯弓前段能搭在工件上来掌握。然后迈出左脚，使右脚尖到左脚跟的距离约为300mm。左脚与台

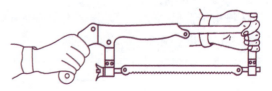

图12-24 手锯的握法

虎钳中线约成30°角，右脚与台虎钳中线约成75°角，如图12-25所示。

当锯削时，身体稍向前倾，与竖直方向约成10°角，此时右肘尽量向后收（图12-25），随着推锯行程的增大，身体逐渐向前倾斜，如图12-26a所示；当行程达2/3时，身体倾斜约18°角，左右臂均向前伸出，如图12-26b所示；当锯削最后1/3行程时，用手腕推进锯弓，身体随着锯弓的反作用力退回到15°角位置，如图12-26c所示；当回程时，取消压力使手和身体都退回到最初位置；锯削频率以20~40次/min为宜。

模块 4　常用钳工工具

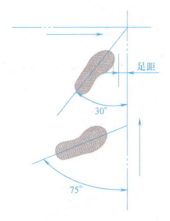

手锯的使用

图 12-25　锯削的站姿

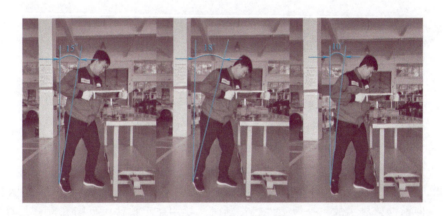

图 12-26　锯削运动姿势

5. 锯削操作

当锯削时，应注意起锯、锯削压力、锯削速度和往返长度。起锯有远起锯和近起锯两种方法，如图 12-27 所示。当起锯时，锯条应对工件表面稍倾斜，有一起锯角 θ（10°～15°），但不宜过大，以免崩齿。为防止锯条滑动，可用手指甲挡住锯条。

当锯削时，锯弓进行往返直线运动，左手施压，右手推进，用力要均匀。当返回时，锯条轻轻滑过加工面，速度不宜太快，当锯削开始和终了时，压力和速度均应减小。当锯硬材料时，应加大压力慢移动；当锯软材料时，可适当加速减压。为减轻锯条的磨损，必要时可加乳化液或全损耗系统用油等切削液。

锯条应利用全部长度，即往返长度应不小于全长的 2/3，以免造成局部磨损。锯缝如歪斜，不可强扭，应将工件翻转 90°重新起锯。

12.3.3　使用手锯的注意事项

1）锯削时可给锯条加油润滑冷却。在锯削钢件时，可加些全损耗系统用油，以减少锯条与锯削断面的摩擦并能冷却锯条，可以提高锯条的使用寿命。

汽车维修常用工具与仪器设备的使用

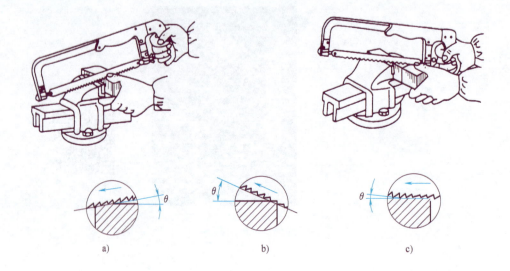

图 12-27 起锯方法
a）远起锯 b）起锯角度过大 c）近起锯

2）锯条安装要松紧适当，用力均匀。锯条要装得松紧适当，锯削时不要突然摆动过大、用力过猛，防止工作中锯条折断，从锯弓上崩出伤人。

3）要及时修整磨光已崩裂的锯齿。当锯条局部几个齿崩裂后，应及时在砂轮机上进行修整，即将相邻的2~3齿磨低成凹圆弧，并把已断的齿部磨光。如不及时处理，会使崩裂齿的后面各齿相继崩裂。

4）当工件将锯断时，用力要小。当工件将锯断时，压力要小，避免压力过大使工件突然断开，手向前冲造成事故。一般工件将锯断时，要用左手扶住工件断开部分，避免掉下砸伤脚。

5）锯削完毕应将锯条放松保存。锯削完毕，应将锯弓张紧螺母适当放松，卸除锯条的张紧力。但不要拆下锯条，防止锯弓上的零件失散，并将其妥善放好。

任务总结

1. 锉刀的分类：按锉齿的大小分类，按锉纹分类，按断面形状分类，按锉刀用途分类，按锉刀的规格分类。

2. 合理选用锉刀对提高锉削效率、保证锉削质量、提高锉刀使用寿命有很大影响。

3. 锉刀的使用方法：锉刀的握法、锉削时的站立姿势、锉削时的动作、锉削时的施力和锉削方法（平面锉削、圆弧面锉削）。

4. 锉刀的使用注意事项。

5. 选择粗细合适的锯条，是保证锯削质量和效率的重要条件。

6. 锯条安装应使齿尖朝向前推的方向。

7. 当锯削时，应注意起锯、锯削压力、锯削速度和往返长度。

8. 要及时修整磨光已崩裂的锯齿。

模块 4　常用钳工工具

9. 锯削时可给锯条加油润滑冷却。
10. 锯削完毕，应将锯弓张紧螺母适当放松，卸除锯条的张紧力。

作　业

完成"学习工作页"任务 12 各项作业。

任务 13　其他钳工工具的使用

学习目标

1. 熟悉其他钳工工具类型。
2. 学会对其他钳工工具进行日常保养。
3. 能选择及安全使用其他钳工工具。
4. 掌握其他钳工工具的使用注意事项。
5. 培养良好的职业道德与安全、环保意识。

任务接受

一台丰田威驰汽车，因空调不制冷进店维修，机电维修组长带领学生进行故障排除，经诊断为空调系统的蒸发器出现泄漏，要拆卸蒸发器必须对汽车仪表进行拆卸，机电维修组长带领学生对仪表进行拆装，使学生掌握螺钉旋具等其他钳工工具的选择和正确使用。

任务接待参见"学习领域 1 汽车维修接待、沟通与管理"。

任务准备

13.1　其他钳工工具准备

其他钳工工具清单见表 13-1。

表 13-1　其他钳工工具清单

名　称	数　量	名　称	数　量
十字螺钉旋具	1 套/5 人	一字螺钉旋具	1 套/5 人
穿心螺钉旋具	1 套/5 人	短柄螺钉旋具	1 套/5 人
两用螺钉旋具	1 套/5 人	精密螺钉旋具	1 套/5 人
Z 形螺钉旋具	1 套/5 人	螺钉旋具批头	1 套/5 人
圆头锤	1 套/5 人	橡胶锤	1 套/5 人

任务实施

13.2　螺钉旋具的使用

13.2.1　螺钉旋具的认识

螺钉旋具俗称改锥或起子或螺丝刀，主要用于旋拧小转矩、头部开有凹槽的螺栓和螺钉。螺钉旋具的类型取决于本身的结构及尖部的形状，除了常用的一字螺钉旋具、十字螺钉旋具，还有梅花螺钉旋具、U形螺钉旋具、六角头螺钉旋具、Y形螺钉旋具和三角形螺钉旋具等，如图13-1所示。

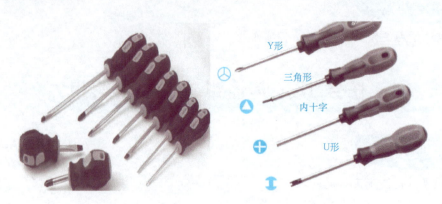

图 13-1　螺钉旋具

13.2.2　螺钉旋具的分类

虽然普通螺钉旋具使用最为频繁，但在不同用途下也需要使用特殊形式的螺钉旋具。

1. 穿心螺钉旋具

利用敲击穿心螺钉旋具可以上紧紧固螺钉，其特点是可用锤子进行敲击、撬和凿等作业，注意，一般只有一字螺钉旋具和十字螺钉旋具具备穿心螺钉旋具的类型，如图13-2所示。

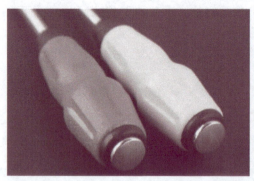 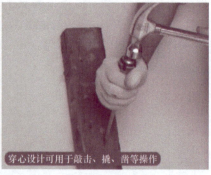

图 13-2　穿心螺钉旋具

2. 方柄或六角头螺钉旋具

使用方柄或者六角头螺钉旋具，可以借助扳手增加螺钉旋具施加的转矩，它可用在需要大转矩的地方，如图13-3所示。

3. 短柄螺钉旋具

使用短柄螺钉旋具，可以方便地在有限的空间内拆

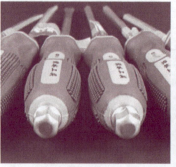 

图 13-3　方柄或六角头螺钉旋具

模块4　常用钳工工具

卸并更换螺丝，如图13-4所示。

4. 精密螺钉旋具

使用精密螺钉旋具，可用以拆卸并更换小零件，如图13-5所示。

5. 两用螺钉旋具

具有一字和十字螺钉旋具的两用螺钉旋具，其特点是刀杆可进行拆卸，如图13-6所示。

图13-4　短柄螺钉旋具

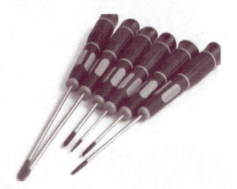

图13-5　精密螺钉旋具

6. Z形螺钉旋具

Z形螺钉旋具一面是一字形，另一面是十字形，如图13-7所示。

图13-6　两用螺钉旋具

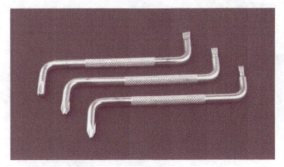

图13-7　Z形螺钉旋具

7. 螺钉旋具批头

螺钉旋具批头套装工具，套装包括多种类型的批头，如图13-8所示。

13.2.3　螺钉旋具的使用

在日常的车辆维修工作当中，常用的螺钉旋具包括十字螺钉旋具、一字螺钉旋具、梅花螺钉旋具和穿心螺钉旋具（冲击螺钉旋具），下面主要以这几种类型的螺钉旋具来介绍螺钉旋具的类型、作用和使用。

螺钉旋具的使用

1. 十字螺钉旋具

（1）十字螺钉旋具的认识　十字螺钉旋具的刀口端面为"十"字形，故称为十字螺钉旋具，其杆部一般带有磁性，用于吸附细小的螺钉，如图13-9所示。

（2）十字螺钉旋具的分类　十字螺钉旋具根据金属杆长度大小和刀头的尺寸大小可分为很多种类，如图13-10所示。

207

汽车维修常用工具与仪器设备的使用

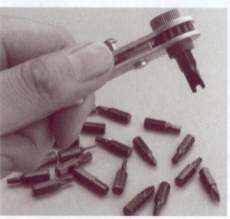

图13-8　螺钉旋具批头套装

图13-9　十字螺钉旋具

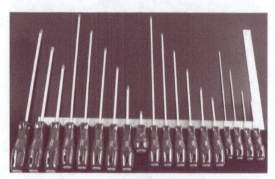

图13-10　十字螺钉旋具的分类

（3）十字螺钉螺旋具的作用　十字螺钉旋具用于十字槽头螺钉的拆卸和安装。

（4）十字螺钉旋具的使用　首先选择规格尺寸与螺钉或者螺丝槽口相吻合的螺钉旋具，图13-11所示为不同的螺钉旋具头。

图13-11　不同的螺钉旋具头

1）用手握持螺钉旋具的手柄，手心抵住柄端，让螺钉旋具口端与螺钉槽口处于垂直吻合状态，如图13-12所示。当开始拧松或最后拧紧时，应用力将螺钉旋具向螺钉方向压紧后再用手腕力拧转螺钉旋具。

2）当螺栓松动后，即可使手心轻压螺钉旋具柄，用拇指、中指和食指快速转动螺钉旋

模块 4　常用钳工工具

具，如图 13-13 所示。

图 13-12　螺钉旋具的操作

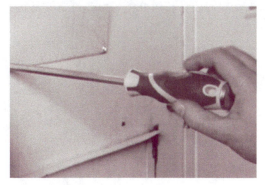

图 13-13　螺钉旋具的使用方法

2. 一字螺钉旋具

（1）一字螺钉旋具的认识　一字螺钉旋具的刀口端面为"一"字形，故称为一字螺钉旋具，如图 13-14 所示。

（2）一字螺钉旋具的分类　一字螺钉旋具根据金属杆长度大小和刀头的尺寸大小可分为很多种类，如图 13-15 所示。

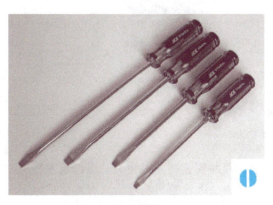

图 13-14　一字螺钉旋具

图 13-15　一字螺钉旋具的分类

（3）一字螺钉旋具的作用　一字螺钉旋具用于单个槽头螺钉的拆卸和安装。

（4）一字螺钉旋具的使用　一字螺钉旋具的使用方法和注意事项与十字螺钉旋具相同。

3. 梅花螺钉旋具

（1）梅花螺钉旋具的认识　梅花螺钉旋具也叫作花形螺钉旋具或者 T 形手柄，与普通螺钉旋具的结构基本相同，主要的差异是其尖部的形状为梅花（六角）形，适用于内六角形的螺钉拆装，如图 13-16 所示。

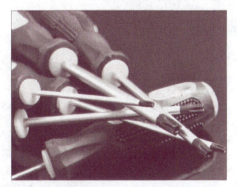

图 13-16　梅花螺钉旋具

（2）梅花螺钉旋具的分类

1）按杆身长短分类。梅花螺钉旋具根据金属杆长度大小和刀头的尺寸大小可分为很多种类，如图13-17所示。

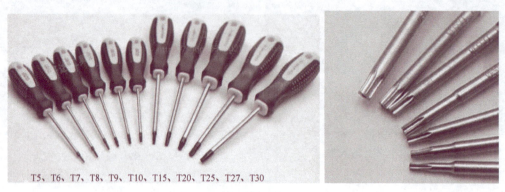

T5、T6、T7、T8、T9、T10、T15、T20、T25、T27、T30

图13-17　梅花螺钉旋具的分类

2）按刀头形状分类。梅花螺钉旋具根据刀头的不同进行分类，可以分为带孔和不带孔的，如图13-18所示。

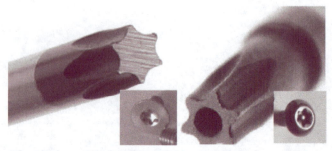

图13-18　按照刀头的不同分类

（3）梅花螺钉旋具的作用　梅花螺钉旋具用于拆卸和安装梅花形槽头的螺钉或者螺栓。

（4）梅花螺钉旋具的使用　梅花螺钉旋具的使用方法和注意事项与十字螺钉旋具相同。

4．穿心螺钉旋具

（1）穿心螺钉旋具的认识　穿心螺钉旋具也叫作冲击螺钉旋具，它的形状与普通螺钉旋具相似，主要的区别是它通常采用高强度铬钒合金钢，把手顶端为可以用于敲击的金属端面，该端面与螺钉旋具金属柄为一体，如图13-19所示。

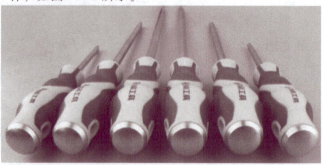

图13-19　穿心螺钉旋具

模块 4　常用钳工工具

（2）穿心螺钉旋具的分类　穿心螺钉旋具一般为十字穿心螺钉旋具和一字穿心螺钉旋具，穿心螺钉旋具根据金属杆长度大小和刀头的尺寸大小可分为很多种类，如图 13-20 所示。

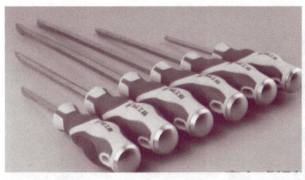

图 13-20　穿心螺钉旋具的分类

（3）穿心螺钉旋具的作用　通过施加在螺钉旋具上的冲击力及手腕施加的扭转力来松动螺钉，如图 13-21 所示。

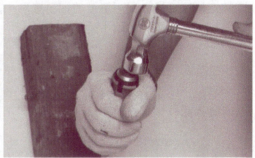

图 13-21　穿心螺钉旋具的作用

（4）穿心螺钉旋具的使用
1）选择合适的刀头尺寸规格与螺丝槽口适合的螺钉旋具。
2）将螺钉旋具垂直放置于螺丝槽口，一手握住螺钉旋具手柄，利用锤子敲击螺钉旋具把手的顶端端面。
3）通过敲击锤子，利用敲击时的冲击力释放螺纹的拧紧力矩，同时利用手腕转动螺钉旋具，使螺钉松动。

13.2.4　使用螺钉旋具的注意事项

1）当选用螺钉旋具时，应先保证螺钉旋具头部的尺寸与螺钉的槽部形状完全配合，选用不当会严重损坏螺钉旋具或者螺钉，如图 13-22 所示。

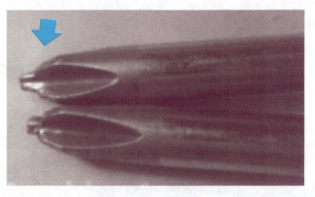

图 13-22　刀头损坏

汽车维修常用工具与仪器设备的使用

2）在使用前应先擦净螺钉旋具柄和口端的油污，以免工作时滑脱而发生意外，使用后也要擦拭干净。

3）拆装时保持螺钉旋具与螺纹呈垂直状态，否则会损坏螺丝或者螺钉旋具。

4）不要把螺钉旋具当作撬棒或錾子使用，如图13-23所示。

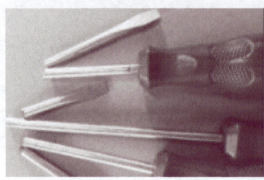

图13-23　螺钉旋具损坏

5）切勿用锂鱼钳或其他工具过度施加转矩，这可能会刮削螺钉的凹槽或损坏螺钉旋具尖头，如图13-24所示。

6）如果一手紧握螺钉旋具，另一手紧握工件，当操作时，螺钉旋具易滑动，容易把手凿伤，因此要把工件固定后，再操作螺钉旋具。

图13-24　螺钉旋具的使用注意事项

13.3　锤子的使用

锤子也称为榔头或手锤，属于锤击类工具。主要用于锤击錾子、冲子等工具或用来敲击工件，使工件变形，产生位移、振动，从而达到校正和整形等目的，因此，可通过敲击来拆卸和更换零件。另外，也可以根据锤击的声音来测试螺栓的松紧度。

锤子的分类

锤子按锤头形状不同可分为圆头锤、方锤和钣金锤等，按锤头材料不同可分为圆头锤、软面锤（木锤、橡胶锤、塑料锤）等，如图13-25所示。铁锤的规格一般用其质量表示，常用的有0.25kg、0.5kg和1kg等。

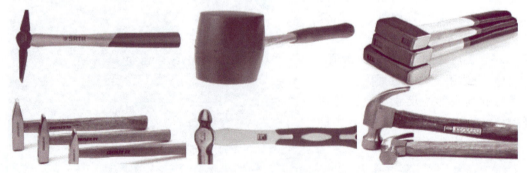

图13-25　锤子的类型

模块 4　常用钳工工具

下面以车辆维修作业常用的圆头锤和软面锤为例，介绍锤子的类型和使用：

13.3.1　圆头锤

1. 圆头锤的认识

铁锤锤头的材料多由碳素工具钢锻制而成，在汽车维修中最常用的就是圆头锤，如图 13-26 所示。

2. 圆头锤的分类

圆头锤一般按锤头的质量进行分类，一般有 0.5lb、0.75lb、1.0lb、1.5lb（"lb"为质量单位：磅）等，根据其重量不同，锤子全长、锤头长、锤头直径等都有区别，如图 13-27 所示。

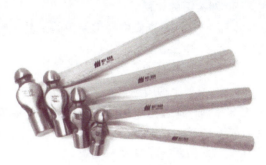

图 13-26　圆头锤

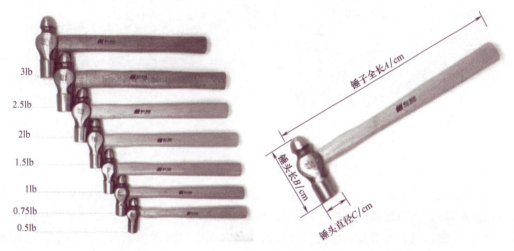

图 13-27　圆头锤的分类及尺寸

圆头锤一般为木制手柄，也有一些的圆头锤是橡胶手柄或者是纤维手柄，如图 13-28 所示。

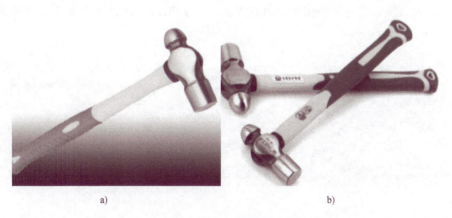

图 13-28　按手柄材质不同分类

a）橡胶手柄圆头锤　b）纤维手柄圆头锤

213

3. 圆头锤的作用

圆头锤是汽车维修中经常使用的工具，锤子的平头一般用来锤击冲头和錾子，圆头用于铆接和锤击垫片。

4. 圆头锤的使用

（1）锤子手柄的选择　多数锤子在购买时就已安装了手柄，如自己选择并安装手柄，应注意手柄的粗细要和锤头的大小相适应，锤头中心线要与锤柄中心线垂直，并且锤柄的最大椭圆直径方向要与锤头中心线方向一致。另外，使用时应根据所要完成的工作任务，选用合适质量的圆头锤。

（2）锤子的握法　锤子的握法主要有紧握法和松握法两种，如图 13-29 所示。

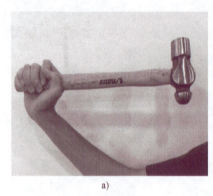
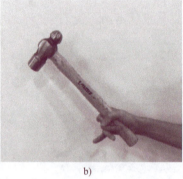

a）　　　　　　　　　　　　b）

图 13-29　锤子的握法

a）紧握法　b）松握法

1）紧握法。右手五个手指紧握锤柄，大拇指合在食指上，虎口对准锤头方向（木柄椭圆的长轴方向），木柄尾端露出 15～30mm。在敲击和挥锤过程中，五指始终紧握锤柄。

2）松握法。只有大拇指和食指始终握紧锤柄，其余三指在挥锤时，按小指、无名指和中指顺序依次放松；在敲击时，又以相反的次序收拢握紧，这种方法的优点是手不易疲劳，且产生的敲击力较大。手握锤柄的位置不要太靠近锤头，而要尽量靠近手柄的末端，因为这样打击时才会更省力、更灵活。

（3）挥锤方法　在实际操作中，根据对加工工件锤击力量的不同要求，挥锤方法有三种，如图 13-30 所示。

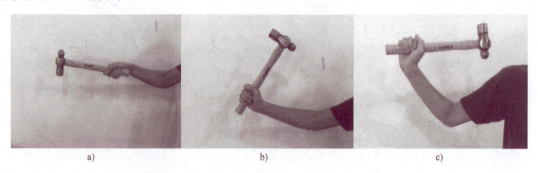

a）　　　　　　　b）　　　　　　　c）

图 13-30　挥锤方法

a）腕挥　b）肘挥　c）臂挥

1)腕挥。挥锤时仅用手腕的动作来进行锤击运动,锤击力小。采用紧握法握锤,一般应用于需求锤击力较小的加工工件。

2)肘挥。挥锤时手腕与肘部一起挥动完成锤击运动,敲击力较大。采用松握法握锤,这是一种常用的挥锤方法。

3)臂挥。挥锤时腕、肘和臂联合动作,锤头要过耳背,锤击力最大。它适用于需要大锤击力的工作。这种方法费力大,较难掌握,但只要掌握了臂挥,其他两种方法也就容易掌握了。

当使用锤子时,眼睛要注视工作物,锤头面要和工作面平行,以确保锤面平整地打在工件上,不得歪斜,避免破坏工件表面形状,也防止锤子击偏,造成人员受伤和设备受损。

5. 使用圆头锤的注意事项

1)使用前要保证锤面及手柄上无油污,以防止在使用过程中锤子自手中滑脱,造成伤人损物的事故。

2)使用前要检查手柄安装是否牢固,有无开裂现象,以防锤头脱出造成事故。如锤松动,可用楔子塞牢,如手柄开裂或断裂,应立即更换新手柄,禁止继续使用。

3)使用外表已损坏了的锤子非常危险,当击打时,锤子上的金属可能会飞出并造成事故。

4)当使用锤子锤击錾子、冲子等工具时,一定要戴防护眼镜。

5)严禁使用铁锤直接锤击配合表面及易损部位,因为铁锤会损坏低硬度材料制成的部件,例如铝制外壳或气缸盖等,这些部位只能使用软面锤。

6. 与锤子配套使用的辅助工具

黄铜棒是使用锤子时常用的辅助工具。黄铜棒用于协助锤子敲击不允许直接锤击工件表面的工件,是防止锤子损坏零件的支撑工具。黄铜棒由黄铜制成,因为黄铜是低硬度材料,在零件还未变形前黄铜就已先变形。

使用时一手握铜棒,将其一端置于工件表面,另一手用锤子锤击铜棒另一端。如果黄铜棒尖头变形,可用磨床研磨,如图13-31所示。

圆头锤的使用注意事项

图13-31 黄铜棒的使用

13.3.2 软面锤

1. 软面锤的认识

软面锤的头部使用非金属软面材料,如图13-32所示。

汽车维修常用工具与仪器设备的使用

2. 软面锤的分类

车辆维修常用的软面锤按其头部材料的不同可分为橡胶锤和塑料锤，很多软面锤为增加惯性在内部装有铅或铜等金属，如图 13-33 所示。

图 13-32　软面锤

图 13-33　软面锤的分类

3. 软面锤的作用

软面锤主要应用在汽车装配过程中，用来击打不允许留下痕迹或易损坏的部位。例如，用于敲击零部件，从而使零件之间形成更好的配合。

4. 软面锤的使用方法

软面锤的使用方法和注意事项与圆头锤相同。

软面锤的使用

任务总结

1. 当选用螺钉旋具时，应先保证螺钉旋具头部的尺寸与螺钉的槽部形状完全配合。
2. 拆装时保持螺钉旋具与螺纹呈垂直状态。
3. 不能把螺钉旋具当作撬棒或錾子使用。
4. 防止螺钉旋具误伤手部。
5. 掌握锤子握法：紧握法、松握法。
6. 掌握锤子的挥锤方法：腕挥、肘挥和臂挥。
7. 使用前要保证锤面及手柄上无油污。
8. 使用前要检查手柄安装是否牢固，有无开裂现象，以防锤头脱出造成事故。
9. 严禁使用铁锤直接锤击配合表面及易损部位。

作业

完成"学习工作页"任务 13 各项作业。

模块 5
常用测量量具与检测仪器

任务 14　尺类测量量具的使用

学习目标

1. 熟悉尺类测量量具类型。
2. 学会对尺类测量量具进行日常保养。
3. 能选择及安全使用尺类测量量具。
4. 掌握尺类测量量具的使用注意事项。
5. 培养良好的职业道德与安全、环保意识。

任务接受

维修车间的某机电班组正在对一台丰田 2JZ 发动机进行大修发动机的量缸作业，维修组长带领学生进行尺类量具的学习，使学生掌握量缸表等尺类测量量具的选择和正确使用。

任务接待参见"学习领域 1 汽车维修接待、沟通与管理"。

汽车维修常用工具与仪器设备的使用

任务准备

14.1 尺类测量量具准备

在汽车修配工作中，会经常进行工件尺寸、配合间隙或磨损量大小的测量，这就需要用到各种不同种类的测量工具。本章以机械测量为主，介绍各种测量用尺和测量仪表的使用方法。

尺类测量量具清单见表14-1。

表14-1 尺类测量量具清单

名称	数量	名称	数量
钢直尺	1套/5人	卷尺	1套/5人
游标卡尺	1套/5人	外径千分尺	1套/5人
高度尺	1套/5人	百分表	1套/5人
塞尺	1套/5人	轮胎花纹深度卡尺	1套/5人
直角尺	1套/5人	塑料间隙规	1套/5人

任务实施

14.2 钢直尺的使用

1. 钢直尺的认识

钢直尺是最简单的长度测量工具，直尺的材质是多种多样的，工程上使用比较多的是钢直尺，用钢材或不锈钢材打造而成，一般用于精度要求不高的场合。

2. 钢直尺的类型

根据使用场合的不同，钢直尺的长度也不尽相同，长度分为150mm、200mm、300mm、500mm等多种规格，汽车修理厂一般用150mm、300mm两种规格的。钢直尺的最小刻度为1mm或0.5mm，精确度能达到0.1mm，如图14-1所示。

3. 钢直尺的使用方法

钢直尺用于测量零件的长度尺寸，在所有的测量工具中，钢直尺的精确度最差。这是由于钢直尺的刻线间距为1mm，而刻线本身的宽度就有0.1~0.2mm，所以测量时读数误差比较大，只能读出毫米数，即它的最小读数值为1mm，比1mm小的数值，只能估计而得。如果用钢直尺直接测量零件的直径尺寸（轴径或孔径），则测量精度更差。其原因是：除了钢直尺本身的读数误差比较大以外，还由于钢直尺无法正好放在零件直径的正确位置。

钢直尺的使用

1）使用钢直尺的时候，以"0"刻线所在一端的边为测量基准，将钢直尺有刻度的一面向上，并使刻度沿着物体放置。

2）在测量过程中，钢直尺要放平，不能前后、左右歪斜，且被测物所在的平面要平整，否则，从尺上读出的数值（测量值）将比被测物体的实际尺寸（真实值）大，如图14-2所示。

3）用钢直尺测量圆柱体的截面直径时，钢直尺的"0"刻线所在的一端要与被测面的边缘相切，然后以"0"刻线的顶点为圆心左右摆动钢直尺，找到的最大尺寸即为所测圆柱体的截面直径，如图14-3所示。

模块 5　常用测量量具与检测仪器

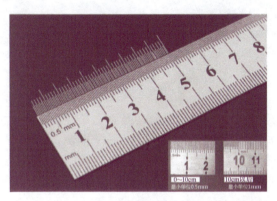

图 14-1　钢直尺的分度值

图 14-2　钢直尺的使用

4）当测量螺母以及直边的部件时，使用钢直尺的效果较好，如图 14-4 所示。

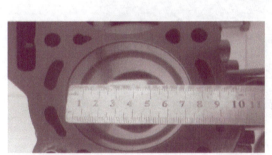

图 14-3　用钢直尺测量圆柱体

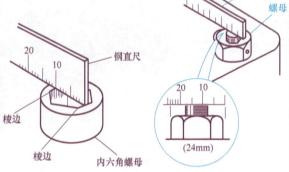

图 14-4　用钢直尺测量内六角螺母和外六角螺母

4. 使用钢直尺的注意事项

1）使用钢直尺前应先检查钢直尺，不允许有影响使用性能的外观缺陷，例如弯折、划痕、刻度断线或看不清等。

2）有悬挂孔的钢直尺，使用后必须用干净棉丝擦干净，然后悬挂起来，使其自然下垂，如果没有悬挂孔，则将钢直尺擦净后平放在平板、平台或平尺上，防止其受压变形，如图 14-5 所示。

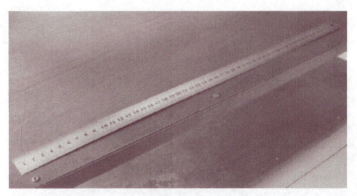

钢直尺使用注意事项

图 14-5　水平放置钢直尺

219

3）如果较长时间不使用，应在钢直尺上涂上防腐蚀油脂。

4）如果钢直尺受压变形，或其他原因使之变形，在使用时应该检查"0"刻线所在端的边与侧边的垂直度、刻度面的平面度，经检查合格后方能使用。

14.3 卷尺的使用

1）卷尺的认识。卷尺是日常生活中常用的量具。大家经常看到的是钢卷尺，建筑和装修常用，也是家庭必备工具之一，在汽车维修作业中常用钢卷尺进行对车轴等的测量。

2）钢卷尺的类型。通常情况下，钢卷尺的刻度单位与钢直尺的刻度单位相同，按照结构的不同，钢卷尺可分为自卷式钢卷尺和制动式钢卷尺，如图 14-6 所示。

图 14-6 钢卷尺

钢卷尺是由一条薄的富有弹性的金属带制成的，其整条金属带上刻有长度标记，其总长度有 3m、5m、10m、15m、20m 和 30m 等类型。

3）钢卷尺的作用。钢卷尺又称为挠性尺或拉尺，主要用来度量较长的长度、圆周或弯曲表面的长度。

4）钢卷尺的使用。下面以测量某一部件为例，介绍钢卷尺的使用方法：

① 选择合适尺寸的钢卷尺，如图 14-7 所示。

② 松开制动按钮，如图 14-8 所示。

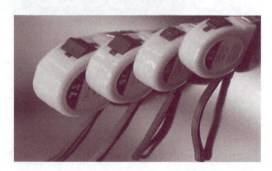

图 14-7 选择合适尺寸的钢卷尺

卷尺的使用

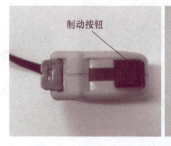 

图 14-8 松开制动按钮

模块5 常用测量量具与检测仪器

③ 选择测量位置,将尺爪挂住一边的测量位置,缓慢拉出钢卷尺,如图14-9所示。

④ 确保钢卷尺上下、左右与测量面接合完好,锁住钢卷尺,读取测量值,如图14-10所示。

图14-9 选择测量位置

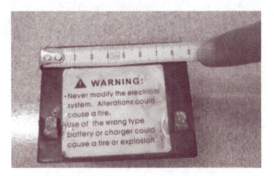

图14-10 读取测量值

5)钢卷尺通常用来测量长度超过1m的部件,在使用和保养上应注意以下几点:

① 使用前首先要检查钢卷尺的各个部位,对自卷式和制动式钢卷尺来说,当拉出和收卷尺带时,应轻便、灵活和无卡住等现象。

② 制动式钢卷尺的按钮装置应能有效地控制尺带收卷,不得有阻滞和失灵现象,如图14-11所示。

③ 尺带表面不得有锈迹和明显的斑点和划痕,如图14-12所示,线纹应清晰。

④ 使用钢卷尺应以"0"刻线处为测量基准,这样便于读数,如图14-13所示。在生产中经常看到有人使用截断了一节的钢卷尺测量物品尺寸,这样用法虽然允许,但是要特别注意其起始端刻度的数字,不然在读数时会读错。

⑤ 当使用钢卷尺测量时,不得前后、左右歪斜,而且要拉紧尺带,如图14-14所示。

卷尺的使用
注意事项

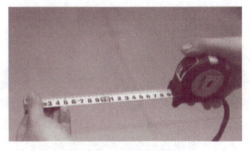

图14-11 缓慢拉出卷尺

图14-12 禁止使用带锈迹的钢卷尺

⑥ 钢卷尺的尺带一般镀有铬、镍或其他涂料,所以要保持清洁,测量时不要与被测表面摩擦,以防划伤。

221

汽车维修常用工具与仪器设备的使用

图 14-13　以 "0" 刻度线为基准

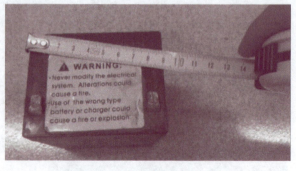

图 14-14　禁止前后、左右歪斜

⑦ 使用自卷式或制动式钢卷尺，拉出尺带时不得用力过猛，而应缓慢拉出，用毕也应让它缓慢退回。对于制动式钢卷尺，应先按下制动按钮，然后徐徐拉出尺带；用毕后按下制动按钮，尺带自动收卷，当尺带自动收卷时，应防止其伤人。制动按钮如图 14-15 所示。

⑧ 尺带只能卷，不能折，不允许将钢卷尺放在潮湿和有酸类气体的环境中，以防锈蚀。

图 14-15　制动按钮

14.4　游标卡尺的使用

14.4.1　游标卡尺的认识

游标卡尺简称为卡尺，若从背面看，游标是一个整体，游标卡尺由尺身和附在尺身上能滑动的游标两部分构成，尺身上有主刻度尺，滑动量爪上有游标刻度尺。游标卡尺的尺身和游标上有两副活动量爪，分别是内测量爪和外测量爪，内测量爪通常用来测量内径，外测量爪通常用来测量长度和外径，其结构如图 14-16 所示。

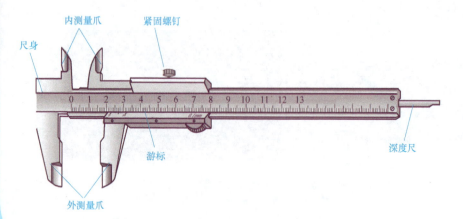

图 14-16　游标卡尺的结构图

游标卡尺的结构与分类

数显式游标卡尺的结构

14.4.2 游标卡尺的分类

1. 按照分度值分类

游标卡尺的尺身一般以 mm 为单位，而游标上有 10 个、20 个或 50 个分格，根据分格的不同，游标卡尺可分为 10 分度游标卡尺、20 分度游标卡尺、50 分度游标卡尺等，游标为 10 分度的量程为 9mm，20 分度的有 19mm，50 分度的有 49mm，如图 14-17 所示。它们的区别如下：

1）游标上有 10 个刻度的表示每一刻度为 0.1mm。
2）游标上有 20 个刻度的表示每一刻度为 0.05mm。
3）游标上有 50 个刻度的表示每一刻度为 0.02mm。

 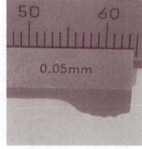 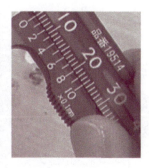

图 14-17　按分度值分类

2. 按照游标卡尺长度分类

按照游标卡尺能够测量的量程分类，有多种规格，常见的有 0～150mm、0～200mm、0～300mm 三种，如图 14-18 所示。

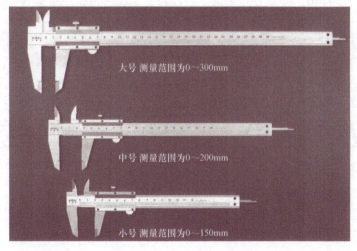

图 14-18　按测量量程分类

3. 按照数值显示方式分类

按照数值显示方式分类常见的有刻度机械式、数显式和指针式三种，如图 14-19 所示。

4. 其他类型的游标卡尺

有一些游标卡尺是专门用来测量内径的，如汽车制动鼓的测量等，其量爪结构如

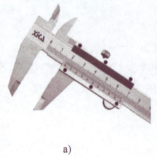 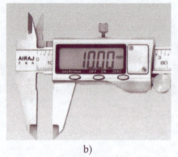 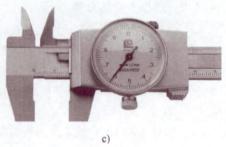

图 14-19　按数值显示方式分类
a）刻度机械式　b）数显式　c）指针式

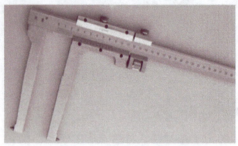

图 14-20　内径专用测量卡尺

图 14-20 所示，这种游标卡尺的好处是不受被测物体内径边缘凸起的影响。

14.4.3　游标卡尺的作用

游标卡尺是一种可用于测量各种长度、内外径、深度的精密测量量具，游标卡尺也叫作四用卡尺，如图 14-21 所示。

14.4.4　游标卡尺的使用方法

下面以分度值为 0.02mm 的刻度机械式游标卡尺为例，介绍其使用方法：

游标卡尺的使用 1　　　　游标卡尺的使用 2　　　　数显式游标卡尺的使用

1）用干净的无纺抹布清洁游标卡尺的量爪和被测件的表面。

2）测量前测定量爪的密合状态。尺身和游标的量爪必须完全密合。内径测定用量爪在密合状态下，能够看到少许光线表示密合良好；反之，如果穿透光线很多，则表示量爪密合不佳，如图 14-22 所示。

3）零点校正。当量爪密切结合后，尺身和游标零点必须相互一致才是正确的，如图 14-23 所示。

4）检查游标的移动状况。游标必须能够在尺身上轻轻地移动而不会发出声音才行。

5）当测量外径时，把要测量的物件放在两个量爪之间，轻轻移动滑动量爪，直到两个爪子都接触到被测物件为止，拧紧紧固螺钉，然后用右手拇指轻压游标卡尺，同时使测定工

模块 5　常用测量量具与检测仪器

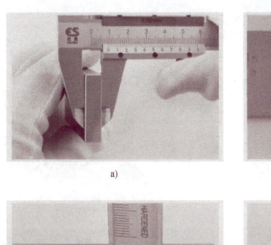
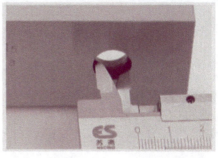
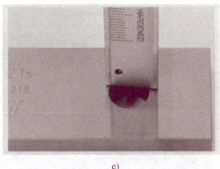

图 14-21　游标卡尺的作用

a）外径测量演示　b）内径测量演示　c）深度测量演示　d）阶差测量演示

件和游标卡尺保持垂直状态，锁定紧固螺钉，如图 14-24 所示。

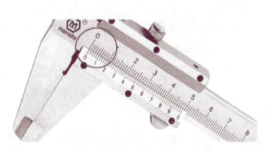

图 14-22　检查量爪的密合状态　　　图 14-23　零点校正

6）当测量部件内径尺寸时，首先是用拇指轻轻拉开游标，并使尺身量爪与测定部件保持正确的接触，左右移动游标卡尺，当达到最大尺寸时，锁定紧固螺钉，读取读数，如图 14-25 所示。

7）当用游标卡尺测量部件的深度时，移动游标，使用深度卡尺的长度大于被测部件的深度，然后将深度卡尺的尾部顶住基准面，移动主尺身，直到与被测部件的另一基准面接触为止，锁定紧固螺钉，读取测量数据，如图 14-26 所示。

8）读取测量值。当读数时，首先读出游标零线左边与主刻度尺身相邻的第一条刻线的整毫米数，即测得尺寸的整数值，读数为 13.00mm，如图 14-27 所示。

图 14-24　测量部件外径

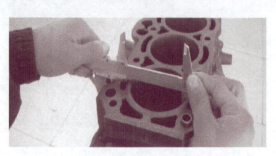

图 14-25　测量部件内径

图 14-26　测量部件深度

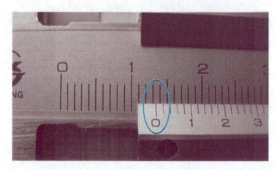

图 14-27　读取尺身整数值

9）再读出游标上与主刻度尺刻度线对齐的那一条刻度线所表示的数值，即为测量值的小数，图 14-28 所示为 0.44mm。

10）把从尺身上读得的整毫米数和从游标上读得的毫米小数加起来，即为所测部件测得的实际尺寸。

$$13.00mm+(0.02\times 22)mm = 13.00mm+0.44mm = 13.44mm$$

14.4.5　游标卡尺的读数

下面以最小刻度为 0.05mm 的游标卡尺读数

上面一排刻度是游标卡尺的主刻度尺，下面一排刻度是游标刻度尺，其最小刻度为 0.05mm，如图 14-29 所示。

图 14-28　读取小数值

图 14-29　游标卡尺读数

主刻度尺是以 mm 来划分刻度的，每 1cm 分为 10 个刻度，在厘米刻度上标有数字 1、2、3 等。游标刻度尺上有 20 个刻度，每四个刻度标有数字 2、4、6 等。

模块 5　常用测量量具与检测仪器

第一步：读出游标零线左边与尺身相邻的第一条刻线的整毫米数为测得尺寸的整数值为 26.00mm。

第二步：读出游标上与主刻度刻线对齐的那一条刻线所表示的数值，即为测量值的小数为 0.40 mm。

第三步：把从尺身上读得的整毫米数和从游标上读得的毫米小数加起来，即为测得的实际尺寸，即

$$26.00mm+(0.05×8)mm = 26.00mm+0.40mm = 26.40mm$$

14.4.6　使用注意事项及保养

游标卡尺是一种精密的测量工具，要想长时间保持精度，就要小心使用和保存。

游标卡尺使用注意事项

1) 测量前，应将游标卡尺清理干净，并将两量爪合并，检查游标卡尺的分度值情况，在使用之后应清除灰尘和杂物，如图 14-30 所示。

 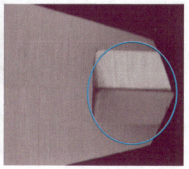

图 14-30　清洁检查表身

2) 当测量时，工件与游标卡尺要对正，测量位置要准确，两量爪要与被测工件表面贴合，不能歪斜，并掌握好两量爪与工件接触面的松紧程度，不能过紧，也不能过松，如图 14-31 所示。

3) 当读数时，要正对游标刻度线，看准对齐的刻度线，目光不能斜视，以减小读数误差。

4) 游标卡尺用完后，一定要把它放回盒子里，并放在不受冲击以及不易掉下的地方。

5) 如果游标卡尺受潮，可在使用后在卡尺上涂少量的润滑油。

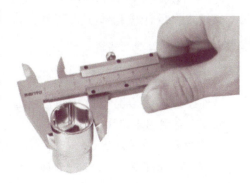

图 14-31　测量要求

6) 不允许把游标卡尺放在温度高的地方，这可能影响它的分度值。

7) 不允许敲击和撞击游标卡尺。

8) 不允许把游标卡尺作为钳子使用。

14.5　高度尺的使用

1. 高度尺的认识

高度尺也被称为高度游标卡尺，其形态和结构如图 14-32 所示。

2. 高度尺的分类

1）按照高度尺的量程不同，通常有 0~300mm、0~500mm、0~1000mm、0~1500mm、0~2000mm 五种规格，如图 14-33 所示。

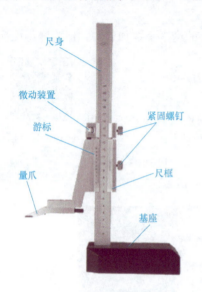

图 14-32　高度尺的结构图

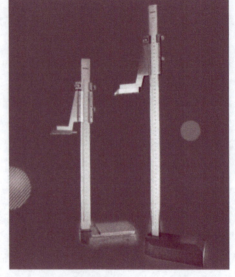

图 14-33　按照量程分类

高度尺的结构和分类

2）根据使用情况的不同分为单柱式和双柱式，双柱式主要用于较精美或测量范围较大的场合，如图 14-34 所示。

3）根据数据显示方式的不同可分为刻度机械式、指针式和数显式三种，如图 14-35 所示。

3. 高度尺的作用

高度尺的主要用途是测量工件的高度，另外还经常用于测量形状和位置公差尺寸，有时也用于划线。

4. 高度尺的使用方法

1）测量、清洁被测工件的表面，检查量爪是否有磨损。

2）将高度尺底座擦净，放置在清洁平整的平台上，装好并紧固量爪，用一只手按住底座，另一只手调整游标和量爪，使量爪测量面与平台轻轻接触，检查游标上的"0"刻线是否与尺身上的"0"刻线对齐，如图 14-36 所示。

3）当使用高度尺划线时，将被测工件沿高度方向垂直地放置在平台上，移动尺框，将测量爪移动到所需高度，锁紧紧固螺丝，将划线头与工件表面接触后，根据划线要求移动基座进行划线。

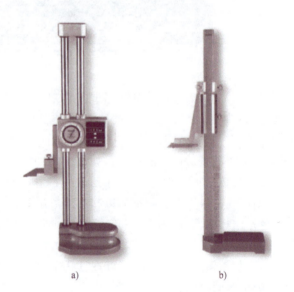

图 14-34　按照使用情况不同分类
a) 双柱式高度尺　b) 单柱式高度尺

高度尺的使用

模块 5　常用测量量具与检测仪器

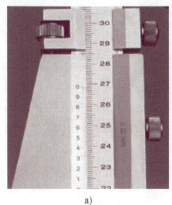
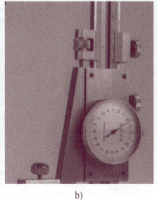

a)　　　　　　　　　　　　b)　　　　　　　　　　　　c)

图 14-35　按照数据显示方式不同分类

a) 刻度机械式　b) 指针式　c) 数显式

4) 当使用高度尺标高时，将被测工件沿高度方向垂直地放置在平台上，移动尺框，将测量爪移动到被测工件顶部并使量爪底部平面与被测工件顶部紧密接触，锁紧紧固螺钉，如图 14-37 所示。

图 14-36　零位校准　　　　　　　　　图 14-37　测量工件高度

5. 高度尺的读数

高度尺的读数方法与游标卡尺相同，请参考章节 14.4 关于游标卡尺读数方法的相关内容。

6. 使用高度尺的注意事项

高度尺精度较高，使用时需要注意以下几点：

1) 高度尺摆放的平面应该整洁干净，并尽量水平。
2) 使用高度尺前需检查高度尺的外观是否有缺陷，表盘刻度是否清晰，游标滑动是否顺畅，紧固螺钉是否紧固等。
3) 使用高度尺前检查零刻度是否对齐，若没有对齐则需要校对。
4) 当读数时，应使视线正对刻度线，避免读数误差太大。
5) 不要测量锻件、铸件和运动工件表面，以免损坏高度尺。
6) 高度尺的测量爪非常锋利，使用时注意避免割伤。

高度尺的使用注意事项

229

7）长期不用的高度尺应擦干净后上油，放入盒中保存。

14.6 千分尺的使用

14.6.1 外径千分尺的认识

外径千分尺常简称为千分尺，也叫作螺旋测微计，它是比游标卡尺更精密的长度测量量具，外径千分尺是精密测量仪器，它的分度值一般能达到 0.001mm，而游标千分尺的分度值可达 0.01mm，外径千分尺与其他测量仪器一样，必须妥善使用，以保持其精度，避免被损坏。外径千分尺一般以组件形式提供给测量人员，如图 14-38 所示。

外径千分尺由尺架、固定测砧、测微螺杆、锁紧装置、微分套筒、测力装置（棘轮装置）、固定套筒、隔热装置等组成，如图 14-39 所示。固定套筒上刻有刻度，测轴每转动一周即可沿轴方向前进或后退 0.5mm。活动套筒的外圆上刻有 50 等份的刻度，在读数时每等份为 0.01mm。

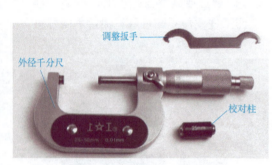

图 14-38 外径千分尺组件

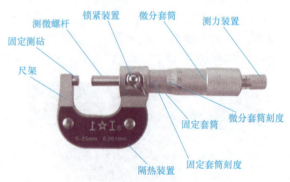

图 14-39 外径千分尺的结构图

14.6.2 千分尺的分类

1. 按测量功能分类

按照测量功能进行分类，千分尺可分为外径千分尺、内径千分尺和深度千分尺三种，其中常用的是外径千分尺，如图 14-40 所示。

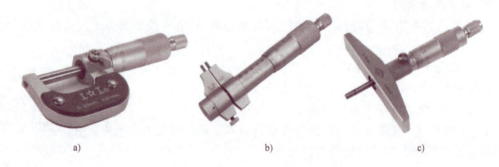

图 14-40 按照测量功能分类
a）外径千分尺 b）内径千分尺 c）深度千分尺

2. 按照数据显示方式分类

按照数据显示方式不同，可分为刻度机械式、指针式和数显式三种，其中常用的就是刻

模块 5　常用测量量具与检测仪器

度式，如图 14-41 所示。

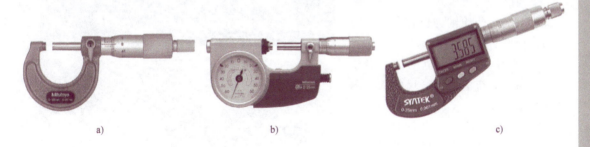

图 14-41　按照数据显示方式分类
a) 刻度机械式　b) 指针式　c) 数显式

3. 按照测量量程分类

按照测量量程进行分类，可分为 0~25mm、25~50mm、50~75mm、75~100mm、100~125mm 多种尺寸规格，如图 14-42 所示。

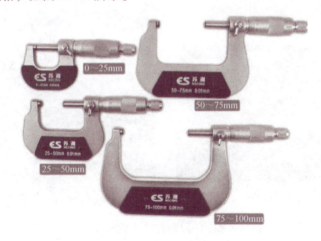

图 14-42　按照测量量程分类

14.6.3　外径千分尺的作用

外径千分尺用于测量各种汽车零部件或者其他工件的长度和宽度、各种圆形物体的外径，如图 14-43 所示。

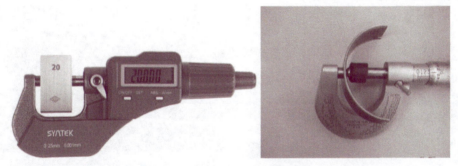

图 14-43　外径千分尺的作用

231

14.6.4 外径千分尺的使用方法

下面以刻度机械式外径千分尺测量发动机气门凸轮轴为例,介绍千分尺的使用方法:

1)选择合适尺寸范围的外径千分尺,用无纺布清洁千分尺的固定测砧和测微螺杆。

2)校核"0"点。将配套的校对柱置于固定测砧与测微螺杆之间(注意量程为0~25mm的外径千分尺不需要校对柱),使用与外径千分尺配套的调整扳手(校准扳手)扳动固定套筒上的小孔,可校核"0"点,如图14-44所示。

图14-44 外径千分尺校零

3)清洁凸轮轴被测部位的表面,去除油污或者灰尘,如图14-45所示。

4)测量时用手握住外径千分尺的弓架隔热装置部分,将被测面轻轻顶住固定测砧,转动微分套筒,使得测微螺杆向前推进,如图14-46所示。

图14-45 清洁测量面　　　图14-46 放置外径千分尺

5)当测微螺杆与其中一个测量面刚好接触时,旋转测力装置进行微调,使两个砧端夹住被测部件,然后再旋转限荷棘轮一圈左右,当听到"咔咔"2~3声响声后,就会产生适当的测定压力,如图14-47所示。

6)拧紧锁紧装置,取下外径千分尺读数。为防止因视差而产生误读,最好让眼睛视线与基准线成直角后再读取读数,如图14-48所示。

图14-47 微调外径千分尺　　　图14-48 读取测量值

14.6.5 外径千分尺的读数

一把外径千分尺有两个刻度盘：一个在固定套筒上，固定套筒上有主刻度尺和一根基准线。另一个在微分套筒上，如图14-49所示。

固定套筒上的主刻度尺有整毫米（1.00mm）和半毫米（0.5mm）两种刻度。整毫米刻度是标在基准线上面的，每隔五个刻度用0、5、10等数字标记；半毫米的刻度是标在基准线下面的。

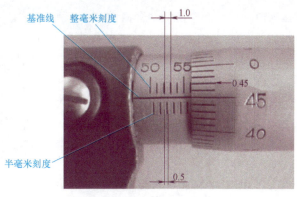

图14-49　外径千分尺刻度

在微分套筒的圆周上标有50个刻度，每个刻度表示百分之一毫米（0.01mm）。所以，微分套筒转一整圈表示50×0.01mm，就是0.50mm。因此，微分套筒转一整圈，它将沿着主刻度尺运动0.50mm，这就是半毫米的刻度。

当外径千分尺读数时，主刻度尺要读到微分套筒边缘以左，再把微分套筒上的读数加上去，其步骤如下：

第一步：先读微分套筒左边的主刻度尺上看得见的整毫米刻度，图14-49所示为55.00mm。

第二步：若基准线下面的一个刻度露出，就把半毫米刻度加到上面读出的读数上；如果未露出，则不加。图14-49所示为55.00mm+0.50mm=55.50mm。

第三步：读出微分套筒上与固定套筒的基准线对齐的那条刻度线数值，即为不足半毫米的测量值，图14-49所示为45×0.01mm=0.45mm。

第四步：把三个读数加起来，即为测得的实际尺寸数值，图14-49中的测量值应为55.00mm+0.50mm+0.45mm=55.95mm。

类似地，图14-50所示的外径千分尺刻度表示的读数为55.00mm+0.01mm=55.01mm。

图14-50　外径千分尺刻度

14.6.6 使用外径千分尺的注意事项及保养

外径千分尺是精密的测量工具，在使用过程中应注意的要点如下：

1) 用外径千分尺测量工件前，应清洁外径千分尺的工作面和工件的被测表面，不允许有任何污物。

2) 严禁在毛坯工件上、正在运动着的工件或过热的工件上进行测量，以免影响外径千分尺的分度值或测得的尺寸精度。

3) 使用前检查零刻度是否对齐，如果没有对齐，应先进行零位校对。当误差在

0.02mm 以下时,把调整扳手的前端插入固定套筒内,转动套筒使活动套筒的"0"刻线和套筒上的基准线对齐,经几次调整后,再进行零点检查,若还有偏差则根据上述方法再次调整,如图 14-51 所示。

当误差在 0.02mm 以上时的调整步骤如下:

① 使用调整扳手紧固活动套筒和测轴,如图 14-52 所示。

② 松解测力装置(棘轮螺钉),转动微分套筒,大致调整零点的偏差在 0.02mm 以下后,紧固测力装置(棘轮螺钉),如图 14-53 所示。

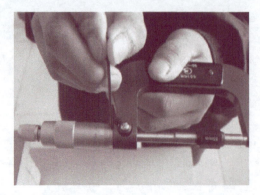

图 14-51 误差小于 0.02mm 的调整

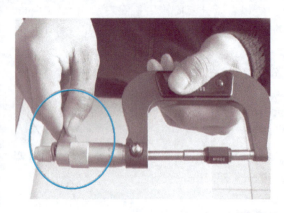

图 14-52 紧固活动套筒和测轴

图 14-53 调整零点的偏差在 0.02mm 以下

③ 再次进行零点校正,确定误差在 0.02mm 以下后,再按前项利用固定套筒进行微调,如图 14-54 所示。

4)不要试图测量不平的表面。

5)在读数之前确定外径千分尺是否固定,对测微螺杆不要施加过高的压力。

6)轻拿轻放外径千分尺,不要把外径千分尺放在有灰尘和液体的地方。

7)在读数期间保持外径千分尺的平直。

8)不准把外径千分尺当作卡钳使用。

9)不准拿着微分套筒快速转动,以防止测微螺杆加速磨损或两测量爪相互猛撞,将螺纹副撞伤。

10)对于老式结构的外径千分尺,不准拧松后盖,如果后盖松动了必须校对"0"位后再使用。

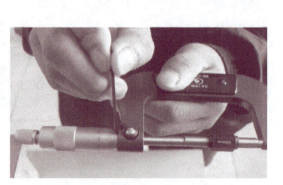

图 14-54 固定套筒进行微调

模块5 常用测量量具与检测仪器

11）要防止磨石、砂布等硬物损伤外径千分尺的测量面、测微螺杆等部位。

12）不要把外径千分尺放在容易掉下和受冲击的地方，当外径千分尺万一掉在地上或者硬物上时，应立即检查外径千分尺各部位的相互作用是否符合要求，并校对其"0"位。

13）不要企图调整外径千分尺，除非对调整已接受培训。

14）根据外径千分尺的检测规则，不要超过它的尺寸范围。

15）当用完外径千分尺后，必须进行清洁，并放回到盒子里面。

16）当不用外径千分尺时，在测微螺杆和固定测砧之间应留有一定间隙。

17）如果较长时间不使用，应该在测量面和测微螺杆上涂防护油，而且两个测量面不要相互接触，不得将外径千分尺放在高温、潮湿、有酸和磁性的地方。

18）外径千分尺要实行周期检查，检查周期长短要看使用的情况而定。

14.7 百分表的使用

14.7.1 百分表的认识

百分表是利用精密齿条齿轮机构制成的表式通用长度测量工具。其主要构造由表体部分、传动系统和读数装置三个部件组成，其中包括测头、测量杆、套筒、表圈、表体、表盘及指针等，如图14-55所示。

百分表的圆表盘上印制有100个等分刻度，即每一分度值相当于测量杆移动0.01mm。若在圆表盘上印制有1000个等分刻度，则每一分度值为0.001mm，这种测量工具即称为千分表。

当一个轻的压力作用在百分表的

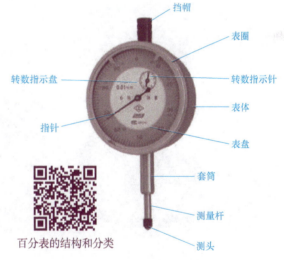

图14-55 百分表的结构图

测头上时，百分表的测量杆向内移动，其齿条带动表中的指针旋转，因而可从指针旋转的刻度读出测量杆移动的距离，其内部结构如图14-56所示。

当测量杆移动1mm时，指针转一周，由于表盘上共刻100格，所以大指针每转一格表示测量杆移动0.01mm。当测量杆移动距离超过1mm时，也就是在指针移动一圈时，毫米指针也就是小指针将移动一格，测量杆移动的毫米量由毫米指针表示，通过大小指针的读数，就可得知被测尺寸，如图14-57所示。

14.7.2 百分表的分类

1. 按照测量功能分类

当百分表改变测头形状并配以相应的支架，改变其测量功能，可制成百分表的变形品种，如厚度百分表、深度百分表和内径百分表等，如图14-58所示。

2. 按照驱动装置不同分类

如用杠杆代替齿条可制成杠杆百分表和杠杆千分表，其示值范围较小，但灵敏度较高。

如图 14-59 所示。此外，它们的测头可在一定角度内转动，能适应不同方向的测量，结构紧凑，它们适用于测量普通百分表难以测量的外圆、小孔和沟槽等的形状和位置误差。

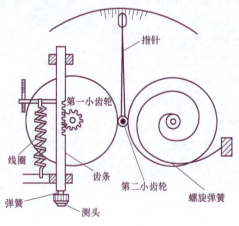

图 14-56　百分表内部结构原理

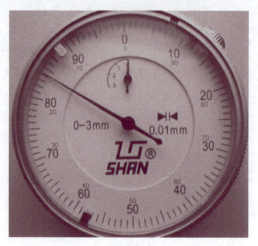

图 14-57　表盘

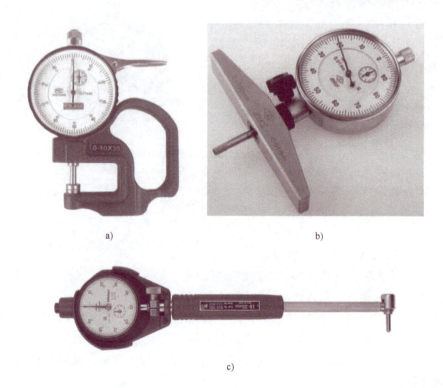

图 14-58　按照测量功能分类

a）厚度百分表　b）深度百分表　c）内径百分表

3. 按照测量量程范围不同分类

按照测量量程范围不同可分为 0~3mm、0~5mm、0~10mm 三种尺寸规格，如图 14-60 所示。

模块 5　常用测量量具与检测仪器

图 14-59　杠杆百分表

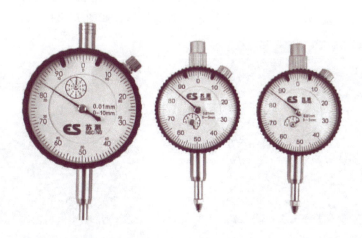

图 14-60　按照测量量程分类

14.7.3　百分表的作用

百分表是一种长度测量工具,主要用于测量一些小尺寸或测量工件的几何形状和位置误差。

14.7.4　百分表的使用方法

在日常的车辆维修中,常用的是百分表,千分表比较少用到,在本章节中以测量曲轴圆跳动为例,介绍百分表的使用方法。

1) 选择合适尺寸范围的百分表,用手触碰测头,观察表针是否能够正常回位。

2) 安装磁性表座,磁性表座的结构如图 14-61 所示。

将磁性表座置于工作台上,磁性表座的磁力开关打开至"ON",磁性表座吸附在工作台上,如图 14-62 所示。

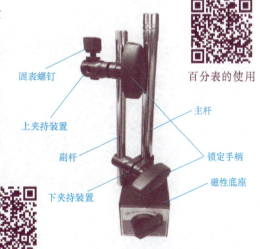

图 14-61　磁性表座的结构

237

汽车维修常用工具与仪器设备的使用

图 14-62　安装磁性表座

3）安装百分表到磁性表座的尾部夹持装置上，并清洁测头，如图 14-63 所示。

4）先将曲轴的两端支撑在检测平板上的槽中，清洁测量面，然后将百分表固定在磁性支架上，调整百分表测头，使其垂直顶住中央的轴颈部，如图 14-64 所示。

图 14-63　安装百分表　　　　　　　　　图 14-64　放置百分表

5）稍微松开主杆与副杆之间的夹持装置，下压百分表使得大表针转动 0.5~1.0mm，从而获得预压量，锁紧夹持装置，然后进行"0"位校准，使得大表针对准零位刻度线，如图 14-65 所示。

图 14-65　调整百分表

6）接着匀速缓慢地转动曲轴，观察百分表的指针摆动情况。如果曲轴有微小的弯曲，百分表就会将它放大在刻度盘上显示出来，通过观察读取最大的摆动量，如图 14-66 所示。

模块 5　常用测量量具与检测仪器

14.7.5　使用注意事项及保养

百分表是灵敏的测量工具,在使用时应特别小心,使用时的注意事项如下:

1)所使用的百分表必须在检定周期内,并检查其外观和各部位合格后方能使用。

2)测量前,首先把测头、测量杆、套筒和表盘以及被测件擦净,夹紧百分表的装夹套筒后,测量杆应能平稳、灵活地移动,无卡住现象,如图14-67所示。

图 14-66　读取测量值

 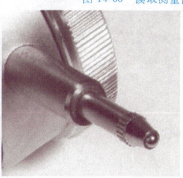

图 14-67　检查百分表各组件

3)装夹后在未松开紧固套之前,不得转动表体,如需要把百分表转动方向时,必须先松开夹持装置。

4)磁性表座如果放在有油的机架上面,磁性表座会发生微量滑动,影响测量结果,如遇这种情况,可将一张吸油的纸放在机架上,然后再把磁性表座放在纸上。

5)百分表只能检测光滑机械表面,不要用于测量毛坯的粗糙表面或有显著凹凸的表面,否则会损伤测头。

6)当测量平面时,测量杆要与被测面垂直,否则不仅测量误差大,而且有可能会把测量杆卡住不能活动,损坏百分表,如图14-68所示。

当测量圆柱形工件时,测量杆的中心线要垂直地通过工件的轴心线,如图14-69所示。

 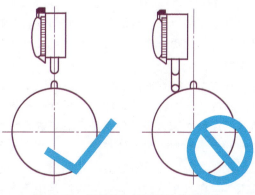

图 14-68　测量杆没有垂直于被测面　　　图 14-69　测量杆与被测件轴线要垂直

7）当测量时，先把测量杆提起，再把工件推到测头下面，不得把工件强迫推入到测头下，防止把测头撞坏。

8）不允许把测头压到尽头，以防止百分表被损坏，如图14-70所示。

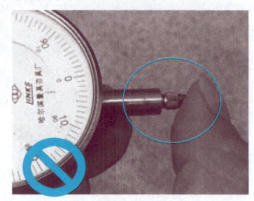

图14-70　禁止过度压百分表

9）要轻拿轻放，不要过多地拨动测头，使它做无效的运动，以防机件不必要的磨损。

10）不要使百分表受到剧烈振动，不得敲打百分表的任何部位。

11）用完后要把百分表擦净放回盒内，但不得在测量杆上涂凡士林或其他油类，否则会使测量杆和套筒黏结，造成移动不灵活，如图14-71所示。

12）当不使用时，应让测量杆自由放松，使百分表处于自由状态，避免其内部机件受到外力作用，以保持精度。

图14-71　收回百分表

13）百分表应放置在干燥、无磁性、无酸性的地方保存。

14）百分表要严格实行周期检查。

14.8　量缸表的使用

1. 量缸表的认识

汽车发动机在运行达到一段时间或者行驶里程数之后，会出现气缸磨损，从而导致发动机的功率和扭矩下降，这时就需要对发动机进行相应的检查，通过检查判断发动机是否要进行大修。

在发动机拆检的过程中，气缸测量是检测发动机气缸磨损的重要手段，主要是通过量缸表测出缸径的实际尺寸，然后与标准缸径进行比较，以得出磨损量、气缸变形程度和气缸与活塞的配合间隙，进而判断是否需要进行大修作业。对提高发动机修理质量以及发动机的动力性和经济性都有很大的作用。

量缸表也叫内径百分表，是利用百分表制成的测量仪器，也是用于测量孔径的比较性测量工具。在汽车维修中，量缸表通常用于测量汽缸的磨耗量及内径，以及轴承座孔的圆度、圆柱度误差或零件磨损情况。如图14-72所示为量缸表的结构组成，其组成部分有百分表、

模块 5　常用测量量具与检测仪器

绝缘套（绝缘手柄）、表杆、固定测头（护桥式测头）、

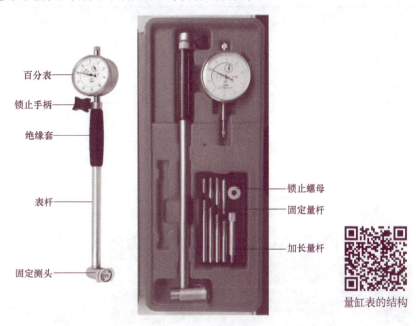

图 14-72　量缸表结构

2. 量缸表的类型

量缸表根据生产厂家不同，其规格、尺寸也有所区别，如图 14-73 所示。

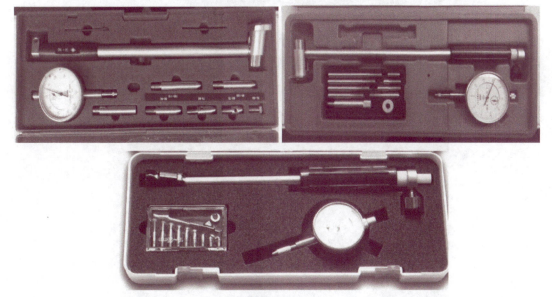

图 14-73　量缸表

表 14-2 所示为某一品牌百分表的尺寸规格。

3. 百分表的使用

在本章节中我们以测量发动机气缸缸径为例，介绍量缸表的使用方法。

（1）选择合适尺寸范围的量缸表，如图 14-74 所示。

表14-2 百分表规格尺寸

产品编号	测量范围	分度值	测量深度	备注
NBG-9	4-10		40	
NBG-10	5-10		35	
NBG-1	6-10		40	
NBG-2	10-18		100	
NBG-3	18-35		125	
NBG-4	35-50	0.01	150	GB/T 8122
NBG-5	50-100		150	
NBG-6	50-160		150	
NBG-11	50-160（加长70）		185	
NBG-7	160-250		250	
NBG-8	250-450		250	
NBG-12	450-650		230	

量缸表的使用

图14-74 选择合适的量缸表

（2）检查量缸表的性能。

1）检查百分表的性能。用手触碰测量头，观察表针是否能够正常回位，并确认其尺寸规格为：量程10mm，分度值为0.01mm，如图14-75所示。

图14-75 检查百分表性能

2）检查固定测头（护桥）的状态，如图14-76所示。用手顺时针旋转，确认固定测头已经紧固，否则会影响测量的结果。

模块 5　常用测量量具与检测仪器

3）安装百分表。将百分表安装到表杆上方的插口中，使得百分表预紧 0.5~1.0mm，也就是说百分表的大表针转动半圈到一圈，然后旋紧锁止手柄，确认百分表安装牢固，如图 14-77 所示。

图 14-76　检查固定测头状态

图 14-77　安装百分表

4）检查百分表是否完全安装到并接触良好。用手按压固定测头，如图 14-78 所示，在放松测头时观察百分表的大表针是否能回到初始状态。

5）获取所测气缸的缸径。气缸的缸径尺寸有两种方式获取，第一种是通过查找维修资料，第二种是通过实际测量获取缸径数据，本章节介绍第二种缸径的获取方法。

6）清洁游标卡尺，进行零位校正，如图 14-79 所示。

7）利用干净的抹布清洁需要测量的气缸缸壁，利用游标卡尺初步测量气缸的缸径，如图 14-80 所示。

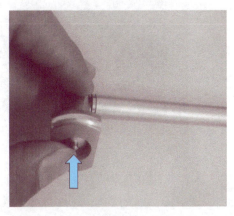

图 14-78　检查百分表安装状态

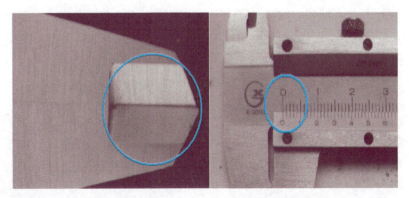

图 14-79　游标卡尺校零

8）根据所测得的初步缸径选择合适量程的量杆，安装到量缸表上，放置到气缸内部并调整量杆的长度，使量杆长度比缸径 0.5~1.0mm，也就是说大表针旋转半圈到一圈，然后旋紧锁止螺母。如图 14-81 所示。

243

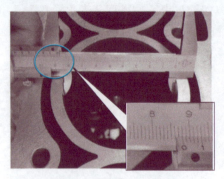

图 14-80　初步测量缸径图

图 14-81　调整量杆长度

9）准备外径千分尺。选择合适尺寸规格的外径千分尺，并进行清洁、校零、调整（方法详见外径千分尺的章节），将其安装到台虎钳上，并将外径千分尺调整到相应尺寸，该尺寸为 88.000mm，如图 14-82 所示。

10）量缸表调零。将量缸表放置到外径千分尺上，一手扶住量杆，上下摆量杆，如图 14-83 所示，观察百分表的表针位置；另外一只手利用拇指和食指旋转百分表的表圈，将大表针调整表盘上的"0"刻度，注意：指针调到"0"位后，将量缸表取下后就不能再调整指针，如图 14-84 所示。此时，就完成量缸表开表作业。

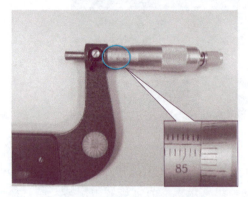

图 14-82　调整外径千分尺的尺寸　　　　　图 14-83　量缸表校零

11)测量气缸缸径。将量缺表倾斜放到需要测量的气缸内部,先将量缸表的活动测头以一定的角度放进气缸中,然后用手压住量缸表的杆身,慢慢地移动杆身使其与气缸的轴线平行,如图14-85所示。左右(或者上下)移动量缸表寻找最短距离的位置,即气缸内径的最小值。

图14-84 量缸表调零

图14-85 放置量缺表

12)在量缸表上画出气缸上、中、下三个测量点的位置,如图14-86所示,测量位置在距气缸套上平面10mm处、气缸套中间位置、和距气缸套下端面10mm处三个位置,每处测量位置都要测量其横向和纵向两个方向。注意:具体测量的位置以相应车型的维修资料为准。

13)读取测量值。如图14-87所示,为气缸某一位置测量所得的数据,读数时按以下方法进行读取,即:表针在逆时针方向为"+",在顺时针方向为"-",该位置测量时表针位于"0"刻度的逆时针方向,该值为0.030mm,所以需要将标准尺寸加上该读数。那么,在进行数据运算时可以按以下公式计算。

$$实际尺寸 = 标准尺寸 \pm 百分表读数$$

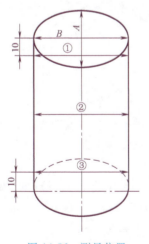

图14-86 测量位置

图14-87 读取测量值

如图14-87所示,该位置测得的数据为:

$$实际尺寸 = (88.000+0.030)mm = 88.030mm$$

14)圆柱度、圆度计算。将测量所得的上、中、下三个截面的6个数据进行记录,并对相关气缸的圆柱度进行计算，取 6 个数据中的最大值与最小值进行运算（6 个数据），即为该气缸的圆柱度值。其公式如下：

$$圆柱度 = \frac{测量最大值 - 测量最小值}{2}$$

将测量所得的上、中、下三个截面的 6 个数据进行记录，并对相关气缸的圆度进行计算，将同个截面所测的值进行圆度计算，取最大的值即为该气缸的圆度值。其公式如下：

$$圆度 = \frac{测量最大值 - 测量最小值}{2}$$

根据以上测量、计算所得的数据与标准数据进行对比，确定该发动机的维修方案。

15）进行场地、工具和设备的清洁、整理和复位。

4. 量缸表的使用注意事项

1）确认千分尺、游标卡尺、量缸表的性能完好。
2）在测量前，利用无纺抹布擦干净气缸、千分尺、游标卡尺、量缸表。
3）确保量缸表安装完好、无松动现象。
4）利用千分尺对量缸表调零后禁止转动百分表的表圈。
5）测量时应握住量缸表的绝缘套部分。
6）禁止拖动量缸表进行测量位置的变化。
7）读数时眼睛应与表针处于水平位置。
8）防止量缸表出现撞击。
9）要轻拿轻放，不要过多的拨动测量头使它做无效的运动，以防机件不必要的磨损。
10）用完后要把百分表擦净放回盒内，但不得在测量杆上涂凡士林或其他油类，否则会使测量杆和套筒粘结，造成移动不灵活。
11）量缸表应放置在干燥、无磁性、无酸性的地方保存。
12）量缸表要严格实行周期检查。

14.9 塞尺的使用

1. 塞尺的认识

塞尺也称为厚薄规、间隙片、测微片，它是由一组淬硬的钢片组成的，这些淬硬钢片被研磨或滚压成精确的厚度，它们通常都是成套供应的，如图 14-88 所示。

2. 塞尺的分类

塞尺一般用不锈钢制造，其每条钢片上都标出了厚度，单位为 mm，最薄的为 0.02mm，最厚的为 3mm。自 0.02~0.1mm 间，各钢片的厚度级差为 0.01mm；自 0.1~1mm 间，各钢片的厚度级差一般为 0.05mm；自 1mm 以上，钢片的厚度级差为 1mm。

1）常用塞尺的长度规格都有所不同，例如有 50mm、100mm 和 200mm 三种，如图 14-89 所示。
2）以尺寸单位来区分，除了米制以外，也有英制的塞尺，如图 14-90 所示。
3）按测量的功能进行分类，可分为单片塞尺、数字显示型楔形塞尺和阶梯塞尺，如图 14-91 所示。

模块 5　常用测量量具与检测仪器

图 14-88　塞尺

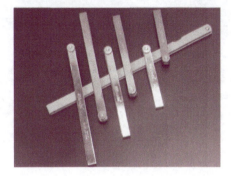

图 14-89　按照塞尺的长度分类

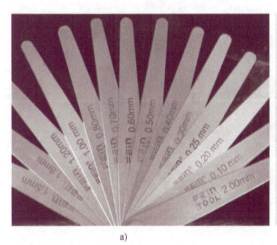

a)　　　　　　　　　　　　　　　　　　　　b)

图 14-90　按照尺寸单位区分

a) 米制塞尺　b) 英制塞尺

单片塞尺为常用的钢片塞尺，下面介绍一下楔形塞尺的使用：

楔形塞尺的横截面为直角三角形，在斜边上有刻度，如图 14-92 所示。它是利用锐角正弦直接将短边的长度表示在斜边上，这样就可以直接读出缝的大小了，如图 14-93 所示。

3. 塞尺的作用

塞尺用于测量间隙间距，例如用来检验机床特别紧固面和紧固面、活塞与气缸、活塞环槽和活塞环、十字头滑板和导板、进排气阀顶端和摇臂、齿轮啮合间隙等两个结合面之间的间隙大小。

4. 塞尺的正确使用方法

塞尺的钢片可以单独使用，也可以多片组合在一起使用，以便获得所要求的厚度。下面以单片式塞尺的使用为例，介绍塞尺的使用方法：

1）测量前用干净的布将塞尺测量表面擦拭干净，不能在塞尺沾有油污或金属屑的情况下进行测量，否则将影响测量结果的准确性。

2）清洁被测工件的表面，去除工件表面的油污或金属屑。

3）当使用塞尺测量时，根据间隙的大小，可用一片或数片重叠在一起插入间隙内，插入深度应在 20mm 左右。将塞尺插入被测间隙中，来回拉动塞尺，感到稍有阻力，说明该间

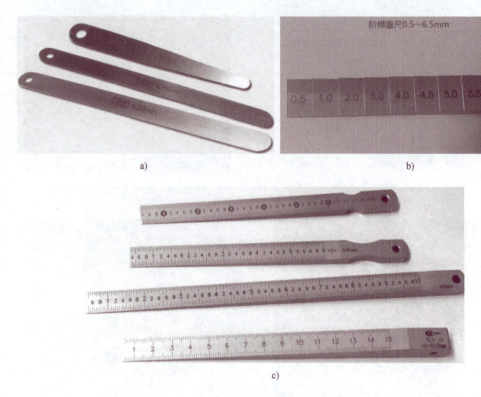

图 14-91 塞尺按照测量功能区分
a) 单片塞尺　b) 阶梯塞尺　c) 楔形塞尺

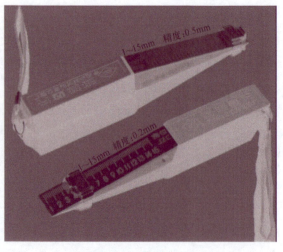

图 14-92 楔形塞尺

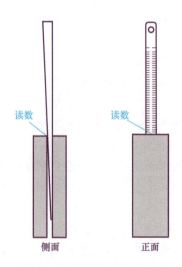

图 14-93 楔形塞尺的使用

隙值接近塞尺上所标出的数值；如果拉动时阻力过大或过小，则说明该间隙值小于或大于塞尺上所标出的数值。例如，若 0.2mm 的塞尺刚片刚好能插入被测的缝隙中，而 0.3mm 的塞尺刚片不能插进，说明两工件的结合间隙为 0.2mm。如图 14-94 所示，利用塞尺测量活塞环的开口间隙和气门间隙。

模块 5　常用测量量具与检测仪器

图 14-94　利用塞尺测量间隙

4）当塞尺与刀口形直尺配合使用时，可用来检查零件表面的平直度，如气缸盖平面度的检测，如图 14-95 所示。

塞尺的使用

图 14-95　利用塞尺测量气缸盖平面度

5. 使用塞尺的注意事项

1）使用塞尺前需确认是否经校验及在校验有效期内。

2）使用前去除塞尺钢片上的污垢、锈蚀及杂物。

3）由于塞尺很薄，容易弯曲或折断，测量时不能用力太大，变形的塞尺禁止使用。

4）不允许在测量过程中剧烈弯折塞尺，或用较大的力硬将塞尺插入被检测间隙，否则将损坏塞尺的测量表面或零件表面的精度。

5）根据结合面的间隙情况选用塞尺片数，但片数越少越好。

6）不能测量温度较高的工件。

7）用塞尺时必须注意正确的方法（测间隙必须垂直被测面，测量工件间的断差时必须放平）。

8）当读数时，按塞尺上所标数值直接读数即可。

9）使用完后，应将塞尺擦拭干净，并涂上一薄层工业凡士林或者润滑油，然后将塞尺折回夹框内，以防锈蚀、弯曲和变形而损坏，如图 14-96 所示。

图 14-96　塞尺的养护

10）塞尺不用时必须放入盒子保护，以防生锈变色而影响使用。

11）塞尺必须定时保养，当存放时，不能将塞尺放在重物下，以免损坏塞尺。

14.10 轮胎花纹深度卡尺的使用

轮胎花纹深度尺的使用

1. 轮胎花纹深度卡尺的认识

轮胎花纹深度卡尺是测量轮胎花纹深度的量具，也称为花纹深度规、轮胎花纹深度计，可以用来判断轮胎是否超出安全的花纹深度。

花纹深度卡尺有两组数字，粗一点的固定的标尺，是辅助测量尺，细长的可以移动的，就是主测量尺。当尺身的探头与尺身处于同一平面，且辅助尺与尺身的"0"刻度对齐时，花纹深度卡尺即处于"归零"状态，其结构如图14-97所示。

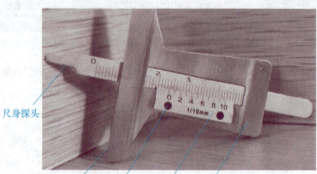

图14-97 花纹深度卡尺的结构

2. 轮胎花纹深度卡尺的分类

轮胎花纹深度卡尺通常有三种，分别是机械刻度式花纹深度卡尺、指针式花纹深度卡尺和数显式花纹深度卡尺，如图14-98所示。

3. 轮胎花纹深度卡尺的正确使用方法

下面以机械刻度式花纹深度卡尺为例，介绍花纹深度卡尺的使用方法：

1）在使用花纹深度卡尺测量轮胎花纹深度前，需检查当尺身的探头与尺身处于同一平面时，尺身与辅助尺的"0"刻度是否对齐，即花纹深度卡尺是否可正确"归零"，如图14-99所示。

2）拉出尺身的探头，如图14-100所示。

3）将花纹深度卡尺的长边向下，并使花纹垂直于胎面放置，下压花纹，将尺身的探头伸入轮胎胎面同一横截面的主花纹沟中，确认花纹深度卡尺的测量基准面与轮胎表面平行且完全接合，就可以测得一个数值，如图14-101所示。

4）将轮胎转动一个角度，按照1）、2）、3）的步骤多次（最少三次）测量，得到一组数据，取最小值，就得到了轮胎的花纹深度，如图14-102所示。

4. 轮胎花纹深度卡尺的读数方法

在实际测量中，将辅助尺"0"刻度所处位置的尺身刻度作为整数读入，再看辅助尺的哪一个刻度线与尺身任意刻度线（近似）对齐，该辅助刻度线对应的数字就作为小数点后的读数。

辅助尺"0"刻度位于尺身的刻度10~11范围内，因而读数为10mm，辅助尺的刻度"2"与尺身某一刻度线对齐，表示0.2mm，因而，将两个刻线的读数相加，最终读数为10.2mm，如图14-103所示。

模块 5　常用测量量具与检测仪器

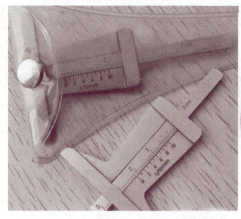

a)　　　　　　　　　　　　　　　　b)

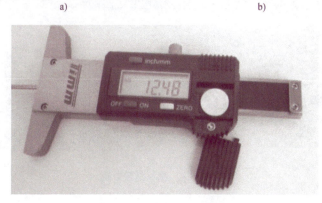

c)

图 14-98　花纹深度卡尺
a) 机械刻度式花纹深度卡尺　b) 指针式花纹深度卡尺　c) 数显式花纹深度卡尺

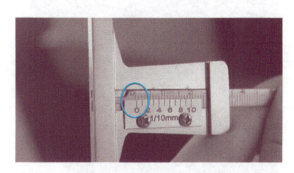
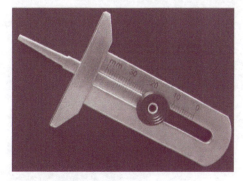

图 14-99　花纹深度卡尺归零　　　　　　图 14-100　拉出尺身探头

5. 使用轮胎花纹深度卡尺的注意事项

1) 使用花纹深度卡尺前,要检查深度卡尺能否正确"归零",如图 14-104 所示。如果不能正确"归零",就要对深度卡尺进行"归零"校对。

2) 花纹深度卡尺所测轮胎花纹为轮胎胎面的主花纹沟,花纹深度卡尺的测量基准面(下端平面)应放置在胎面上,不要陷入轮胎花纹中,如图 14-105 所示。

汽车维修常用工具与仪器设备的使用

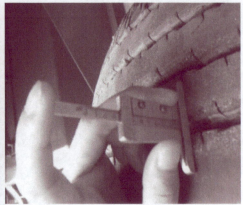

图 14-101　花纹深度卡尺的用法

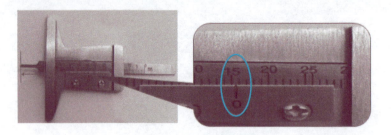

图 14-102　读取测量数据

图 14-103　花纹深度卡尺的读数

图 14-104　检查花纹深度卡尺刻度归零

图 14-105　花纹深度卡尺的放置位置

模块 5　常用测量量具与检测仪器

3）花纹深度卡尺不能放置于轮胎的磨损标记上进行测量，如图 14-106 所示。

4）读数时，视线要垂直于尺面，否则测量值不准确。

5）使用完毕后，应将花纹深度卡尺擦拭干净后，放置在所配塑料套中，并避免被重物所压，以免变形，如图 14-107 所示。

图 14-106　轮胎花纹磨损标记

图 14-107　花纹深度卡尺的整理

6）如果长时间不使用，应在花纹深度卡尺上涂上防腐蚀油脂，以免生锈。

14.11　直角尺的使用

1. 直角尺的认识

直角尺是一种角度测量工具，其组成包括长边和短边，其结构如图 14-108 所示。

2. 直角尺的分类

1）直角尺按长度可分为多种尺寸规格，如图 14-109 所示。

2）直角尺按照功能分类，分为普通型直角尺、多功能型直角尺和刀口形直尺如图 14-110 所示。

图 14-108　直角尺的结构

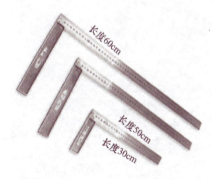

图 14-109　按照尺寸规格分类

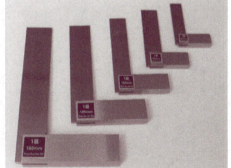

3. 直角尺的作用

直角尺是检验和划线工作中常用的量具。用于检测工件的垂直度及工件相对位置的垂直

汽车维修常用工具与仪器设备的使用

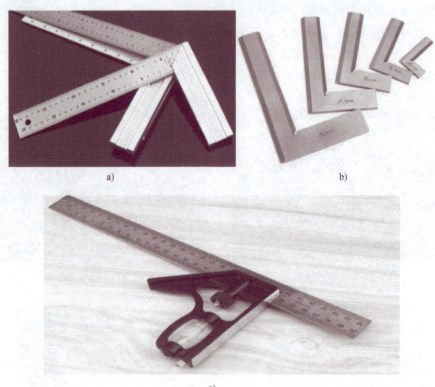

图 14-110　直角尺按照功能分类
a) 普通型直角尺　b) 刀口形直尺　c) 多功能型直角尺

度，是一种专业量具，适用于机床、机械设备及零部件的垂直度检验、安装加工定位、划线和间隙检查等，是机械行业中的重要测量工具，如图 14-111 所示。

当使用直角尺检测间隙或者透光度时，将尺座一面紧靠工件基准面，尺杆向工件另一面靠拢。观看尺杆与工件贴合处，其透过光线是否均匀：透过光线均匀，工件两邻面垂直；透过光线不均匀，两邻面不垂直，即不成直角。

图 14-111　直角尺的作用

4. 正确使用直角尺的方法

使用直角尺的方法如图 14-112 所示。当检查时，直角尺短边（托柄）的内侧要紧紧地模块 5　常用测量量具与检测仪器

贴着精加工过的表面，让长边稍微离开工件一点；手持工件对准亮处，然后把直角尺的长边降下来接触到被检查的表面，如果两个表面是垂直的，则长边和被检查的表面之间不能透光。

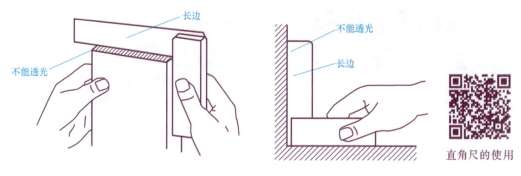

直角尺的使用

图 14-112　直角尺的正确使用方法

当检查内直角时，采用的方法与检查外直角的方法相似。

5. 使用注意事项和保养

1）使用之前将直角尺进行清洁，去除油污和灰尘，以免影响检测效果。
2）使用直角尺时要轻拿轻放，禁止使用变形的直角尺。
3）禁止在高温或潮湿的场所从事测量作业以及保养直角尺。
4）在搬运过程中，不允许提着直角尺的长边或者短边，而应该是一只手托住短边，另一只手扶长边。
5）用完直角尺之后应擦拭干净，放在盒子内保存。

14.12　塑料间隙规的作用

1. 塑料间隙规的认识

塑料间隙规又叫作塑性线间隙规，由软塑料制成，如图 14-113 所示。

2. 塑料间隙规的分类

塑料间隙规有三种颜色，每一种表示不同的厚度。间隙测量范围：绿色为 0.025～0.076mm，红色为 0.051～0.152mm，蓝色为 0.102～0.229mm，如图 14-114 所示。

塑料间隙规的分类

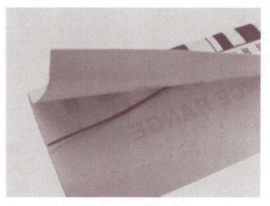

图 14-113　塑料间隙规

3. 塑料间隙规的作用

塑料间隙规为固定表面的间隙测量提供了一种既简单又有效的测量方法。在普通间隙规无法插入的情况下测量间隙或者测量对开式滑动轴承间隙时，它显得格外有用。它可以在不拆开机轴的情况下测量大端轴承的间隙。

4. 塑料间隙规的使用方法

本章节中以测量曲轴主轴颈为例，介绍塑料间隙规的使用方法。

塑料间隙规的使用

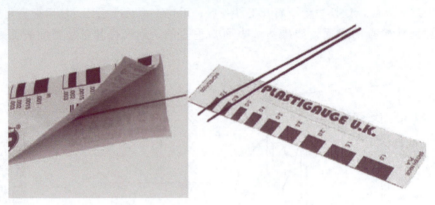

图 14-114　塑料间隙规的分类

1）清洁曲轴主轴颈和轴承盖表面，如图 14-115 所示。

2）截取相应长度的间隙规，以便和轴承宽度匹配，如图 14-116 所示。

图 14-115　清洁测量工件表面　　　　图 14-116　截取间隙规

3）将塑料间隙规放在曲轴连杆轴颈上，放置时避开轴颈的润滑油孔，如图 14-117 所示。

4）把轴承盖放在曲轴连杆轴颈上并以规定的力矩将其紧固，此时切勿转动曲轴，如图 14-118 所示。

图 14-117　避开轴颈的润滑油孔　　　　图 14-118　紧固轴承盖

5）拆下轴承盖，将压扁间隙规的宽度与塑料间隙规封套上的刻度宽度进行对比，两者宽度最接近处对应的刻度就为曲轴连杆和轴颈之间的间隙，读取测量值，如图 14-119 所示。

5. 使用塑料间隙规的注意事项

1）使用塑料间隙规之前，应保证曲轴连杆和轴颈接触面的清洁。

2）截取的间隙规长度应与测量位置尺寸接近。

3）当测量曲轴主轴颈间隙、连杆轴颈间隙、凸轮轴间隙时，应将间隙规朝纵向放置。

4）放置时应避开相应的润滑油孔。

5）利用扭力扳手将轴承盖紧固到规定转矩，转矩偏大或偏小将使得测量的间隙偏小或偏大。

图 14-119　读取测量值

6）测量时不要转动曲轴，否则间隙规的压痕会变化，从而导致测量数据有误差。

任务总结

1. 尺类量具选用。
2. 尺类量具使用前的检查，如刻度、零位等。
3. 尺类量具的分度值及测量数值的读取。
4. 百分表等精密型量具应防止碰撞和掉落。
5. 使用后应对尺类量具进行清洁、保养及润滑，并归位放置。

作　业

完成"学习工作页"任务 14 各项作业。

任务 15　压力测量量具的使用

学习目标

1. 熟悉压力测量量具的类型。
2. 学会对压力测量量具进行日常保养。
3. 能选择及安全使用压力测量量具。
4. 掌握压力测量量具的使用注意事项。
5. 培养良好的职业道德与安全、环保意识。

汽车维修常用工具与仪器设备的使用

任务接受

一台宝马 320Li 汽车,因发动机怠速不稳、行车加速无力进店维修,机电维修组长带领学生进行故障诊断,在维修过程中需要使用燃油压力表等压力测量类量具进行压力测试,使学生掌握压力测量量具的选择和正确使用。

任务接待参见"学习领域 1 汽车维修接待、沟通与管理"。

任务准备

15.1 压力测量量具准备

汽车在维修作业过程中,很多时候需要用到如机油压力表、真空表等压力测量量具对系统的运行压力进行测试,从而判断系统运行压力的状态,缩小故障范围,以达到排除故障的目的。

压力测量量具清单见表 15-1。

表 15-1 压力测量量具清单

名 称	数 量	名 称	数 量
机油压力表	1 套/5 人	真空表	1 套/5 人
燃油压力表	1 套/5 人	气缸压力表	1 套/5 人
排气背压表	1 套/5 人	冷却系统测漏仪	1 套/5 人
空调压力表	1 套/5 人	轮胎气压表	1 套/5 人

任务实施

15.2 机油压力表的使用

15.2.1 机油压力表的认识

当发动机工作时,各运动零件的接触面如活塞、活塞环与气缸壁、曲轴与主轴承等之间以很高的速度进行相对运动而发生摩擦。如果发动机的机油压力过低,使其得不到充分润滑,造成工作表面发热和磨损,会降低机件的使用寿命,影响发动机的动力性能。为了排除故障,需要用到机油压力检查的专用工具——机油压力表。

汽车发动机机油压力的测试通常是利用机油压力表来完成,而机油压力测试是检验发动机润滑系统性能是否正常的重要项目。常见的指针式机油压力表,由表头、连接软管和接头组成,如图 15-1 所示。

机油压力表的刻度单位通常用 bar、kPa 和 psi 来表示,如图 15-2 所示。

15.2.2 机油压力表的分类

按照压力值显示方式进行分类,机油压力表可分为指针式和数显式两种。指针式机油压力表为常用的压力表,数显式机油压力表通常是在车辆改装时使用,日常车辆机油压力检查中用得较少,如图 15-3 所示。

机油压力表的结构与分类

15.2.3 机油压力表的作用

机油压力表是用来检测和显示发动机主油道机油压力的大小的检测仪器,通过机油压力检查,以防因缺机油或者机油压力过低而造成发动机出现拉缸和烧瓦等重大故障。

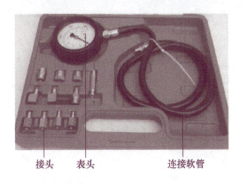

图 15-1 指针式机油压力表的组成

图 15-2 机油压力表表头

a)

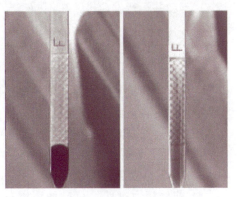

b)

图 15-3 按照压力值显示方式不同分类
a) 指针式机油压力表 b) 数显式机油压力表

15.2.4 机油压力表的使用方法

1. 压力测试前的检查项目

为了保证机油压力测试的准确性,在测试之前应对发动机润滑系统进行必要的检查,主要包括以下几个方面:

机油压力表的使用

(1) 检查机油液位是否过低 检查机油液位如图 15-4 所示。

(2) 检查机油压力开关是否异常 检查机油压力开关如图 15-5 所示。

(3) 检查机油黏度是否不当或被稀释 检查机油黏度如图 15-6 所示。

图 15-4 检查机油液位

(4) 观察机油是否有泄漏或堵塞 在确认已经解决上述问题的前提下,进行机油压力测试。

2. 机油压力测试方法

1) 断开机油压力开关的线束插接器,拆卸机油压力开关。

图 15-5　检查机油压力开关

图 15-6　检查机油黏度

2）将机油压力表接头按扭力要求安装在机油压力开关的座孔上，如图 15-7 所示，确保连接密封性良好，无渗漏。

图 15-7　安装机油压力表

3）起动并运行发动机，在不同工况下观察和记录机油压力表的读数。具体检查数据视车型而定，以维修手册为参考。

3. 机油压力测试项目

1）急速时的机油压力值。

2）加速时的机油压力值。随转速提高，机油压力也随之提高。

3）发动机转速稳定时的机油压力值。机油压力也应稳定在规定值范围内。

4）当转速升高到一定值时，机油压力不再上升。

不同工况下的机油压力值是否符合要求，应以所测车型的维修手册要求为标准。

4. 机油压力故障分析

（1）机油压力过低　可能的原因有：机油泵本身磨损、泄压，或限压阀故障；油路、轴承磨损泄压导致；集滤器漏气；油底壳碰撞变形，紧贴至集滤器等。

（2）机油压力过高　可能的原因有：滤清器堵塞；旁通阀卡滞堵塞；机油泵限压阀卡滞，不回油等。

15.2.5　使用机油压力表的注意事项

1）机油压力表必须与其配套设计的稳压器、传感器配套使用。

2）机油压力表安装时必须保证接线柱绝缘良好，拆卸时不要敲打。

机油压力表的使用注意事项

3）弹簧管式机油压力表安装时必须保证管口的密封，以防漏油。
4）使用时要规范操作，防止仪表掉落在地。
5）测量完毕后将仪表归位放置。

15.3 真空表的使用

15.3.1 真空表的认识

真空度是指处于真空状态下的气体稀薄程度，即如果所测设备内的压强低于大气压强，则需要利用真空表进行其压力测量，从真空表所读得的数值称为真空度。真空度数值是表示出系统压强实际数值低于大气压强的数值，即真空度=大气压强-绝对压强。例如，如果设备内的真空度为70kPa，也可以称其绝对压力为30kPa（真空度70kPa=大气压强100kPa-绝对压强30kPa）。

在汽车维修工作中，经常会用到真空表，也叫作真空压力表、真空压力测试仪或者真空度表，如图15-8所示。

汽车检测用真空表通常由表头、软管和接头三部分组成。表头的仪表盘刻度单位常用kPa、MPa、mmHg（毫米汞柱）、inHg（英寸汞柱）或psi（磅/平方英寸）来表示，如图15-9所示。

真空度表的结构

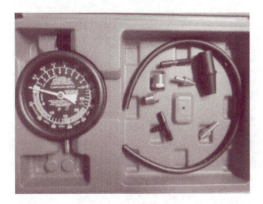

图15-8 真空表

图15-9 真空表表头

常用压力单位换算为：1atm（标准大气压）= 1.03kgf/cm² = 101.3kPa = 760mmHg = 29.9inHg = 14.7psi = 1bar = 10^5Pa。仪表盘的指针指向刻度"0"，表示此时的真空度为0，为标准大气压；仪表盘的指针指向刻度"-0.1"，表示此时的真空度为0.1MPa（即100kPa）。

15.3.2 真空表的分类

真空表有很多种类，主要有耐振真空压力表、不锈钢真空压力表、隔膜真空压力表、电接点真空压力表和数字真空压力表等。

1. 耐振真空压力表

耐振真空压力表里面有灌充液，一般是甘油或者硅油，适用于环境剧烈振动场所，可耐受介质的脉动、冲击及突然卸荷，仪表指示清晰稳定，如图15-10所示。广泛应用于机械、石油、化工、冶金、矿山和电力等部门，适用于对铜和铜合金无腐蚀性介质的真空测量。使用寿命长，是普通压力表的替代产品。

2. 不锈钢真空压力表

不锈钢真空压力表的表身一般为不锈钢制成，如图 15-11 所示。

图 15-10　耐振真空压力表

图 15-11　不锈钢真空压力表

3. 隔膜真空压力表

隔膜真空压力表的外观与普通的压力表一样，但它是利用专用设备将弹簧管内抽成真空，并充入隔离液，用膜片将其密封隔离，如图 15-12 所示。当用隔膜真空压力表测量压力时，被测量工作介质直接作用在隔离膜片上，膜片产生向上的变形，通过弹簧管内的灌充液将介质压力传递给弹簧管，使弹簧管末端产生弹性形变，借助连杆机构带动机芯齿轮轴转动，从而使指针在刻度盘上指示出被测压力值。

由于有隔离膜片，它可以阻挡高黏度、易结晶凝固的介质流入导压孔内，以抵抗腐蚀，保证仪表正常工作。所以隔膜真空压力表被广泛地用于化学工业、化纤、合成纤维、石油、染化、制碱、食品和制药等工业部门的生产过程压力测量。

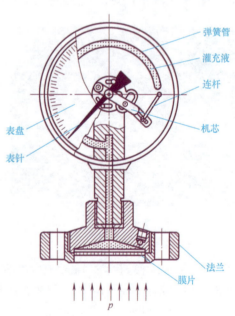

图 15-12　隔膜真空压力表

4. 电接点真空压力表

电接点真空压力表具有抗介质脉动和冲击载荷、耐环境振动等优异特性，适用于测量对铜和铜合金无腐蚀性的气体、液体或蒸汽的等压力或真空度，如图 15-13 所示。仪表设上、下限二位开关型接点装置，在压力达到设定值时发出信号或通断控制电路，供作业系统自动控制或通信用。其抗振结构可有效抑制指针的抖动和冲击，保护接点，使仪表指示清晰，电信号切换可靠，工作稳定。广泛应用于机械、化工、石油、冶金和电力等工业生产过程。

模块5　常用测量量具与检测仪器

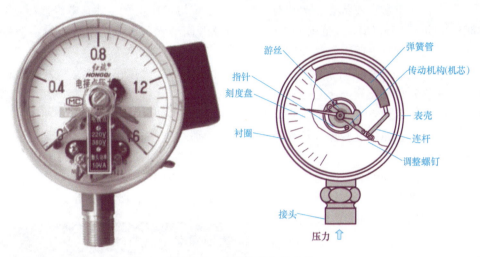

图 15-13　电接点真空压力表

5. 数字真空压力表

数字真空压力表是在线测量真空仪表，如图 15-14 所示。它采用锂电池供电方式，无须外接电源，安装使用方便。该产品通过了计量认证及防爆认证，已在石油、化工和电力等领域得到广泛应用。数字真空压力表具有高精度、高稳定性、误差≤1%、微功耗、防护坚固（采用不锈钢或铸铝外壳）、美观精致等特点。

图 15-14　数字真空压力表

15.3.3　真空表的作用

在汽车维修作业中，真空表用来检查汽车发动机（通常用于自然吸气发动机）节气门后方的真空度以判断发动机的运转是否正常、进排气是否顺畅、怠速时发动机节气门后方是否漏气等。

15.3.4　真空表的使用方法

一台性能良好的发动机运转时的真空度比较高。当节气门在任何角度保持不变时，只要发动机转速加快，或是进气歧管无泄漏且气缸密封性良好，真空度就会增加。当发动机运转比较慢或气缸进气效率变低，那么歧管内的真空度就会变低。

在不同的发动机转速下，可检测到不同数值的进气歧管真空度。就大多数自然吸气式汽

真空表的使用

263

油发动机而言，在正常怠速状态下运转时，如果各系统均工作正常，则真空表指针应稳定在15~22inHg（即50~73.5kPa）范围内，如果在迅速开闭节气门时，真空表指针在7~85kPa范围内灵敏摆动，这时表明进气歧管真空度对节气门开度的随动性较好，同时，也说明发动机各系统（特别是进气系统的密封性）工作良好。假如发动机存在故障（特别是机械故障中的密封性变差）就会出现与上述数值不同的进气歧管真空度，这时表明发动机存在故障。

为了更好地使用真空表，在测试真空度前首先必须严格地按照技术要求调整好初始点火正时与怠速极限值，如果这些操作都能精确地进行，那么任一个偏离正常真空度的值，都说明发动机存在故障。

当测量时，真空表的真空务必直接来源于进气歧管，因为只有进气歧管的真空度是直接来源于发动机的真空。安装真空表到进气歧管的真空管上，如图15-15所示。

为了区分不同工况下的真空度值所反映出来的故障，测试发动机进气歧管的真空度通常包括：起动测试、怠速测试、急加速测试和排气系统阻塞测试四项测试。

1. 起动测试

为了使测试结果精确，需保持发动机在热车时进行。如发动机因故障无法着车，也可在冷车时测量，但精确度会降低。测量时关闭节气门，切断点火系统，连接真空表于节气门后方的进气歧管上，起动发动机，观察真空表数值应在11~21kPa范围内，如果低于10kPa，可能的原因有：发动机转速过低、活塞环磨损、节气门卡滞、进气歧管漏气、过大的怠速旁通气路等。

图15-15 安装真空表

2. 怠速测试

一台性能良好的发动机在怠速运转时，真空表数值应稳定在50~73.5kPa范围内。

1) 如果真空读数低于正常数值且稳定，可能的原因有：点火正时推迟、配气正时延迟（过松的正时齿带或正时链条）、凸轮轴升程不足等。

2) 如果发动机怠速过高，测试歧管真空度小于40kPa。说明是发动机节气门之后的歧管或总管漏气，漏气部位多数是歧管垫以及与歧管相连接的许多管路，如真空助力器气管等。

3) 如果真空表数值从正常值下降后又返回，有节奏地来回摆动，原因可能是个别气门发卡或某一凸轮轴严重磨损。

4) 如果真空表在52~67kPa范围内摆动，并且随着发动机转速的升高摆动加剧，则说明气门弹簧弹力不足。

5) 如果真空表在38~61kPa范围内来回摆动，原因通常为：气门漏气、气缸垫损坏、活塞损坏、缸筒拉伤等。

6) 如果真空表指针在18~65kPa范围内大幅度摆动，那基本是因为气缸垫漏气所引起的。

模块 5　常用测量量具与检测仪器

3. 急加速测试

当急加速时，真空表的读数应突然下降；当急减速时，真空表指针将在原急速时的位置向前大幅度跳越。当迅速开启和关闭节气门时，真空表指针应随之摆动在 7~8kPa 范围内。真空表指针摆动幅度越宽，表明发动机技术状况越好。如果急速时真空表指针低于正常值，急加速时指针回落到"0"附近，节气门突然关闭时指针也不能升高到 86kPa 左右，此现象主要是由于活塞环、进气管漏气造成的。

4. 排气系统阻塞测试

起动发动机急速运转，记录正常急速下的真空度数值，提高发动机转速至 2500r/min，此时真空表数值应等于或接近急速时真空数值，让节气门快速关闭回到急速状态，此时真空读数应先快速增加然后又回落，即从起初高于急速约 17kPa 的读数，快速回落到原始的急速读数。

如果发动机在 2500r/min 时，真空度数值明显地逐渐下降，或在从 2500r/min 猛然降到急速时，真空表读数没有增加，则表明排气系统存在阻塞现象，可能是三元催化转化器堵塞、消声器堵塞等。

注意：进气歧管真空度随海拔的升高而降低。通常海拔每升高 500m，真空度将减小 5.5kPa，因此，在测定进气歧管真空度时，要根据所在的海拔情况进行换算。

15.3.5　使用真空表的注意事项

1) 检查真空表是否良好。
2) 选择合适的配套接口或者软管。
3) 连接后保证接口密封完好，确保接口完好无漏气现象。
4) 检查时防止仪表掉落在地。
5) 测量完毕后将仪表归位放置。

15.4　燃油压力表的使用

15.4.1　燃油压力表的认识

燃油压力表由表头、连接管路和接头组成，如图 15-16 所示。在连接管路上设有回油控制阀，用以在压力测试完毕后将压力表内的压力燃油通过泄油管路泄放掉。燃油压力表的表头通常为指针式，仪表的刻度单位通常用 bar、psi 来表示。

燃油压力表的结构

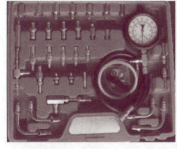  

图 15-16　燃油压力表

15.4.2　燃油压力表的分类

燃油压力表主要有低压燃油压力表和高压燃油压力表；另外，燃油压力表也可分为普通

265

式和专用式两种,两者的区别在于其测量量程范围不同,普通式燃油压力表的测量量程为7~103kPa,专用式的燃油压力表测量量程为7~690kPa,测量时根据需要选择合适量程的压力表进行作业。

15.4.3 燃油压力表的作用

燃油压力表是用于测试汽车发动机燃油系统供油压力的专用工具。

15.4.4 燃油压力表的使用方法

1. 燃油压力测试前的准备

(1)燃油系统泄压 先拔下燃油泵熔丝或者继电器,再起动发动机,直至发动机自行熄火后,再次起动发动机2~3次,然后拆下蓄电池负极,如图15-17所示。

图15-17 断电操作

(2)安装燃油压力表 如图15-18所示,将燃油压力表串接在进油管中(带测压口的车辆将燃油压力表连接到测压口上),在拆卸油管时要用一块毛巾或棉布垫在油管接口下,防止燃油泄漏在发动机上引发火灾。

图15-18 安装燃油压力表

2. 燃油压力测试

燃油压力测试的项目主要包括:静态油压、急速油压、最大油压、残余油压等。

(1)静态油压测试 重新安装燃油泵熔丝或继电器,不起动发动机,通过诊断仪对燃油泵进行作动测试或通过直接为燃油泵供电(如跨接燃油泵继电器两个触点端)使之运转,读取燃油压力表读数。一般来说,带回油管路的双管路(进、回油管路)燃油供给系统的静态油压在300kPa左右,无回油管路的单管路(只有进油管路)燃油供

燃油压力表的使用

给系统的静态油压在400kPa左右，标准数值以具体车型的维修手册要求为准。

（2）急速油压测试 起动发动机，使燃油泵在急速下运转，此时燃油压力表的读数为急速工作油压，对于带回油管路的双管路燃油供给系统，其急速油压一般约为250kPa，无回油管路的单管路燃油供给系统的急速油压约为400kPa，标准数值以具体车型的维修手册要求为准。

（3）最大油压测试 最大油压测试只适用于双管路燃油供给系统，用包有软布的钳子夹住回油管，此时油压表读数为油泵最大供油压力，一般为正常工作油压的2~3倍。

（4）残余油压测试 发动机熄火，燃油泵停止运转10min后，读取燃油压力值，油管保持压力应大于规定值，以具体车型的维修手册要求为准。

3. 油管渗漏检查

拆卸燃油压力表，先执行泄压程序，再拆去燃油压力表，将进油管重新连接好，起动发动机，检查油管是否渗漏。

4. 燃油压力分析

燃油压力表的读数分为油压为零、油压正常、油压过高和油压过低四种情况。

1）若油压为零，先检查油箱存油量，及油道是否严重外泄，燃油滤清器是否完全堵塞。排除可能性后，油压依然为零，则需检查燃油系统的控制电路，如熔丝是否烧断、继电器是否不工作、油泵电路线束有否断路、油泵是否损坏等。

2）若油压过高，主要的原因为油压调节器故障（无法回油或回油量过小）、回油管堵塞等。

3）当燃油压力过低，或油泵停止工作2~5min内油压迅速下降，在排除油路向外泄漏的前提下，则可能的原因有：燃油泵中的止回阀卡滞常开、燃油压力调节器故障（回油量过大）、喷油器泄漏等。

注意：上述的燃油压力测试通常只用于汽油发动机的进气管燃油喷射系统，而对于缸内直喷汽油发动机和柴油发动机，由于其燃油压力过高，所以不能使用这种测试方法。

15.4.5 使用燃油压力表的注意事项

1）检查燃油压力表是否良好。
2）选择合适的配套接口或者软管。
3）连接后保证接口密封完好，确保接口完好无泄漏现象。
4）检查时要规范操作，防止仪表掉落在地。
5）测量完毕将仪表拆下，排出仪表软管内的油液后归位放置。

燃油压力表使用注意事项

15.5 气缸压力表的使用

15.5.1 发动机气缸压力表的认识

足够的压缩压力是发动机能运转的三个要素之一，发动机气缸压力过高会使发动机工作粗暴，甚至产生爆振；气缸压力过低会导致发动机动力不足，甚至发动机无法起动。不管是哪种情况，发动机都不能正常运转，其燃油经济性、动力性和环保性都变差。

当发动机出现动力不足、加速不良等故障现象时，就有必要对气缸压力进行检查，那么就需要用气缸压力测试专用工具——气缸压力表。

气缸压力表通常由表头、连接管路和接头组成，在连接管路上设有

气缸压力表的结构

排气阀,用以在压力测试完毕后将压力表内的压力泄放掉,如图15-19所示。仪表的刻度单位通常用 bar、kgf/cm² 和 psi 来表示。

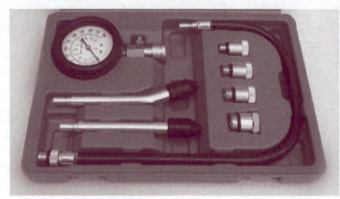

图15-19　气缸压力表

15.5.2　气缸压力表的分类

按照压力显示方式进行分类,可分为指针式和数字式两种,现在汽车维修作业中常用的是指针式气缸压力表。

按照发动机不同可分为汽油发动机气缸压力表和柴油发动机气缸压力表,如图15-20所示。

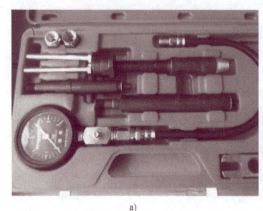
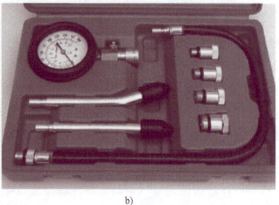

a)　　　　　　　　　　　　　　　　b)

图15-20　气缸压力表的分类

a)柴油发动机气缸压力表　b)汽油发动机气缸压力表

有些车型有专用的气缸压力表,宝马车型的气缸压力表如图15-21所示。

15.5.3　气缸压力表的作用

气缸压力表是用于对发动机气缸压力进行测试的专用工具。

15.5.4　气缸压力表的使用方法

当发动机存在运转不稳、缺火而又非外部点火、喷油等

气缸压力表的使用

图15-21　宝马专用气缸压力表

模块 5　常用测量量具与检测仪器

电控问题时，往往需要对发动机本体进行检测，重要的一项检测项目就是气缸压力测试。气缸压力测试包括静态气缸压力测试和动态气缸压力测试两种测试方法。

下面以汽油发动机为例介绍利用气缸压力表进行气缸压力测试的方法和注意事项。

1. 静态气缸压力测试

图 15-22　检查蓄电池状态

（1）静态气缸压力测试流程

1）确保蓄电池电量充足。观察蓄电池的电量状态，如有必要利用检测仪器进行检查，如图 15-22 所示。

2）拆下点火线圈或者拔下高压分火线，然后拆下所有的火花塞，如图 15-23 所示。

图 15-23　拆卸所有的火花塞

3）通过断开燃油控制系统的熔丝、油泵继电器等，使燃油泵停止工作，停止燃油供给，如图 15-24 所示。

4）将气缸压力表恢复至零位，安装到要检测的气缸火花塞座孔上，如图 15-25 所示，踩下加速踏板，使节气门完全开启，然后起动发动机，使其旋转四个工作循环（产生四个压缩冲程）。

5）检测每一个气缸的压力，并记录读数。

6）如果某一气缸压力太低，通过火花塞孔向燃烧室倒入 15mL 的机油，再次检测压力，并记录读数。

7）检测完毕，按拆卸的反向顺序恢复。

（2）静态气缸压力测试结果分析

1）正常状态。对于每一个气缸，压力快速且平稳地增加到规定值；任何一个气缸的最小压力不应低于最大气缸压力的70%，任何气缸的压力读数不应低于690kPa（具体参见各车型的维修手册）。

图15-24 停止燃油供给

图15-25 安装气缸压力表

2）活塞环泄漏。第一冲程压力太低，然后压力在剩余冲程上升但达不到正常水平，当添加机油时压力大幅度提高。

3）气门泄漏。第一冲程压力太低，压力在剩余冲程不上升，当添加机油时压力也未明显提高。

4）气缸垫渗漏。相邻两缸的压力低于正常水平，并且添加机油时气缸压力也不增加。

2. 动态气缸压力测试

（1）动态气缸压力测试流程

1）拆卸某一个要检测气缸的火花塞，将该气缸的火花塞导线搭铁，以防止损坏点火线圈，并断开该气缸的喷油器。

2）安装气缸压力表。

3）急速开启节气门（不使发动机转速提高，迫使发动机"吞下进气"），以获得"急加速的压力读数"，记录此时的压力读数。

（2）动态气缸压力测试结果分析

1）正常状态。急速时的气缸运行压力应当为340～476kPa（等于起动时压力的一半），快速操作节气门的压力应当为起动时压力的80%。

2）异常状态。如果急加速的压力测量结果高于起动读数的80%，则该气缸的尾气排放系统、凸轮轴可能磨损，或挺杆脱落，如果各项指标均高，则应查看三元催化转化器是否堵塞。

柴油发动机气缸压力的测量方法与汽油发动机基本相同，其主要区别在于：由于柴油发动机气缸压力要远高于汽油发动机的气缸压力，因此在选用气缸压力表时，一定要确认压力表的量程范围，满足柴油发动机气缸压力测试的要求；汽油发动机需要拆卸火花塞，将气缸压力表安装在火花塞座孔上，而柴油发动机需要拆卸喷油器，将气缸压力表安装在喷油器座孔上。

注意：无论是汽油发动机还是柴油发动机，在拆卸火花塞或喷油器之前，均应使用压缩空气吹干净火花塞和喷油器周围的灰尘和脏物，避免异物经火花塞或喷油器座孔掉入气缸内部损伤气缸。

15.5.5 使用气缸压力表的注意事项

1) 使用前检查气缸压力表是否完好。
2) 选择适合相应发动机型号的接头。
3) 当测量柴油发动机气缸压力时，连接接头后检查接口密封应完好，确保接口处无漏气现象。
4) 当测量汽油发动机气缸压力时，应用力将压力表下压，保证压力表的密封性。
5) 检查时要规范操作，防止仪表掉落在地。
6) 测量完毕应将仪表整理后归位放置。

气缸压力表的使用注意事项

15.6 排气背压表的使用

15.6.1 排气背压表的认识

排气背压就是指发动机排气管内部的阻力。排气背压对发动机的动力性、经济性和排放性能有重要影响。

排气背压增大将导致发动机燃料燃烧效率下降，经济性变差，同时动力性下降，排放也变差。但如果排气背压很低，在低转速工况时，由于排气门的提前开启，在活塞达到下止点前，仍具有一定压力的燃气就通过过通畅的排气门排掉了，损失了一部分功，削弱了转矩，因此发动机的排气背压应保持在一定合理的范围之内：急速时，排气背压不高于 8kPa；在 2500r/min 时，排气背压一般不高于 13.8kPa。

排气背压过高的主要原因有以下三个方面：

1) 三元催化转化器堵塞造成。
2) 排气门卡住。
3) 排气管受撞击后凹陷。

当发动机的动力性、经济性和排放性能出现下降时，可用排气背压表进行排气背压的检查。常用的排气背压表为指针式，如图 15-26 所示，排气背压表通常由表头、连接管路和接头组成。表头多为指针式，仪表的刻度单位通常用 kgf/cm^2、kPa 和 psi 等来表示。

排气背压表的结构

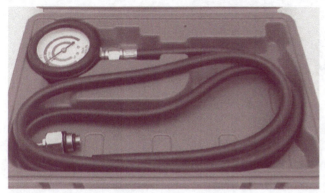 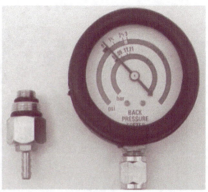

图 15-26　排气背压表

15.6.2 排气背压表的作用

排气背压表是测试发动机排气背压的专用工具。

15.6.3 排气背压表的使用方法

1. 检测前准备

利用排气背压表对排气压力进行测试,是准确快速判断发动机排气堵塞故障的有效方式。

排气背压表检测前的准备,在检测排气背压之前,应当首先确认点火正时和配气相位正确、气门间隙正确、进气系统无泄漏和堵塞现象,如图15-27所示。

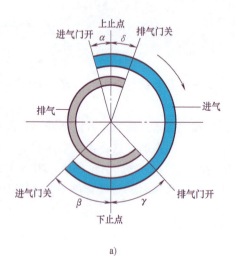

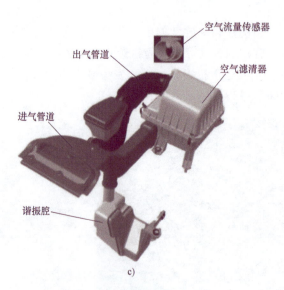

图 15-27　测量前检查项目

a) 配气相位图　b) 气门间隙检查　c) 进气系统组件图

模块 5　常用测量量具与检测仪器

2. 排气背压表检测的使用

1）拆下三元催化转化器前端的氧传感器，如图 15-28 所示。

2）在氧传感器的安装座孔处接上排气背压表，如图 15-29 所示，连接时，要注意拧紧的力矩，扭力过大会损坏螺栓，扭力不足会导致漏气。对于装有二次空气喷射系统的车辆，也可以从二次空气喷射管路上脱开空气泵止回阀的接头，在二次空气喷射管路中接入排气背压表进行测量。

排气背压表检测的使用

3）起动发动机，并使发动机达到 85℃ 以上的正常工作温度，如图 15-30

图 15-28　拆卸三元催化转化器前端的氧传感器

所示。

4）读取怠速时指示的背压值，如不超过 8kPa 时，可以将发动机转速提高到 2500r/min，检查压力应不超过 13.8kPa，如图 15-31 所示。如果超过了标准值，说明排气系统存在堵塞。

注意：由于排气温度较高，所以测试时间应尽量缩短，避免仪器连接的橡胶软管部件由于长时间的高温而损坏。

5）排气背压表拆下后，应采用自然冷却降温的方式，不能强行降低温度，待接头温度和室外温度一致时，方可将仪器放入盒内。

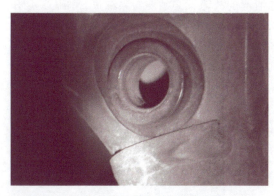 

图 15-29　安装排气背压表到传感器接口上　　　图 15-30　冷却液温度达到正常工作值

图 15-31　排气背压测量值

15.6.4　使用排气背压表的注意事项

1) 使用前检查排气背压表是否良好。
2) 选择合适的连接接口。
3) 连接后检查接口应密封完好,无漏气现象。
4) 规范操作仪表,防止仪表掉落在地。
5) 测量完毕后应将仪表归位放置。

排气背压表的
使用注意事项

15.7　冷却系统压力测试仪的使用

1. 冷却系统压力测试仪的认识

冷却系统的作用是使发动机在所有工况下都保持在适当的温度范围内,防止发动机工作温度过冷或者过热,另外,冷却系统还使得发动机能够尽快地达到正常的工作温度。过冷或者过热都会导致发动机出现相应的故障,那么,在日常的车辆维修工作中,对冷却系统的检查需要用到专用的检测仪器,那就是冷却系统压力测试仪。

目前的汽车发动机均采用封闭式冷却系统,冷却液温度升高后,会使系统内压力升高。

在汽车维修时,为了检测冷却系统是否存在泄漏的故障,必须要对系统进行加压,加压工具就是专用的汽车冷却系统压力测试仪。冷却系统压力测试仪也叫作冷却系统泄漏测试仪、冷却系统压力表、散热器测漏仪、散热器压力表和打压表等。

图 15-32 所示为冷却系统压力测试仪,该测试仪主要由带压力表的真空泵、固定夹和散热器盖适配器等组成。

2. 冷却系统压力测试仪的作用

冷却系统压力测试仪用于发动机冷却系统的压力检查、冷却系统的泄漏检查和冷却系统散热器盖的性能检查。

3. 冷却系统压力测试仪的使用方法

1) 确保发动机处于冷车状态。

模块 5　常用测量量具与检测仪器

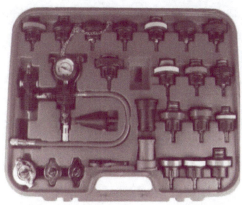

冷却系统压力
测试仪的结构

图 15-32　冷却系统压力测试仪

2）测试前，拆下散热器盖，检查冷却液液位，不满时应将其注满，如图 15-33 所示。

3）选择与测试车型一致的适配器，并安装到车辆上，如图 15-34 所示。

4）连接打气泵到适配器上。

5）一手握住打气泵外壳，另一手对冷却系统进行打气，观察压力表的指针，当压力达到 120~140kPa 时，停止打气，如图 15-35 所示。

冷却系统压力
测试仪的使用

图 15-33　检查并按需添加冷却液

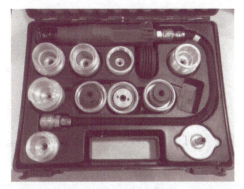

图 15-34　找到合适的适配器　　　　图 15-35　对冷却系统进行打气

6）观察指示表的压力显示，根据压力变化情况判断冷却系统故障，如图15-36所示。

如果指针维持稳定不变达到5min，表示冷却系统不存在泄漏现象；如果有压力值缓慢下降的情况，表示发生少量泄漏或者渗漏；如果压力值快速下降，表示发生严重泄漏。

7）按下打气泵的泄压按钮，先对打气泵进行泄压，然后脱开打气泵与适配器的快速接头，拆下适配器，安装散热器盖。

8）冷却系统压力测试仪还可检测散热器盖阀门的性能好坏，检测时需配合附件一起使用，组合形式如图15-37所示。

图15-36　观察压力变化

图15-37　检查散热器盖

4. 使用冷却系统压力测试仪的注意事项

1）选择与测试车型合适的适配器接头，否则会损坏部件或者适配器。

2）发动机处于热状态下严禁打开散热器盖，否则会发生烫伤的危险。

3）测试时确保各个接头部位密封良好，否则会影响测试结果。

4）测试仪的打气压力不宜过大，否则会损坏冷却系统部件或者导致系统泄漏。

冷却系统压力测试仪使用注意事项

5）测试结束后应将测试仪残留的冷却液清理干净后再将测试仪放入盒子内，保证测试仪的使用性能。

15.8　空调压力表的使用

15.8.1　空调压力表的认识

汽车空调系统是实现对车厢内空气进行制冷、加热、换气、空气净化和保持车内空气湿度的装置，它可以为驾驶人或者乘车人员提供舒适的乘车环境，降低驾驶人的疲劳强度，提高行车安全。当汽车空调系统出现故障时，需要用到空调压力表对空调管路压力进行检查，通过压力检查初步判断系统大概的故障部件，或者故障排除方向。

空调压力表又称为歧管压力计、歧管压力表、雪种表、加氟表和制冷压力表等，主要由高低压表、表座和管路组成，如图15-38所示。空调压力表通常为指针式，仪表的刻度单位

模块 5　常用测量量具与检测仪器

通常用 kgf/cm² 、psi 等来表示。

空调压力表的组件由低压表、挂钩、高压表、高压手动阀、高压接口、真空或制冷剂接口、排气阀门、低压接口、观察窗和低压手动阀组成，如图 15-39 所示。

15.8.2　空调压力表的分类

汽车空调压力表主要是按照制冷剂的类型来分类，分别是 R12 空调压力表和 R134A 空调压力表，但其主要的区别在于压力表与汽车空调管路的接口不同，其他的组件基本相同。R12 空调压力表可以将连接软管直接拧入到空调管路的接口上，而 R134A 空调压力表需要在连接软管上接上快速接头才能安装到空调管路上。R134A 压力表快速接口如图 15-40 所示。

图 15-38　空调压力表组件

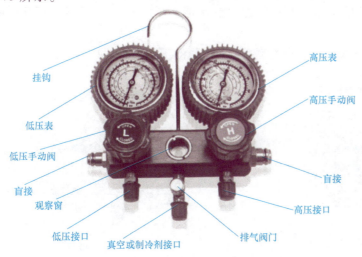

图 15-39　空调压力表的组件结构图

空调歧管压力表的结构和分类

15.8.3　空调压力表的作用

空调压力表是用于检查汽车空调系统管路压力的检测工具，同时它还可以用于空调系统抽真空、加注和排放制冷剂、添加压缩机油。

15.8.4　空调压力表的功能操作

利用空调压力表进行空调系统的检查或者维修过程中，维修人员通过操作高、低压手动阀来实现相应管路的状态，从而实现压

图 15-40　R134A 压力表快速接口

277

力表不同的功能。

1）当低压手动阀开启、高压手动阀关闭时，低压管路与中间管路、低压表相通，此时可从低压侧加注制冷剂或排放制冷剂，并同时监测高、低压侧的压力，如图15-41所示。

2）当低压手动阀关闭、高压手动阀开启时，高压管路与中间管路、高压表相通，此时可从高压侧加注制冷剂，并同时监测高、低压侧的压力，如图15-42所示。

图15-41　空调压力功能状态一

图15-42　空调压力功能状态二

3）当高、低压手动阀均开启时，可进行加注制冷剂、抽真空，并监测高、低压侧的压力，如图15-43所示。

4）当高、低压手动阀均关闭时，可检测高、低压侧的压力，如图15-44所示。

图15-43　空调压力功能状态三

图15-44　空调压力功能状态四

15.8.5　空调压力表的使用方法

下面介绍利用空调压力表进行车辆空调系统检修完毕后的抽真空作业、添加空调系统机油作业和添加制冷剂作业，来介绍空调压力表的使用。

1. 安装空调压力表

1）将空调压力表各个组件进行组装，红色软管连接右侧高压管路，蓝色软管连接左侧低压管路，黄色软管连接制冷剂罐或者真空泵，确保各接口连接完好，如图15-45所示。

2）顺时针旋转手动阀，关闭高、低压手动阀，如图15-46所示。

3）逆时针旋转快速接头的旋钮开关，使管路接口顶针收回，如图15-47所示。

4）将带有快速接头的高低软管连接到车辆的空调管路接口上，并确认安装完好，如图

模块 5　常用测量量具与检测仪器

15-48 所示。

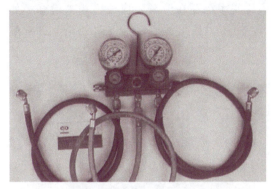

图 15-45　组装空调压力表

图 15-46　关闭高、低压手动阀

图 15-47　收回管路接口顶针

图 15-48　安装空调压力表到车辆上

2. 利用空调压力表抽真空

空调系统抽真空过程如下：

1）将中间的黄色软管连接到真空泵上，如图 15-49 所示，起动真空泵。

图 15-49　连接到真空泵

2）打开空调压力表上的高、低压手动阀，如图 15-50 所示。

3）顺时针放置压力表的快速接头，使得压力管路与车辆空调高低管路通道连通，如图 15-51 所示。

4）此时真空泵开始对空调系统进行抽真空，观察压力表，将系统真空抽至低于 -90kPa，一般指针处于左侧的最低位，如图 15-52 所示。

279

5）关闭高、低压手动阀，观察压力表指针是否回升，如图15-53所示。

15min后若指针向上偏摆，表明压力回升，则说明系统存在泄漏，应进行相关检修；如果表针不动，则打开手动阀，再抽真空15~30min，使压力表指针稳定（此时能充分排净空调管路中的水分）。

图15-50 打开高、低压手动阀

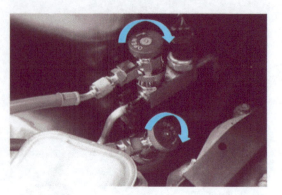

图15-51 打开快速接头连接管路

5min后若高、低压侧的压力保持稳定不变，则表示空调系统不存在泄漏现象，可进行下一步作业。

6）先关闭高、低压手动阀，然后再关闭真空泵，以防止空气进入制冷系统。

3. 利用空调压力表加注压缩机油（冷冻润滑油）

添加压缩机油的作业是完全对空调系统抽真空后的操作，只有在保证空调系统无泄漏的情况下才进行此项作业任务，并应按规定数量和牌号加注压缩机油。

图15-52 抽真空结束状态

图15-53 压力表压力状态

1）对空调系统进行抽真空作业，测漏。

2）拆下黄色真空管或者制冷剂软管。

3）选用一个有刻度的量筒，将规定数量的压缩机油倒入量筒中，并将黄色软管接口放

模块5 常用测量量具与检测仪器

入量筒或者压缩机油瓶中,如图15-54所示。

4)逆时针旋转打开高压或者低压手动阀,使压缩机油通过抽吸作用从量筒或者压缩机油瓶中被吸入到空调系统管路中,量筒中的机油被抽吸完后,应立即关闭高压或者低压手动阀,以免吸入空气。

5)加完压缩机油后,应该再次对空调系统抽真空15~30min,抽完之后同样观察系统保压状况。如果系统没有出现压力下降情况,可进行制冷剂加注作业。

4. 利用空调压力表加注制冷剂

图15-54 黄色软管接口放入量筒中或压缩机油瓶

在利用空调压力表加注制冷剂时,应注意制冷剂的种类及加注量。加注方法分为高压侧加注和低压侧加注两种。

(1)高压侧加注制冷剂 从空调系统管路的高压接头加注,加入的是制冷剂液体。其特点是安全、快速,适用于制冷系统的第一次加注,即经检漏、抽真空后的系统加注。但必须注意:加注时不可开启压缩机(发动机处于停机状态),并且制冷剂罐要求倒立。

具体加注过程如下:

1)当空调系统添加压缩机油并抽真空后,关闭空调压力表上的高、低压手动阀。

2)将中间软管(黄色软管)的一端与制冷剂罐注入阀(开瓶器)的接头连接,如图15-55所示。

制冷剂注入阀的结构组成如图15-56所示。

图15-55 连接制冷剂罐注入阀

图15-56 制冷剂注入阀的结构组成

注入阀有两种规格,一种适用于R134a,另外一种适用于R12,其主要的区别在于连接制冷剂罐接口的口径尺寸大小,制冷剂罐注入阀如图15-57所示。

3)逆时针旋转注入阀的手柄,使用注入阀的顶针向内退回到最里面,将制冷剂罐安装到注入阀上,如图15-58所示。

4)顺时针旋转注入阀手柄,使顶针向制冷剂罐伸出并刺穿制冷剂罐,如图15-59所示,然后逆时针旋转注入阀手柄,退回顶针,使得制冷剂罐与管路相通。

5)利用一个小的螺钉旋具或者其他替代工具按下排气阀门上的气门芯,排出管路里面的空气,当有制冷剂从排气孔泄出时,停止排气,如图15-60所示。

汽车维修常用工具与仪器设备的使用

图 15-57　制冷剂罐注入阀

图 15-58　安装制冷剂罐

图 15-59　被刺穿的制冷剂罐

图 15-60　排放空气

模块 5　常用测量量具与检测仪器

6）拧开高压手动阀至全开位置，将制冷剂罐倒立，如图 15-61 所示。

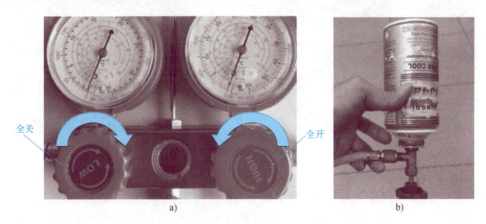

图 15-61　开始加注制冷剂
a）手动阀状态　b）制冷剂罐状态

7）随着制冷剂注入管路，高压表指针会显示相应的压力值，当指针不动时（此时压力大概是 500kPa），关闭压力表上的高压手动阀，如图 15-62 所示。

图 15-62　加注制冷剂操作

注意：在高压侧加注制冷剂时，压缩机必须停转，且不能拧开歧管压力计上的低压手动阀，以防产生液压冲击。

（2）低压端加注制冷剂　低压端加注制冷剂具体的过程如下：

1）起动发动机，打开空调系统（A/C 形状处于"ON"状态，指示灯亮起），将空调鼓风机的速度调到最大（出风量最大状态），温度调到最低，如图 15-63 所示。

图 15-63　空调系统状态

2）将制冷剂罐正面放置，打开低压手动阀，让制冷剂进入制冷系统，如图 15-64 所示。

3）此时制冷剂以气态形式进入制冷系统，直到加注量达到规定值。各个车型的制冷剂

283

汽车维修常用工具与仪器设备的使用

图 15-64　打开低压手动阀

加注以车辆维修手册或者车身上加注量标识牌为准。加注量标识牌如图 15-65 所示。

4) 在加注的同时观察高压表和低压表的压力指示情况, 当达到加注量时, 低压侧的压力值应在 150~250kPa (1.5~2.5bar) 范围内, 高压侧的压力值应在 1400~1600kPa (14~16bar) 范围内, 如图 15-66 所示。因室外温度和车型规格不同, 所显示的实际数值有所不同。

图 15-65　加注量标识牌

图 15-66　压力表压力显示状态

5) 从观察窗处观察, 确认系统内无气泡、无过量制冷剂, 如图 15-67 所示; 另外利用温度计检测出风口温度应达到标准要求。

6) 加注完毕后, 关闭低压手动阀, 关闭制冷剂罐上的注入阀, 停转发动机。

7) 逆时针旋转高、低压管路接口上的快速接头, 切断压力表与车辆空调管路的连接, 拆下压力表, 拆下压力表各个组件放入压力表包装盒, 如图 15-68 所示。注意: 制冷剂罐和压力表内有残留的制冷剂, 要妥善处理。

图 15-67　汽车空调管路观察窗

图 15-68　压力表整理

模块 5　常用测量量具与检测仪器

15.9　轮胎气压表的使用

15.9.1　轮胎气压表的认识

汽车的轮胎气压是一个很重要的参数，它应该保持在一个范围之内。轮胎气压过高会使轮胎过硬失去应有的弹性及吸振能力，不但抓地力变差，中央胎纹过度磨损会产生胎纹深度不均的现象，轮胎在高速运转下也有可能因无法承受过度的膨胀压力而发生爆胎。过低的轮胎气压则会使高速行驶的轮胎产生驻波现象，从而影响转向的稳定性；同时，车辆行驶速度是很快的，轮胎的形状处于一种高频交变状态，如果气压不足变形就会加大，胎面两边的胎纹会过度磨损，胎体因无法抵御地面的压力而扭曲变形，产生高温而加速轮胎的磨损，最终导致爆胎；除此之外，还会影响诸如 ABS（制动防抱死系统）等行车稳定控制系统。

综上所述，经常使用轮胎气压表检测轮胎气压是非常必要的。图 15-69 所示为轮胎气压表。

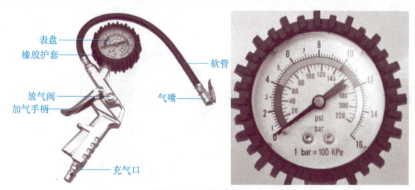

图 15-69　轮胎气压表

轮胎气压表简称为胎压计，如同质量单位有 t 和 kg 一样，气压也有不同的表示单位。一块气压表上可能有多种单位，如 kgf/cm²、bar（1bar 表示 1 个大气压）、psi（英制单位）和 kPa，它们之间通常按如下换算：

$$1\text{bar} = 1.02\text{kgf/cm}^2 = 10^2\text{kPa} = 14.5\text{psi}$$

15.9.2　轮胎气压表的分类

车辆轮胎气压表有很多种类，大体有以下分类：

1）按照压力显示方式不同可分为指针式（机械式）和数显式两种，如图 15-70 所示。

  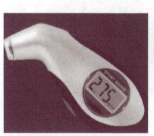 

a)　　　　　　　　　　　　　　　　b)

图 15-70　按压力显示方式分类

a) 指针式气压表　b) 数显式气压表

285

指针式气压表分为油浸式和非油浸式的，油浸式气压表的表盘内部充满了硅油或者甘油，如图15-71所示。

2）气压表按照功能进行分类，可分为可加气式和不可加气式的，不可加气式的气压表没有加气手柄，如图15-72所示。

15.9.3 轮胎气压表的使用方法

下面以指针式气压表为例，介绍气压表的使用方法：

1. 利用轮胎气压表测量气压

1）使用轮胎气压表前需观察气压表指针是否处于"0"位置，不处于"0"位的要校准到"0"，如图15-73所示。

轮胎气压表的使用

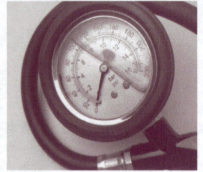
图15-71 油浸式气压表

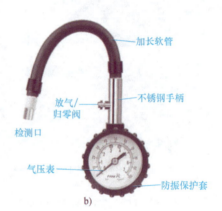

图15-72 气压表按照功能进行分类
a) 可加气式 b) 不可加气式

2）逆时针旋转并取下轮辋上气门嘴盖帽，气门嘴盖帽如图15-74所示。

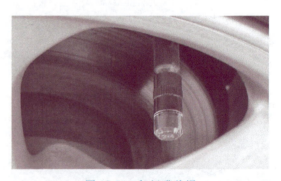

图15-73 气压表位于"0"位置　　　图15-74 气门嘴盖帽

3）压下气压表气嘴的卡扣，将气压表的气嘴对准气门嘴迅速垂直用力压在轮胎气门嘴上，然后松开卡扣，如图15-75所示。

4）此时观察气压表的读数，读取单位为"bar"的数值，若指针指向"3"，则表示轮

模块5　常用测量量具与检测仪器

图 15-75　连接气压表到气门嘴上

胎的气压为 3bar，如图 15-76 所示。

图 15-76　读取测量值

5）测量完成后，按下压力表气嘴的铜夹并快速拧下气压表的气嘴，利用肥皂水对气门嘴进行试漏，如图 15-77 所示，确认无漏气现象后装好轮辋上的气门嘴盖帽。

6）将读取到的气压值与标准气压值做比较，标准气压值通常在车门的侧边，若气压过低，则需要给轮胎充气；若气压过高，可通过气压表的放气阀放气。

2. 利用轮胎气压表进行充气

当所检查的轮胎气压过低时，可利用气压表对轮胎进行充气。

（1）连接气源的气管到气压表上的充气口，连接气源的气管到气压表上的充气口如图 15-78 所示。

气管快速接头的连接方法如图 15-79 所示。

1）用两根手指捏住快速接头的锁止圈，然后往后侧拉动。

图 15-77　气门嘴漏气检查

图 15-78　连接气源的气管到气压表上的充气口

2)将气压表的充气口套到快速接口上,同时将快速接头的锁止圈往反向推动,卡住两个接口。

3)连接完成后确认连接是否完好。

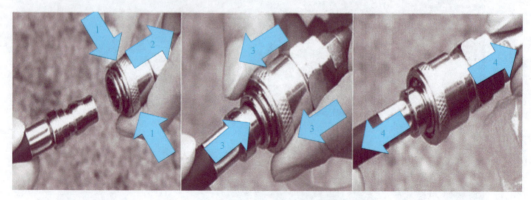

图 15-79　气管快速接头的连接步骤

(2)对轮胎进行充气　按下加气手柄,对轮胎进行充气,如图 15-80 所示。

(3)在充气的过程中可松开加气手柄检查轮胎气压是否达到标准要求　当气压达到标准值时,拆下气压表,检查气门嘴的泄漏情况,安装气门嘴盖帽。

3. 利用轮胎气压表进行放气

当所检查的轮胎气压过高时,可利用气压表对轮胎进行放气。

1)连接气压表到轮胎气门嘴上。

2)放气

第一种放气方法是:当气压表连接气源时按下压力表的放气阀,对轮胎进行放气,如图 15-81 所示。

图 15-80　充气作业

第二种方法是当气压表连接气源时,可按下加气手柄,对轮胎进行放气。加气手柄如图 15-82 所示。

图 15-81　按下放气阀放气

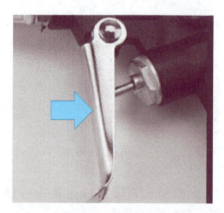

图 15-82　加气手柄

模块 5　常用测量量具与检测仪器

3）放气的同时可松开放气阀或者加气手柄检查轮胎气压，当气压达到标准值时，拆下气压表，检查气门嘴的泄漏情况，安装气门嘴盖帽。

15.9.4　使用轮胎气压表的注意事项

1）使用轮胎气压表前，应使汽车处于冷车状态，车辆应放于平台上。

2）当读数时，视线需与表面垂直且指针与表盘刻线重叠，防止产生读数误差，并且需要估读到小数一位。

3）测量轮胎气压之前确认气压表的指针处于"零位"。

4）当测量气压时，要保证轮胎气压表气嘴与轮胎气门嘴紧密接触，防止漏气。

5）当给轮胎充气（放气）时，需边充（放）边观察轮胎气压表读数，避免充气（放气）过多。

6）长时间不使用轮胎气压表，应将其放置在干燥、空气流通、无腐蚀性气体和剧烈振动的地方。

任务总结

1. 正确选用各种压力测量量具。
2. 进行压力测量前应检查压力的完好状况。
3. 要选用合适的测试接口。
4. 进行压力检查或者测试时应确保接口的密封性。
5. 正确使用压力表并正确读取测量压力。
6. 如机油压力表等，在使用完毕后应排出表内的相关油液，否则会导致量具的快速损坏。
7. 测试完毕后应将量具清洁、润滑、保养并归位放置。

作　业

完成"学习工作页"任务 15 各项作业。

模块 6
电气测量设备与检测仪器

任务 16　电气测量设备与检测仪器的使用

学习目标

1. 熟悉电气测量设备的类型。
2. 学会对电气测量设备进行日常保养。
3. 能选择及安全使用电气测量设备。
4. 掌握电气测量设备的使用注意事项。
5. 培养良好的职业道德与安全、环保意识。

任务接受

　　一台宝马 320Li 汽车,因发动机怠速不稳、行车加速无力进店维修,机电维修组长带领学生进行故障诊断,在此过程中,机电维修组长使用了如万用表、示波器等电气测量设备对故障进行诊断排除,使学生掌握电气测量设备的选择和正确使用。

模块 6　电气测量设备与检测仪器

任务接待参见"学习领域 1 汽车维修接待、沟通与管理"。

任务准备

16.1　电气测量设备与检测仪器准备

随着电控技术在汽车上的使用，汽车故障诊断与排除在很大程度会使用到各式各样的电气测量设备和检测仪器，对汽车电路、电子设备、电子元件及信号进行检测，电气测量设备及检测仪器包括了万用表、测电笔等。

电气测量设备清单见表 16-1。

表 16-1　电气测量设备清单

名　称	数　量	名　称	数　量
数字式万用表	1 套/5 人	指针式万用表	1 套/5 人
测电笔	1 套/5 人	高率放电计	1 套/5 人
蓄电池测试仪	1 套/5 人	示波器	1 套/5 人
故障诊断仪	1 套/5 人	—	—

任务实施

16.2　汽车万用表的使用

16.2.1　万用表的认识

万用表又称为复用表、多用表、三用表和繁用表等，是电力电子等部门不可缺少的测量仪表，万用表是一种带有整流器的，可以测量交、直流电流，电压及电阻等多种电学参量的磁电式仪表。汽车维修作业用万用表如图 16-1 所示。汽车万用表有更多的功能，如检测二极管的导通性、频率、温度，发动机转速和点火闭合角等。

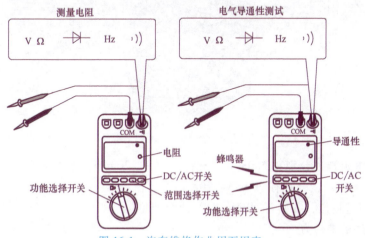

图 16-1　汽车维修作业用万用表

16.2.2　万用表的分类

常见的万用表有指针式万用表和数字式万用表。

1. 指针式万用表

指针式万用表是表头为核心部件的多功能测量仪表，测量值由表头指针

万用表的分类和结构

指示读取，其结构如图 16-2 所示。

2. 数字式万用表

数字式万用表是现阶段汽车维修中常用的万用表，它的测量值由液晶显示屏直接以数字的形式显示，读取方便，有些还带有语音提示功能，其结构如图 16-3 所示。

数字式万用表的主要相应档位有以下几个：

Ω：电阻档，分别有 200Ω、2k、20k、2M、20M 五个档位。

V~：交流电压档，分别有 2V、20V、200V、500V、750V 五个档位。

V-：直流电压档，分别有 200mV、2V、20V、200V、1000V 五个档位。

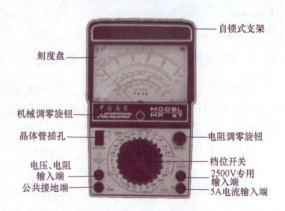

图 16-2 指针式万用表

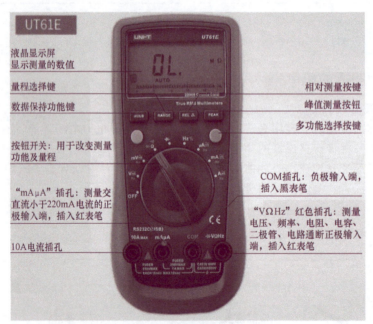

图 16-3 数字式万用表的结构

A-：直流电流档，分别有 200mA、2mA、20mA、200mA、20A 五个档位。

A~：交流电流档，分别有 200mA、20A 两个档位。

HFE：晶体管档位，分别有 NPN、PNP 两个档位。

16.2.3 万用表的使用方法

在发动机电控系统故障的检测与诊断中，除经常需要检测电压、电阻和电流等参数外，还需要检测转速、闭合角、频宽比（占空比）、频率、压力、时间、电容、电感、温度和半导体元件等。这些参数对于发动机电控系统的故障检测与诊断具有重要意义。但是这些参数用一般数字式万用表无法检测，需用专用仪表，即汽车万用表。

万用表的使用

模块6 电气测量设备与检测仪器

1. 电阻测量

以测量发电机的磁场绕组为例,介绍万用表测量电阻的方法。

1)测电阻时红表笔插入万用表"V/Ω"孔,黑表笔插入"COM"孔。

2)将万用表的档位开关转到蜂鸣档,测试万用表的功能是否正常,如图16-4所示。

3)按下万用表电源开关,将档位至于最低电阻档,短接红色和黑色表笔,测试万用表的内阻值大小(一般要求<0.1Ω),如图16-5所示。

图16-4 蜂鸣档   图16-5 电阻档档位

4)将两表笔放置到集电环位置,如图16-6所示。

5)读出LED显示屏的数值。

2. 直流电压的测量

以测量蓄电池电压为例,介绍万用表测量直流电压的方法:

1)将红表笔插入万用表的V/Ω孔。

2)将黑表笔插入万用表的COM孔。

3)将量程旋钮转到蜂鸣档,检查万用表的性能,然后将量程旋钮转至"V-"的"20V"档,如图16-7所示。

图16-6 测量磁场绕组电阻   图16-7 选择合适的直流电压档位

4)将红表笔与蓄电池正极接触,黑表笔与蓄电池负极接触,读出显示屏上显示的数据,如图16-8所示。

5)注意:把旋钮转到比估计值大的量程档(注意:直流档是V-,交流档是V~),接着把表笔接电源或电池两端;保持接触稳定。数值可以直接从显示屏上读取;若显示为

293

汽车维修常用工具与仪器设备的使用

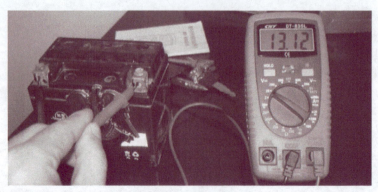

图 16-8 直流电压的测量

"1",则表明量程太小,那么就要加大量程后再测量;若在数值左边出现"-",则表明表笔极性与实际电源极性相反,此时红表笔接的是负极。

3. 直流电流的测量

1)断开电路。

2)将黑表笔插入 COM 端口,红表笔插入 mA 或者 20A 端口。

3)将量程旋钮转到蜂鸣档,检查万用表的性能,将功能旋转开关转至 A-(直流),并选择合适的量程,如图 16-9 所示。

4)断开被测线路,将数字万用表串联在被测线路中,被测线路中电流从一端流入红表笔,经万用表黑表笔流出,再流入被测线路中,如图 16-10 所示。

5)接通电路。

6)读出 LED 显示屏数值。

7)注意:估计电路中电流的大小。若测量大于 200mA 的电流,则要将红表笔插入"10A"插孔并将旋钮转到直流"10A"档;若测量小于 200mA 的电流,则将红表笔插入"200mA"插孔,将旋钮转到直流 200mA 以内的合适量程;将万用表串联进电路中,保持稳定,即可读数。若显示为"1",那么就要加大量程;如果在数值左边出现"-",则表明电流从黑表笔流进万用表部分;其余与交流注意事项大致相同。

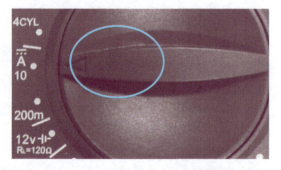

图 16-9 选择合适的直流电流档位

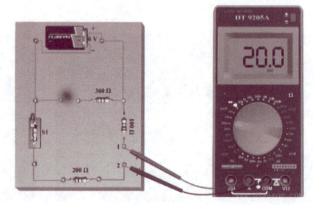

图 16-10 直流电流的测量

4. 交流电压的测量

以测量家用电的供电电压为例,介绍万用表测量交流电压的方法。

模块6 电气测量设备与检测仪器

1) 将红表笔插入 V/Ω 孔。
2) 将黑表笔插入 COM 孔。
3) 将量程旋钮转到蜂鸣档,检查万用表的性能,量程旋钮转到 V~ 适当位置,如图 16-11 所示。

图 16-11 选择合适的交流电压档位

4) 读出 LED 显示屏上显示的数据。
5) 注意:表笔插孔与直流电压的测量一样,不过应该将旋钮转到交流档"V~"处所需的量程即可;交流电压无正负之分,测量方法跟前面相同;无论测交流还是直流电压,都要注意人身安全,不要随便用手触摸表笔的金属部分。

5. 交流电流的测量

1) 断开电路。
2) 将黑表笔插入 COM 端口,红表笔插入 mA 或者 20A 端口。
3) 将功能旋转开关转至 A~(交流),并选择合适的量程。
4) 断开被测线路,将数字万用表串联在被测线路中,被测线路中电流从一端流入红表笔,经万用表黑表笔流出,再流入被测线路中。
5) 接通电路。
6) 读出 LED 显示屏数值。
7) 注意:测量方法与直流相同,不过应该转到交流档位;电流测量完毕后应将红表笔插回"V/Ω"孔;如果使用前不知道被测电流范围,将功能开关置于最大量程并逐渐下降;如果显示器只显示"1",表示过量程,功能开关应置于更高量程;表示最大输入电流为 200mA,过量的电流将烧坏熔丝,应再更换,20A 量程无熔丝保护,测量时不能超过 16s。

6. 电容的测量

1) 将电容两端短接,对电容进行放电,确保数字式万用表的安全。
2) 将功能旋转开关转至电容"F"测量档,并选择合适的量程。
3) 将电容插入万用表 CX 插孔,如图 16-12 所示。
4) 读出 LED 显示屏数值。
5) 注意:测量前电容需要放电,否则容易损坏万用表;测量后也要放电,避免埋下安

295

全隐患，仪器本身已对电容档设置了保护，故在电容测试过程中不用考虑极性及电容充放电等情况；当测量电容时，将电容插入专用的电容测试座中（不要插入表笔插孔 COM、V/Ω）；测量大电容时稳定读数需要一定的时间；电容的单位换算：$1\mu F = 10^6 pF = 10^3 nF$。

7. 二极管的测量

以测量发动机的整流二极管为例，介绍万用表测量二极管的方法。

1）将红表笔插入 V/Ω 孔，黑表笔插入 COM 孔。

2）转盘转至（⊣▷⊢）档，如图 16-13 所示。

图 16-12　测量电容

图 16-13　选择二极管档位

3）判断正负或者二极管的导通性，如图 16-14 所示。

图 16-14　测量二极管

4）红表笔接二极管正极，黑表笔接二极管负极，对二极管进行测量。

5）读出 LED 显示屏上数据。

6）两表笔换位，若显示屏上为"1"，正常；否则此管被击穿。

7）注意：二极管正负好坏判断。将红表笔插入 V/Ω 孔，黑表笔插入 COM 孔，转盘转至（⊣▷⊢）档，然后颠倒表笔再测一次。测量结果如下：如果两次测量的结果是：一次显示"1"字样，另一次显示零点几的数字，那么此二极管就是一个正常的二极管，假如两次显示都相同，那么此二极管已经损坏，LCD 上显示的一个数字即是二极管的正向压降；硅材料为 0.6V 左右；锗材料为 0.2V 左右，根据二极管的特性，可以判断此时红表笔接的是二极管的正极,而黑表笔接的是二极管的负极。

8. 晶体管的测量

1) 将红表笔插入 V/Ω 孔,黑表笔插入 COM 孔。

2) 转盘转至 （─▷├─） 档。

3) 找出晶体管的基极 b。

4) 判断晶体管的类型（PNP 或者 NPN）。

5) 转盘转至 HFE 档。

6) 根据类型插入 PNP 或 NPN 插孔测 β。

7) 读出显示屏中 β 值。

8) 注意：e、b、c 管脚的判定。表笔插位同 1），其原理同二极管。先假定 A 脚为基极，用黑表笔与该脚相接,红表笔接触其他两脚；若两次读数均为 0.7V 左右,然后再用红表笔接 A 脚,黑表笔接触其他两脚,若均显示为 "1",则 A 脚为基极,否则需要重新测量,且此管为 PNP 管。那么集电极和发射极如何判断呢？可以利用 "HFE" 档来判断：先将档位转至 "HFE" 档,可以看到档位旁有一排小插孔,分为 PNP 和 NPN 管的测量。前面已经判断出管型,将基极插入对应管型 "b" 孔,其余两脚分别插入 "c" "e" 孔,此时可以读取数值,即 β 值；再固定基极,其余两脚对调；比较两次读数,读数较大的管脚位置与表面 "c" "e" 相对应。

16.2.4 使用数字式万用表的注意事项

1) 如果无法预先估计被测电压或电流的大小,则应先拨至最高量程档测量一次,再视情况逐渐把量程减小到合适档位。测量完毕,应将量程开关拨到最高电压档,并关闭电源。

2) 当满量程时,仪表仅在最高位显示数字 "1",其他位均消失,这时应选择更高的量程。

3) 当测量电压时,应将数字式万用表与被测电路并联。测电流时应与被测电路串联,测直流量时不必考虑正、负极性。

4) 当误用交流电压档测量直流电压,或者误用直流电压档测量交流电压时,显示屏将显示 "000",或低位上的数字出现跳动。

5) 禁止在测量高电压（220V 以上）或大电流（0.5A 以上）时换量程,以防止产生电弧,烧毁开关触点。

6) 当万用表的电池电量即将耗尽时,液晶显示器左上角电池电量低提示。会有电池符号显示,此时电量不足,若仍进行测量,测量值会比实际值偏高。

16.3 测电笔的使用

16.3.1 测电笔的认识

测电笔也叫作试电笔,简称 "电笔",是一种电工工具,用来测试电线中是否带电。笔体中有一氖泡（现在常用的弱电测电笔常用的是发光二极管灯泡）,测试时如果氖泡发光,说明导线有电或为通路的火线。测电笔中的笔尖和笔尾用金属材料制成,笔杆用绝缘材料制成。当使用测电笔时,一定要用手触及测电笔尾端的金属部分,否则,因带电体、测电笔、人体与大地没有形成回路,测电笔中的氖泡不会发光,造成误判,认为带电体不带电。低压测电笔的结构如图 16-15 所示。

测电笔是广大电工经常使用的工具之一,用来判别物体是否带电。它的内部构造是一只

汽车维修常用工具与仪器设备的使用

有两个电极的灯泡,泡内充有氖气,俗称氖泡,它的一极接到笔尖,另一极串联一只高电阻后接到笔的另一端。

16.3.2 测电笔的类型

1. 按照测量电压的高低分类

高压测电笔:用于10kV及以上项目作业时,为电工的日常检测用具,如图16-16所示。

低压测电笔:用于线电压500V及以下项目的带电体检测。

弱电测电笔:用于电子产品的测试,一般测试电压为6~24V,为了便于使用,测电笔尾部常带有一根带夹子的引出导线。弱

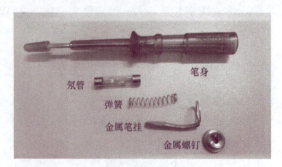

图 16-15 低压测电笔的结构

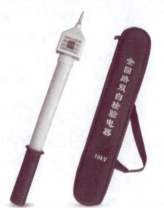

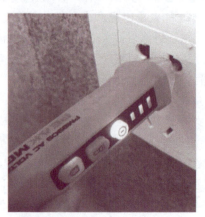

图 16-16 高压测电笔

电测电笔是现阶段汽车电气维修中常用的测电笔,如图16-17所示。

图 16-17 弱电测电笔

2. 按照接触方式分类

接触式测电笔:通过接触带电体,获得电信号的检测工具。通常形状有一字螺钉旋具式,兼测电笔和一字螺钉旋具用;钢笔式,直接在液晶窗口显示测量数据。

感应式测电笔：采用感应式测试，无须物理接触，可检查控制线、导体和插座上的电压或沿导线检查断路位置。可以极大限度地保障检测人员的人身安全。

16.3.3 测电笔的作用

测电笔的握法如图16-18所示。

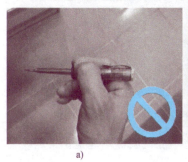 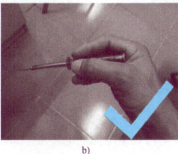 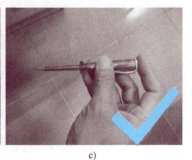

a) b) c)

图16-18 测电笔的握法

a）错误握法 b）笔式握法 c）螺钉旋具式握法

测电笔除了可以判断物体是否带电外，还有以下几个用途：

1）可以用来进行低压核相，测量线路中任何导线之间是否同相或异相。具体方法是：站在一个与大地绝缘的物体上，双手各执一支测电笔，然后在待测的两根导线上进行测试，如果两根测电笔发光很亮，则这两根导线为异相；反之，则为同相，它是利用测电笔中氖泡两极间电压差值与其发光强弱成正比的原理来进行判别的。

2）可以用来判别交流电和直流电。在用测电笔进行测试时，如果测电笔氖泡中的两个极都发光，就是交流电；如果两个极中只有一个极发光，则是直流电。

3）可以判断直流电的正、负极。将测电笔接在直流电路中测试，氖泡发亮的那一极就是负极，不发亮的一极是正极。

4）可用来判断直流是否接地。在对地绝缘的直流系统中，可站在地上用测电笔接触直流系统中的正极或负极。如果测电笔氖泡不亮，则没有接地现象；如果氖泡发亮，则说明有接地现象，其发亮如在笔尖端，则说明为正极接地。如发亮在手指端，则为负极接地。但是必须指出的是在带有接地监察继电器的直流系统中，不可采用此方法判断直流系统是否发生接地。

当氖泡的两极间电压达到一定值时，两极间便产生辉光，辉光强弱与两极间电压成正比。当带电体对地电压大于氖泡起始的辉光电压，而将测电笔的笔尖端接触它时，另一端则通过人体接地，所以测电笔会发光。测电笔中电阻的作用是限制流过人体的电流，以免发生危险。

16.3.4 测电笔的使用方法

下面以测量蓄电池的电压为例，介绍弱测电笔的实际使用。将测电笔的夹子夹到蓄电池负极，如图16-19所示。

将测电笔的笔头连接蓄电池正极，如图16-20所示。

检查测电笔是否点亮，如

图16-19 将测电笔连接负极

测电笔的使用

图 16-21 所示。

图 16-20　连接蓄电池正极

图 16-21　检查测电笔是否点亮

注意：当测电笔亮起时，并不代表蓄电池的电量足够，也不能说明蓄电池是正常的。

16.3.5　使用测电笔的注意事项

1）使用测电笔之前，首先要检查测电笔里有无安全电阻，再直观检查测电笔是否有损坏，有无受潮或进水，检查合格后才能使用。

测电笔内有电阻，有发光体——氖泡，关键在于氖泡，经过电阻降压以后，有电压到氖泡的一头，形成一个高电势，手需接触测电笔尾的金属端，现在人身就是地线了，在氖泡中有两段细的金属丝，挨得很近，但却不相连，氖泡中自然充的是氖气，有合适的电位差即可产生辉光放电。如果电压过大，会瞬间击穿氖泡，这时氖泡起保险作用，不会对人身产生太大的伤害。电压低会比较危险，因为传统测电笔，就是氖泡测电笔，在100V左右以上才会亮，大意不得，另外测电笔不要进水，不然会有触电的感觉。

2）当使用测电笔时，不能用手触及测电笔前端的金属探头，这样做会造成人身触电事故。

3）当使用测电笔时，一定要用手触及测电笔尾端的金属部分，否则，因带电体、测电笔、人体和大地没有形成回路，测电笔中的氖泡不会发光，造成误判，认为带电体不带电，这是十分危险的。氖泡的发光电压是70V以上，所串联的电阻为500k，在测试220V电压时，流过人体的最大电流为：$I=(220-70)÷500mA=0.3mA$，而人体通过30mA以下的电流被认为是安全的。

4）在测量电气设备是否带电之前，先要找一个已知电源测一测测电笔的氖泡能否正常发光，如果能正常发光，才能使用。

5）在明亮的光线下测试带电体时，应特别注意氖泡是否真的发光（或不发光），必要时可用另一只手遮挡光线仔细判别。千万不要造成误判，将氖泡发光判断为不发光，而将有电判断为无电。

16.4　高率放电计的使用

1. 高率放电计的认识

当车辆使用一段时间或者行驶一定公里数之后，汽车蓄电池会出现疲劳失效，那么，在对蓄电池进行检查时，除了用万用表检查电压之外，还可以用高率放电计判断蓄电池技术状况，其原理是模拟接入起动机的负荷检测蓄电池大电流放电时的端电压。

高率放电计的使用

模块 6 电气测量设备与检测仪器

2. 高率放电计的类型

高率放电计常用的类型有三种，如图 16-22 所示。

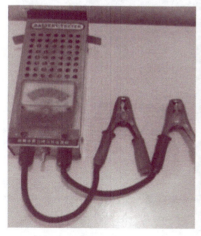
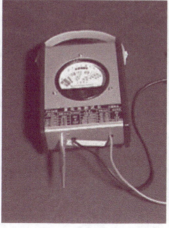

图 16-22 高率放电计

3. 高率放电计的使用方法

高率放电计的操作步骤如下：

1）将高率放电计的黑色夹钳夹持在蓄电池的负极接线柱上，红色夹钳夹持在蓄电池的正极接线柱上，此时读数显示的是蓄电池空载电压值，电压值通常在 11～13V 范围内为正常，如图 16-23 所示。

2）按下高率放电计上的负载按钮，2～3s 后放松按钮，特别提示：负载按钮不能按住不放，不然会烧坏仪器，如图 16-24 所示。

图 16-23 空载电压值的测量

图 16-24 负载测量

3）此时高率放电计上的电压表显示出蓄电池存电量状况，如图 16-25 所示。

4. 使用高率放电计的注意事项

1）严格遵守各种使用规范。

2）在使用高率放电计时，负载按钮不能长时间按压，通常保持时间为 2～3s。

3）严格注意用电安全。

4）当对蓄电池进行测试时，应先将蓄电池正负极导线拆下。

图 16-25 蓄电池存电量状况

16.5 蓄电池测试仪的使用

1. 蓄电池测试仪的认识

利用万用表和高率放电计测试蓄电池，只能初步判断汽车蓄电池的状况，为了更好、更准确地判断蓄电池的状况，可用蓄电池测试仪来判断蓄电池的技术状况，如图16-26所示。

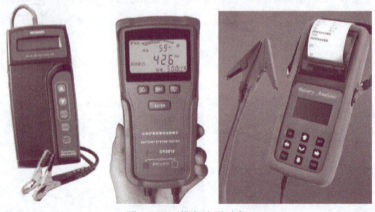

图 16-26 蓄电池测试仪

蓄电池测试仪的结构

蓄电池测试仪的使用

2. 蓄电池测试仪的类型

蓄电池测试仪有多种类型，根据检测设备生产厂家的不同，测试仪也有所不同，图16-27所示为博世品牌的测试仪。

3. 蓄电池测试仪的使用方法

蓄电池测试仪的使用步骤如下：

如果蓄电池已拆下，则测试前使用金属丝刷子扫清蓄电池接线柱；如果蓄电池就车检测，测试开始时，确保所有的车辆附加载荷均已关闭，并且点火开关处于关闭位置。

1）使用前将蓄电池测试仪的红黑连接线连在蓄电池两端，测试仪要求夹钳的两端在测试前均需牢固连接。连接不良将使测试受阻，并且屏幕将显示一则 CHECK CONNECTION（检查连接）的消息。如果出现这种情况，首先清扫接线柱，然后再次连接。

2）选择测量模式。有两种测量模式：一是充电前测试，二是充电后测试。使用上下按键选择后按确认进入下一步。

3）选择蓄电池安装模式：一是车内模式（蓄电池放在发动机舱内部，用电缆连接），二是车外模式（蓄电池与车辆连接全部中断）。根据车辆状况选择好之后确认进入下一步。

4）选择蓄电池容量标准，确定蓄电池容量 CCA，通过观察蓄电池外观确定后，将 CCA 容量通过上下键确定后确认进入下一步。

5）测试仪自动检测蓄电池容量，对蓄电池容量做出判断，如图 16-28 所示。

图 16-27　博世品牌的测试仪

图 16-28　蓄电池测试

根据结果出现下列单词：

GOOD BATTERY 是指蓄电池良好，可继续使用。

GOOD RECHARGE 是指蓄电池良好，但需要充电。

CHARGE&RETEST 是指蓄电池需要充电后再测。

REPLACE BATTERY 是指需要更换蓄电池。

BAD CELL REPLACE 是指蓄电池存在单格损坏现象，需更换蓄电池。

确定后确认进入下一步。

6）检测完蓄电池后，按下 Print 按键，测试仪自动打印检测结果，将检测结果粘贴在客户保养单后面。

16.6　示波器的使用

16.6.1　示波器的认识

示波器是一种用途十分广泛的电子测量仪器，由电子管放大器、扫描振荡器和阴极射线管等组成。它能把肉眼看不见的电信号变换成看得见的图像，便于人们研究各种电现象的变化过程。示波器利用狭窄的、由高速电子组成的电子束，打在涂有荧光物质的屏面上，就可产生细小的光点（这是传统模拟示波器的工作原理）。在被测信号的作用下，电子束就好像一支笔的笔尖，可以在屏面上描绘出被测信号瞬时值的变化曲线。利用示波器能观察各种不同信号幅度随时间变化的波形曲线，还可以用它测试各种不同的电量，如电压、电流、频率、相位差和调幅度等。

汽车维修常用工具与仪器设备的使用

当汽车出现相关故障后，万用表等简单的检查仪器已无法满足日常的车辆维修，示波器能够快速准确地诊断发动机电控系统故障、车身电气系统故障等，示波器可以把所检测到电压的变化在显示屏上显示出来，用于分析、判断和储存，图 16-29 所示为利用示波器测出的波形图。

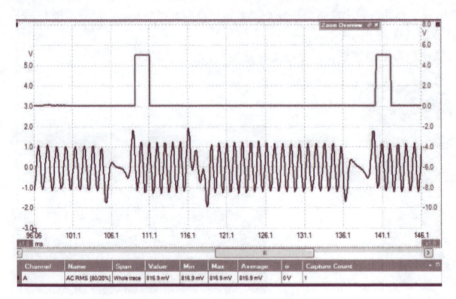

图 16-29　利用示波器测出的波形图

示波器的介绍

16.6.2　示波器的类型

1. 按信号不同示波器可分为模拟示波器和数字示波器两种

（1）模拟示波器　模拟示波器采用的是模拟电路（示波管，其基础是电子枪），电子枪向屏幕发射电子，发射的电子经聚焦形成电子束，并打到屏幕上。屏幕的内表面涂有荧光物质，这样电子束打中的点就会发出光来，如图 16-30 所示。

（2）数字示波器　数字示波器是用数据采集、A-D 转换和软件编程等一系列的技术制造出来的高性能示波器，如图 16-31 所示。

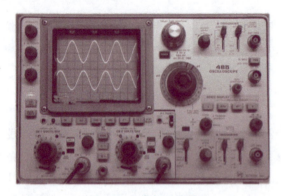

图 16-30　模拟示波器

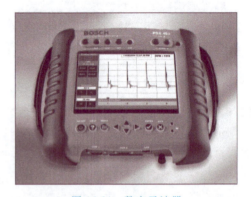

图 16-31　数字示波器

数字示波器的工作方式是通过模拟转换器（ADC）把被测电压转换为数字信息。数字示波器捕获的是波形的一系列样值，并对样值进行储存，储存限度是判断累计的样值是否能

模块 6 电气测量设备与检测仪器

描绘出波形为止,随后,数字示波器重构波形。数字示波器可以分为数字存储示波器(DSO)、数字荧光示波器(DPO)和采样示波器。

模拟示波器要提高带宽,需要示波管、垂直放大和水平扫描全面推进。数字示波器要改善带宽,只需要提高前端的 A-D 转换器的性能,对示波管和扫描电路没有特殊要求。加上数字示波管能充分利用记忆、储存和处理,以及多种触发和超前触发能力。20 世纪 80 年代数字示波器异军突起,成果累累,大有全面取代模拟示波器之势,模拟示波器的确从前台退到后台。

现阶段汽车维修作业中常用的是数字示波器。

2. 按照结构和性能不同分类

(1) 普通示波器 普通示波器电路结构简单,频带较窄,扫描线性差,仅用于观察波形。

(2) 多用示波器 多用示波器频带较宽,扫描线性好,能对直流、低频、高频、超高频信号和脉冲信号进行定量测试。借助幅度校准器和时间校准器,测量的准确度可达±5%。

(3) 多线示波器 多线示波器采用多束示波管,能在荧光屏上同时显示两个以上同频信号的波形,没有时差,时序关系准确。

(4) 多踪示波器 多踪示波器具有电子开关和门控电路的结构,可在单束示波管的荧光屏上同时显示两个以上同频信号的波形。但存在时差,时序关系不准确。

(5) 取样示波器 取样示波器采用取样技术将高频信号转换成模拟低频信号进行显示,有效频带可达 GHz 级。

(6) 记忆示波器 记忆示波器采用储存示波管或数字储存技术,将单次电信号瞬变过程、非周期现象和超低频信号长时间保留在示波管的荧光屏上或储存在电路中,以供重复测试。

(7) 数字示波器 数字示波器内部带有微处理器,外部装有数字显示器,有的产品在示波管荧光屏上既可显示波形,又可显示字符。被测信号经 A-D 转换器送入数据存储器,通过键盘操作,可对捕获波形参数的数据进行加、减、乘、除、求平均值、求平方根值、求均方根值等的运算,并显示出答案数字。

16.6.3 示波器的作用

示波器是用来测量交流电或脉冲电流波的形状的仪器,除观测电流的波形外,还可以测定频率和电压强度等,凡可以变为电效应的周期性物理过程都可以用示波器进行观测,在汽车维修作业中常用于信号传感器(如曲轴位置传感器、凸轮轴位置传感器)和车辆网络总线系统(如 CAN 总线、LIN 总线)等的测量。

16.6.4 示波器的使用方法

下面以 KT600 介绍示波器测试歧管绝对压力传感器(MAP)信号为例演示示波器的使用,如图 16-32 所示。

1. 连接 KT600 和电源延长线

根据被测试车型的蓄电池位置选择蓄电池供电或者点烟器供电,将测试探头接入通道 1 (CH1 端口),然后将测试探头上的小鳄鱼夹接蓄电池负极或搭铁,用测试探针刺入歧管绝对压力传感器的触发信号线,测试时的连接方法如图 16-33 所示。

汽车维修常用工具与仪器设备的使用

序号	项目	说明
1	触摸屏	TFT640×480 6.4in真彩屏,触摸式
2	ESC	返回上级菜单、退出
3	OK	进入菜单、确认所选项目
4	电源开关	电源开关
5	[▲][▼][►][◄]	方向选择键
6	F4 F1 F2 F3	多功能辅助键

图 16-32　KT600 示波器的外形

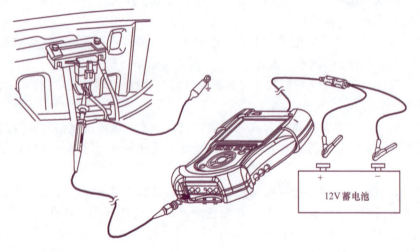

图 16-33　示波器连接图

诊断仪 KT600 的使用——示波功能

2. 测试条件

打开汽车点火开关,不起动发动机,使用手动真空泵模拟真空,将其接至歧管绝对压力传感器的真空输入端;发动机运转,检测由怠速渐渐加速的信号。

3. 测试步骤

1) 按照图 16-33 连接好设备,打开 KT600 电源开关。

2) 在金德仪器主菜单下按上下方向键选择示波分析仪,按"ENTER"键确认。

3) 在汽车专用示波器菜单下选择传感器,按"ENTER"键进入汽车传感器选择菜单。

4) 选择歧管绝对压力传感器,按"ENTER"键确认,根据测试条件,屏幕将会显示波形。

5) 必要时可以通过选择周期、幅值和电平等参数,然后按方向键改变波形,也可以选择停止键,按停止键冻结波形后,选择储存,将波形保存到 CF 卡(标准闪存卡)供以后修车参考,选择参考波形键,还可以保存为参考波形,同时与测试波形进行对比。

16.7 故障诊断仪的使用

1. 故障诊断仪的认识

汽车在行驶过程中,一旦电控系统出现故障,电子控制单元(ECU)可利用自身的自诊断功能,将故障检测出来,并以故障码的形式储存在ECU的存储器中。故障诊断仪又常常称为解码仪,如图16-34所示。故障诊断仪除了可以读取电控系统的各类信息外,还具有更新电控系统版本、设置电控系统参数、元件测试、测量和示波等功能,故障诊断仪通常需要定期进行更新升级。

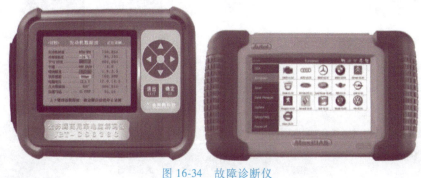

图 16-34 故障诊断仪

| | 动作测试、系统退出 | 清除故障码 | 读取数据流 |

组件介绍

元征诊断仪 X431 的使用

故障诊断仪分为专用型和通用型:专用型是汽车制造厂专门为自身车型制造的诊断设备,其技术有优势,功能更丰富,测量更加精确,如日产的 CONSULT-Ⅲ,如图16-35所示。

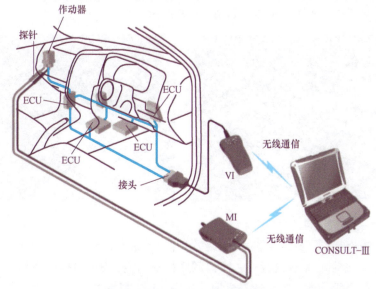

图 16-35 日产专业的故障诊断仪

宝马 ISID 故障诊断仪如图 16-36 所示。

图 16-36 宝马 ISID 故障诊断仪

组件介绍　　功能介绍

万用表　　示波器　　激励信号

宝马 IMIB 的使用

通用型是第三方根据标准的 OBD 协议生产的可以应用于各类车型的诊断设备，具有使用方便的特点，如金德公司的 KT600，如图 16-37 所示。

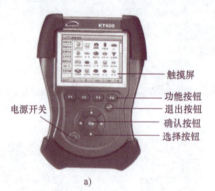 

图 16-37 常用的国产故障检测仪

a）金德 KT600 智能诊断仪　b）深圳元征电眼睛 X431

2. 故障诊断仪的作用

故障诊断仪的作用是将各种数据从 ECU 中读取出来，为检修人员参考。

3. 故障诊断仪的使用方法

常用故障诊断仪的使用步骤如下：

1）打开车载 OBD 接口，将汽车故障诊断仪插入车载 OBD 接口，如图 16-38 所示。

2）打开点火开关，置于 ON 档，如图 16-39 所示。

图 16-38 连接故障诊断仪　　　　图 16-39 打开点火开关到 ON 档

3）开启故障诊断仪。开启主机电源，经过几秒钟的起动时间后，进入主界面。一般故障诊断仪具有汽车诊断、系统设置、示波器和联机等功能，如图 16-40 所示。

4）选择汽车诊断，进入车型选择界面，如图 16-41 所示。

模块6 电气测量设备与检测仪器

图16-40 开启故障诊断仪　　　　　　图16-41 进入车型选择界面

组件介绍　　　功能介绍　　　读取故障码　　　动作测试　　　读取数据流　　　清除故障码

金德KT600的使用

5）选择相应的车型后，系统进入故障测试界面，维修人员可以查询所测系统的版本信息，读取和清除故障码，查看数据流，还能进行动作测试。

任务总结

1. 正确选用各种电气测量设备。
2. 使用万用表等设备前应检查设备是否正常。
3. 使用万用表时应选择正确的档位。
4. 当利用测电笔测量供电时，测电笔亮起不能说明该线路供电正常。
5. 高率放电计不能频繁使用，否则会导致蓄电池过度放电；接通时间不宜过长，否则会损坏高率放电计。
6. 蓄电池测试仪是判断蓄电池状况最有效的设备。
7. 使用示波器时应正确选择周期、幅值和电平等参数。
8. 故障诊断仪能有效进行读取和清除故障码，查看数据流，还能进行动作测试，提高故障诊断排除效率。

作　业

完成"学习工作页"任务16各项作业。

模块 7
其他常用工具设备与检测仪器

任务 17　其他常用工具设备的使用

学习目标

1. 熟悉其他常用工具设备的类型。
2. 学会对其他常用工具设备进行日常保养。
3. 能选择及安全使用其他常用工具设备。
4. 掌握其他常用工具设备的使用注意事项。
5. 培养良好的职业道德与安全、环保意识。

任务接受

一台宝马 320Li 汽车，因轮胎已经达到磨损极限，进店更换轮胎，机电维修组长带领学生进行轮胎更换作业，使学生掌握轮胎动平衡机等其他常用工具设备的选择和正确使用。

任务接待参见"学习领域 1 汽车维修接待、沟通与管理"。

模块 7　其他常用工具设备与检测仪器

任务准备

17.1　其他常用工具设备的准备

车辆在维修作业过程中，会使用到很多的辅助设备或者工具进行作业，其中包括了轮胎动平衡机、液压压床等，在本章节中，主要介绍维修车间中常用辅助设备的认识及使用。

其他常用工具设备清单见表 17-1。

表 17-1　其他常用工具设备清单

名　　称	数　　量	名　　称	数　　量
轮胎动平衡机	1 套/5 人	扒胎机	1 套/5 人
液压压床	1 套/5 人	千斤顶	1 套/5 人
举升机	1 套/5 人	—	—

任务实施

17.2　轮胎动平衡机的使用

1. 轮胎动平衡机的认识

车轮与轮胎是高速旋转组件，汽车在行驶过程中，车轮不平衡，会产生摇摆与跳动，尤其当车速高于 60km/h 时，这种摇摆与跳动将显著加剧。特别是高速公路上行驶的车辆，如果车轮不平衡，不仅严重降低汽车的行驶平顺性、乘坐舒适性和操纵稳定性，增加燃油消耗量，加剧轮胎磨损，以至直接影响车辆的经济性指标，而且还将损坏车辆的其他部件，严重时将危及行驶安全。不平衡也会引起底盘总成零部件损伤，如转向球节上的磨损加剧、减振器和其他悬架元件的变形等。因此，当车轮不平衡时，需要对车轮进行动平衡调整。

车轮动平衡的检测可分为离车式检测与就车式检测。现在应用广泛的是离车式轮胎动平衡机。在离式车轮胎动平衡机中，目前应用最多的是硬式二面测定轮胎动平衡机，如图 17-1 所示。

该动平衡机一般由驱动装置、转轴与支撑装置、显示与控制装置、制动装置、机箱和车轮防护罩等组成。其中驱动装置一般由电动机和传动机构等组成，可驱动转轴旋转，转轴由两个滚动轴承支撑，每个轴承均有一个能将动

图 17-1　轮胎动平衡机

反力变为电信号的传感器。转轴的外端通过锥体和大螺距螺母等零件来固定装配被测车轮。驱动装置、转轴与支撑装置等均装在机箱内。车轮防护罩可防止车轮旋转时其上的平衡块或花纹内的夹杂物飞出伤人，制动装置可使车轮停转。

车轮不平衡处需要安装平衡块，轮胎动平衡机的平衡块也称为配重，通常有卡夹式平衡块和粘贴式平衡块两种类型，如图 17-2 所示。

轮胎动平衡机的结构

汽车维修常用工具与仪器设备的使用

图 17-2 平衡块

2. 轮胎动平衡机的使用方法

离心式轮胎动平衡机的检测步骤如下：

1）清除被测车轮上的泥土、石子和旧平衡块，如图 17-3 所示。

将车轮上的平衡块拆下，对于外挂式的平衡块使用专用工具会十分方便，而粘贴式的平衡块用一字螺钉旋具也能搞定

图 17-3 取下平衡块

a) 外挂式平衡块 b) 粘贴式平衡块

轮胎动平衡机的使用

2）检查轮胎气压，根据需要充至规定值。

3）根据轮辋中心孔的大小选择锥体，仔细装上车轮，用大螺距螺母紧固。

4）打开电源开关，检查指示与控制装置的面板是否指示正确。

5）用卡尺测量轮辋宽度 b、轮辋直径 d（也可由轮胎侧面读出），用平衡机上的标尺测量轮辋边缘至机箱的距离，再用输入的方法或用选择器旋钮对准测量值的方法，将 a、b、d 值输入指示与控制装置中。a、b、d 三尺寸如图 17-4 所示。为了适应不同计量制方式，平衡机上的所有标尺一般都同时标有英制和米制刻度。

6）放下车轮的防护罩，按下起动键，车轮旋转，平衡测试开始，微机自动采集数据。

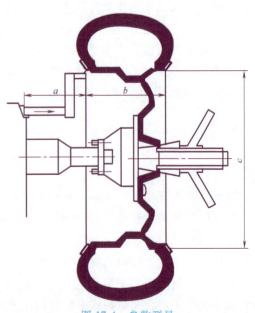

图 17-4 参数测量

模块 7　其他常用工具设备与检测仪器

7）车轮自动停转或听到"嘀"声按下停止键并操纵制动装置使车轮停转后，从指示装置读取车轮内、外两侧不平衡量和不平衡位置。

8）抬起车轮防护罩，用手慢慢转动车轮。当指示装置发出指示（音响发出声音、指示灯亮、产生制动、显示点阵或显示检测数据等）时停止转动。在轮辋的内侧或外侧的上部（时钟 12 点位置）加装指示装置显示该侧平衡块的质量。内、外侧要分别进行，平衡块装卡要牢固。

9）安装平衡块后有可能产生新的不平衡，应重新进行平衡试验，直至不平衡量小于 5g（0.3oz），指示装置显示"00"或"OK"时才符合要求。当不平衡量相差 10g 左右时，如能沿轮辋边缘左右移动平衡块一定角度，将可获得满意的效果。平衡过程中，实践经验越丰富，平衡速度越快。

10）测试结束，关闭电源开关。

17.3　扒胎机的使用

1. 扒胎机的认识

轮胎扒胎机适用于各种中小型汽车轮胎的拆装和充气，是汽车维修厂和汽车轮胎店不可缺少的设备。下面以中意泰达 S-112F 型扒胎机为例介绍其结构、操作及使用注意事项，如图 17-5 所示。

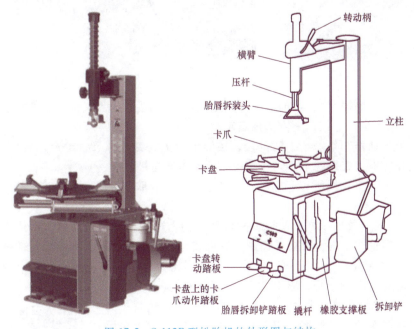

扒胎机的结构

图 17-5　S-112F 型扒胎机的外形图与结构

2. 扒胎机的使用方法

使用方法如下：

1）连接电源和压缩空气系统后，通过踩动设备上的三个踏板控制卡盘、卡爪和轮唇拆卸铲动作，各踏板的功能如下：

卡盘转动踏板：踩下卡盘转动踏板，卡盘按顺时针方向旋转；再踏一下，卡盘按逆时针方向旋转。

扒胎机的使用
——拆卸轮胎

313

胎唇拆卸铲踏板：踩下胎唇拆卸铲踏板，胎唇拆卸铲动作；松开踏板，胎唇拆卸铲返回原位。

卡爪动作踏板：踩下卡爪动作踏板，卡盘上的卡爪打开；再踏一下，卡爪合上。

扒胎机的操作可分为拆开胎唇、卸下轮胎和装上轮胎三部分。在进行任何操作前均应放掉轮胎内的空气，并取下轮辋上的所有平衡块。

注意：拆胎前，应先用毛刷蘸取润滑剂盒中事先放好的有效润滑剂，再润滑胎缘，如图17-6所示。否则，在压胎时拆卸铲会磨损胎缘。

2）拆开胎唇。先放尽轮胎内的空气，然后将轮胎靠在扒胎机右边的橡胶支撑板上，将拆卸铲顶在胎唇上，距离轮辋边大约1cm（图17-7）。踩下拆卸铲踏板，拆卸铲动作。沿钢圈在轮胎两侧重复以上动作，直到胎唇全部撬开。

图17-6 润滑轮胎胎缘

图17-7 拆卸铲边缘置于胎缘与轮辋之间

3）卸下轮胎。在胎唇上涂抹厂家提供的润滑油脂或同类润滑油（不涂抹润滑油可能会导致轮胎严重磨损），根据规定尺寸按以下方法锁定轮胎。

轮辋外锁定法：将卡爪动作踏板踩至中间位置，按照卡盘上的参照标尺，给卡爪定位；将轮胎放在卡爪上并按住轮辋，连续踩卡爪动作踏板，直至卡紧轮辋。

轮辋内锁定法：给卡爪定位，使所有卡爪合上，将轮胎放在卡爪上，踩下卡爪动作踏板打开卡爪，使之卡住轮辋。

4）确定轮辋被牢固卡住，放低压杆，使拆装头靠到轮辋上边缘，转动转动柄，锁住水平及垂直臂，使拆装头距离轮辋2cm，将撬杆插到胎唇拆装头前端，用撬杆剥开胎唇保持撬杆位置不变，踩下卡盘转动踏板，使卡盘顺时针旋转，直到轮胎与轮辋完全分开。取出内胎，抬起轮胎，使另一面与外轮辋分开，图17-8所示。

5）安装轮胎。安装轮胎前应仔细检查轮胎和轮辋直径是否相符。为了避免损坏轮缘，要用特殊润滑油涂抹胎唇，以便操作顺利进行。放上轮胎并检查其状态。锁定轮辋时不要将手放在轮辋与卡爪之间，以防止造成伤害。如果轮辋尺寸相同，则不需要经常松开或锁定悬臂，只需转动横臂即可。

扒胎机的使用——安装轮胎

将胎唇移到拆装头边缘，压下拆装头。将轮缘压入轮辋，并用双手向下按外胎，踩下踏板，使卡盘旋转。向下按轮胎，装入内胎。重复以上操作，装好另一面胎唇。

6）轮胎充气。给轮胎充气时要特别小心，应认真检查轮辋与轮胎是否相符，并检查轮胎的磨损情况，确认轮胎在充气前没有损坏。用充气枪给轮胎充气时应经常检查压力，严禁

模块7 其他常用工具设备与检测仪器

图17-8 分离轮胎与轮辋

充气压力超过轮胎的额定压力。标准的轮胎扒胎机都配有带气压表的充气枪,将充气枪接到轮胎气嘴上,扳动扳机即可给轮胎充气。(注意:不要超过轮胎制造商规定的压力。)

3. 使用扒胎机的注意事项

1)拆装轮胎时必须放尽轮胎内的余气。

2)工作气压应保持在 6~8kPa。

3)所有移动件应保持清洁,必要时可用汽油进行清洁;注意润滑,确保拆装器转动灵活。

扒胎机的使用
注意事项

4)排放汽油滤清器中的积水,确保电动机传动带松紧适度。

5)安装轮胎时应在轮边涂少量润滑油脂或滑石粉,以免损坏轮边。

6)拆装时应注意使定位爪不紧贴钢圈,以免磨掉钢圈上的油漆。

17.4 液压压床的使用

1. 液压压床的认识

液压压床也称为液压机,是一种以液体为工作介质,根据帕斯卡原理制成的用于传递能量,以实现各种工艺的机器。液压机一般由本机(支架)、动力系统(液压缸、液压管路、液压杆)及液压控制系统(手柄、泄压阀)三部分组成,结构如图17-9所示。

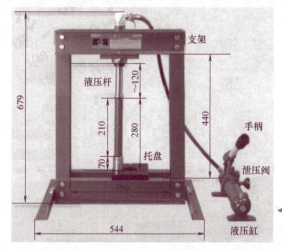
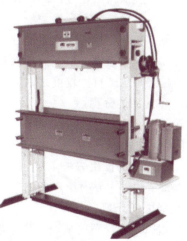

图17-9 液压压床的结构图

315

2. 液压压床的作用

液压压床在汽车维修作业中一般用于轴承的更换、摆臂橡胶套的更换。

3. 液压压床的使用方法

液压压床的使用方法如下：

1）使用前先压动手柄，观察液压杆处是否漏油，如有漏油则需通知工具设备管理员维修。

2）将工件平稳放置于托盘上，注意工件重心位置。

3）压动手柄加压，使液压杆逐渐压向工件，当液压杆压倒工件时，检查工件放置位置是否正确平稳可靠。

4）继续加压至预期压力，完成冲压过程。

5）旋转泄压阀，泄压复位，释放并取下工件。

6）清洁、整理。

4. 使用液压压床的注意事项

1）使用前应检查液压缸、压力表、手柄和支架等技术状况是否良好，安全保护装置是否正常，工作台是否清洁。

2）工件应放置平稳后方可施压加工。在加压过程中发现工件松动滑移应立即停止加压，松压校正后再继续加工。

3）在施压状态下，严禁调整和敲打工件，防止工件弹出伤人。

4）不得超负荷使用液压压床；不准对长条形工件直立进行施压加工，以免工件弹出伤人。

5）工作完毕后应将支撑垫块放回适当位置并清除杂物，清洁润滑压床各部位，必要时加注液压油。

17.5 千斤顶的使用

17.5.1 千斤顶的认识

千斤顶是一种起重高度小于1m的最简单的起重设备，用钢性顶举件作为工作装置，通过顶部托座或底部托爪在行程内顶升重物的轻小起重设备。其结构轻巧坚固、灵活可靠，便于存放，一人即可携带和操作。

千斤顶作为一种使用广泛的工具，采用了最优质的材料铸造，保证了千斤顶的质量和使用寿命。厂家一般会根据车型的自重配备适合的千斤顶，一般轿车配备的千斤顶承重在1.5t以内，而越野车由于自重较重，其配备的千斤顶通常可以承重2.5t左右。

15.5.2 千斤顶的分类

千斤顶一般可以分为齿条式千斤顶、螺旋式千斤顶、液压式千斤顶以及充气式千斤顶四种，如图17-10所示。

15.5.3 千斤顶的使用方法

在本章节中，主要介绍齿条式千斤顶和液压式千斤顶的使用方法。

1. 齿条式千斤顶

（1）齿条式千斤顶的认识　齿条采用机械原理，以往复扳动手柄，拨爪即推动棘轮间隙回转，小锥齿轮带动大锥齿轮，使举重螺杆旋转，从而使升降套筒起升或下降，进而达到

模块 7　其他常用工具设备与检测仪器

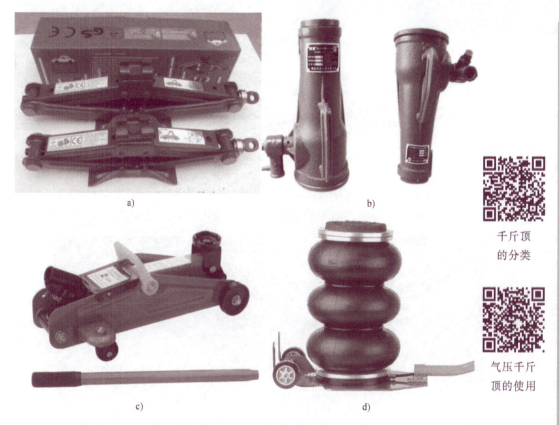

图 17-10　千斤顶的类型
a）齿条式千斤顶　b）螺旋式千斤顶　c）液压式千斤顶　d）充气式千斤顶

起重的目的。家用车配备的千斤顶中较为常见的是齿条式千斤顶，用于紧急状况下轮胎的更换。

齿条式千斤顶一般为手摇式或者摇杆式，其有多种外观形状，市场上最常见的齿条式千斤顶如图 17-11 所示。

图 17-11　齿条式千斤顶

有些设备生产厂家还根据市场需求，在齿条式千斤顶的基础上，生产电动驱动的千斤顶，由于它的使用环境受限，在市场上很少使用，如图 17-12 所示。

（2）齿条式千斤顶的使用　齿条式千斤顶的使用流程如下：

1）将车辆停放在坚硬平整的水平地面上，激活驻车制动器。

2）手动档车挂入 1 档或者倒档，而自动档车需挂入 P 位。

汽车维修常用工具与仪器设备的使用

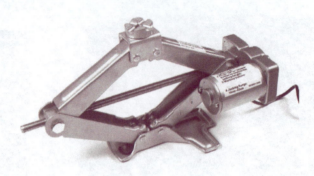

图 17-12　电动齿条式千斤顶

3）将千斤顶放置到车身底部的专用支撑点下方，如图 17-13 所示。

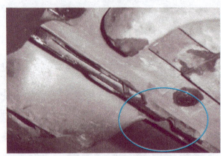 

图 17-13　车辆底盘支撑点

4）将摇杆安装到千斤顶上，一只手握住摇杆，另一只手顺时针缓慢地摇动摇杆，摇起千斤顶，如图 17-14 所示。

5）操作过程中适当调整千斤顶与支撑点的位置，直到千斤顶的上支座支撑到车辆的专用支撑点上，如图 17-15 所示。

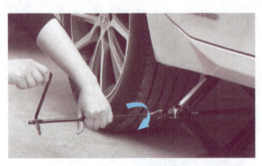 

图 17-14　操作千斤顶　　　　　　图 17-15　千斤顶与车辆专用支撑点位置

6）确认千斤顶的稳固性后，继续操作千斤顶，顶起车辆，如图 17-16 所示。为进一步确保作业安全，可在底盘相应位置放置千斤顶三角支架。

7）当放低车辆时，逆时针缓慢地转动摇杆，作业完毕后将千斤顶归位放置。

2. 液压式千斤顶

（1）液压式千斤顶的认识　液压式千斤顶又称为油压千斤顶，是一种采用柱塞或液压缸作为刚性顶举件的千斤顶。千斤顶有外壳、大活塞、小活塞、扳手和油箱等部件组成。工

模块 7　其他常用工具设备与检测仪器

作原理是扳手往上走带动小活塞向上，油箱里的油通过油管和单向阀门被吸进小活塞下部，扳手往下压时带动小活塞向下，油箱与小活塞下部油路被单向阀门堵上，小活塞下部的油通过内部油路和单向阀门被压进大活塞下部，因杠杆作用小活塞下部压力增大数十倍，大活塞面积又是小活塞面积的数十倍，由手动产生的油压被挤进大活塞，由

图 17-16　支撑起车辆

帕斯卡原理知大小活塞面积比与压力比相同。这样一来，手上的力通过扳手到小活塞上增大了十多倍（暂按 15 倍计），小活塞到大活塞力又增大十多倍（暂按 15 倍计），到大活塞（顶起车辆时伸出的活动部分）力量 = 15×15 = 225 倍手上的力量，假若手上用 20kgf，就可以产生 20×225kgf = 4500kgf 的力量。

液压式千斤顶常用的有立式和卧式两种，如图 17-17 所示。

图 17-17　液压式千斤顶
a）立式千斤顶　b）卧式千斤顶

（2）液压式千斤顶的使用　在本章节中以卧式千斤顶为例，介绍液压式千斤顶的使用。液压式千斤顶的使用流程如下：

1）将车辆停放在坚硬平整的水平地面上，激活驻车制动器。

2）手动档车挂入 1 档或者倒档，而自动档车需挂入 P 位。

3）将千斤顶放置到车身底部的专用支撑点下方，如图 17-13 所示。

4）顺时针拧紧回油阀，如图 17-18 所示。

5）插入摇杆，然后顺时针转

图 17-18　拧紧回油阀

液压千斤顶的使用

动,以锁止摇杆,如图 17-19 所示。

6)上下缓慢摇动摇杆,使用千斤顶缓慢上升,如图 17-20 所示。

图 17-19 放置摇杆

图 17-20 操作千斤顶

7)当轮胎离开地面时,停止操作千斤顶,如图 17-21 所示。然后放置千斤顶三角支架,确保作业安全。

8)下降前,先将把手推至卡扣处,解锁保险杆,如图 17-22 所示。

图 17-21 轮胎离开地面

图 17-22 解锁保险杆

9)确保齿轮完全离开保险杆,即可操作千斤顶下降,如图 17-23 所示。

10)将摇杆插入到回油阀上,逆时针拧动回油阀,操作千斤顶缓慢下降,如图 17-24 所示。

图 17-23 确认齿轮离开保险杆

图 17-24 操作千斤顶下降

15.5.4 使用千斤顶的注意事项

1)选择合适的千斤顶。大型车切不可使用小型车的千斤顶,以免在维修车辆时产生安

模块 7 其他常用工具设备与检测仪器

全隐患。

2）家用车的支撑点通常在侧面裙边的内侧，一般在前轮的后面 20cm 左右，后轮的前面 20cm 左右。这个支撑点可以承受比较大的压强，如果把千斤顶支在底盘的钢板上，很可能对底盘造成不必要的损害。

千斤顶的使用注意事项

3）禁止将千斤顶支撑在如悬挂的下摆臂上，如果千斤顶打滑车辆掉落下来，底盘和千斤顶都会受损害。

4）如果在支起车辆之前没有将车辆完全固定，那么在支撑的过程中很可能因为车辆滑动造成滑落的现象。一旦车从千斤顶上滑落，造成工具的损坏是其次，会导致车下维修人员受伤。

5）千斤顶一定要在坚硬平整的路面上使用，如果是比较松软的地面，比如泥路或者是沙土路面，在使用千斤顶之前建议用木板或者石板垫在千斤顶下面再进行操作，减小压强，以防千斤顶陷入到松软的地面里。

6）千斤顶一般要与三角支架配合使用，才能保证作业安全，除非条件限制。

7）作业前必须先做好准备工作，如档位设置、驻车制动激活等。

17.6 举升机的使用

1. 举升机的认识

汽车举升机是指汽车维修行业用于汽车举升的汽保设备。举升机在汽车维修养护中发挥着至关重要的作用，无论整车大修，还是小修保养，都离不开它，其产品性质、质量好坏直接影响维修人员的人身安全。在规模各异的维修养护企业中，无论是维修多种车型的综合类修理厂，还是经营范围单一的街边店（如轮胎店），几乎都配备有举升机。

从 20 世纪 90 年代开始，国内举升机逐渐开始普及，随着我国汽车保有量的增加，举升机作为汽车维修的重要工具，需求量也大大增加。现在举升机市场已经拥有近百个中外品牌，产品系列成百上千。国外品牌价格较高，但依靠其产品质量好、性能稳定、设备操作简单，在经销商中建立了良好的口碑。随着近几年国内举升机行业的发展，无论在产品设计、技术开发还是售后服务方面，都进行了很大的改进，销量也大大提高。

2. 举升机的类型

1）按照外观形状不同可分为单柱、双柱、四柱和剪式四种，如图 17-25 所示。

图 17-25 举升机按外观形状分类

a）单柱举升机 b）双柱举升机

321

图 17-25 举升机按外观形状分类（续）
c）四柱举升机　d）剪式举升机

2）按照功能不同可分为四轮定位型和平板式两种，如图 17-26 所示。

图 17-26 举升机按功能分类
a）四轮定位型举升机　b）平板式举升机

3）按照占用的空间不同可分为地上式和地藏式，如图 17-27 所示。

图 17-27 按占用空间不同分类
a）地上式举升机　b）地藏式举升机

4）其他类型的举升机，有子母式举升机和倒置油缸举升机，如图 17-28 所示。

模块 7　其他常用工具设备与检测仪器

图 17-28　其他类型的举升机

a）子母式举升机　b）倒置油缸单柱举升机　c）倒置油缸双柱举升机

3. 举升机的使用方法

在本章节中，以常用的剪式举升机为例，介绍举升机的使用方法。

　举升机的操作面板和放置车轮挡块

　举升机的举升

　举升机的下降

剪式举升机的操作流程如下：

1）将车辆开至举升机的上方，并确认车辆的重心与举升机的相对位置。

2）放置车辆举升用橡胶垫块到举升机的平板上，并确认橡胶垫块位于车辆专用支撑点下方，如图 17-29 所示。

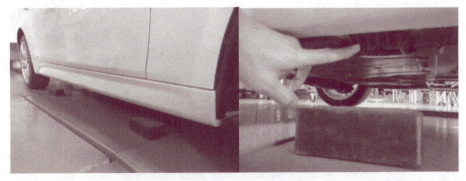

图 17-29　放置橡胶垫块

323

3）接通举升电源，操作板的电源指示应亮起，如图17-30所示。

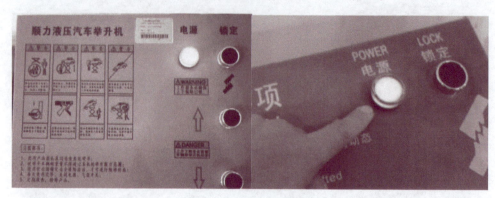

图17-30　接通举升机电源

4）操作举升机，使举升机上升，如图17-31所示。

5）当橡胶垫块与车辆支撑点接触时，停止举升，观察橡胶垫块与支撑点之间的位置，确保支撑点位于橡胶垫块中心位置，如图17-32所示。

6）再次操作举升机上升，当车辆轮胎离开地面大约10cm时，停止举升，如图17-33所示。

图17-31　操作举升机上升

图17-32　支撑位置确认

图17-33　车辆离地10cm

模块 7　其他常用工具设备与检测仪器

7）此时用手按压车辆前后翼子板位置，确认车辆的稳定性，如图 17-34 所示。

图 17-34　确认车辆的稳定性

8）继续操作举升机，使车辆到达作业位置后停止举升，然后操作锁止按钮，使举升机位于机械锁止位置，也称作保险位置，如图 17-35 所示。

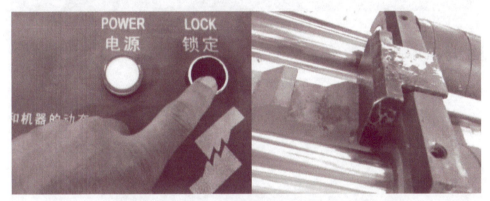

图 17-35　锁止举升机

9）作业完毕后，操作举升机的下降按钮，使举升机下降，直至车辆降至地面，举升机回到初始位置，如图 17-36 所示。

图 17-36　操作举升机下降

注意：当操作举升机下降时，有些品牌的举升机要先操作举升机上升，使举升机解锁后才能进行下降操作；有些品牌的举升机进行下降操作时，直接按压下降的功能按钮，举升机会自动上升一段距离后就下降。

4. 使用举升机的注意事项

1）定期对举升机进行检查、保养、润滑及维护，确保举升机运行良好，否则会导致严重的安全事故，如图17-37所示。

图17-37　车辆掉落现场

2）每台举升机都有额定的举升重量，禁止举升机超载运行，如图17-38所示。

图17-38　举升机额定载重

3）适当调整举升机支撑板的长度，以适应不同长度的车辆，并使得车辆举升后的重心位于举升机的中心位置，图17-39所示为不同类型举升机的加长板。

图17-39　不同类型举升机的加长板

4）确认橡胶垫块与车辆支撑点的位置。

5）车辆离开地面后必须确认车辆的稳定性。

6）进行举升或者下降操作前，操作人员必须确保举升机下方无工作人员或者其他物品，必要时可发出声音进行提醒。

7）举升或者下降过程中，必须时刻注意举升机的动态，确保安全举升，发现异常状况，停止操作举升机。

8）当进行举升机锁止操作后，应确保锁止机构锁止到位，如图17-40所示。

图17-40　锁止未到位

任务总结

1. 进行轮胎动平衡前应检查轮胎和轮辋的完好程度。
2. 当进行轮胎动平衡时，单侧的平衡块不能超过三块。
3. 当进行扒胎作业时，应严格遵守操作规程，使用相应的防护装置，防止损坏轮胎与轮辋。
4. 操作液压压床时应注意压床所施加的压力值，否则会损坏工件。
5. 当操作液压压床时，防止手部受伤。
6. 使用千斤顶前应做好相应的准备工作。
7. 当利用千斤顶进行车辆顶起作业时，应支撑在车辆的相应支撑点上，否则会损坏车辆。
8. 操作千斤顶时应缓慢进行，否则会发生意外伤害事故。
9. 当利用举升机举升车辆时，禁止过载运行。
10. 操作举升机应时刻留意举升机状态。
11. 当进行维修作业时，应确保举升机处于锁止位置。

作业

完成"学习工作页"任务17各项作业。

汽车维修常用工具与仪器设备的使用

任务 18　其他常用检测仪器设备的使用

学习目标

1. 熟悉其他常用检测仪器设备的类型。
2. 学会对其他常用检测仪器设备进行日常保养。
3. 能选择及安全使用其他常用检测仪器设备。
4. 掌握其他常用检测仪器设备的使用注意事项。
5. 培养良好的职业道德与安全、环保意识。

任务接受

某机电维修组正在进行底盘异响故障维修，维修技师利用听诊器探测车轮轴承的运行状况，机电维修组长带领学生进行听诊器等其他常用检测仪器设备学习，使学生掌握其他常用检测仪器设备的选择和正确使用。

任务接待参见"学习领域 1 汽车维修接待、沟通与管理"。

任务准备

18.1　其他常用检测仪器设备准备

车辆在维修作业过程中，会使用到很多辅助的检测仪器进行作业，其中包括了听诊器、红外测温仪等，在本章节中，主要介绍维修车间中常用检测仪器的认识及使用。

其他常用检测仪器设备清单见表 18-1。

表 18-1　其他常用检测仪器设备清单

名　称	数　量	名　称	数　量
听诊器	1 套/5 人	冰点测试仪	1 套/5 人
红外测温仪	1 套/5 人	传动带张紧器	1 套/5 人
空调检漏仪	1 套/5 人	四轮定位仪	1 套/5 人

任务实施

18.2　听诊器的使用

1. 听诊器的认识

听诊器是一种检查机器故障最基本、最必要的便携式仪器。听诊器能在机器运转时探测到轴承、齿轮、活塞、气缸、变速器和车身等运转部位的缺陷和故障所产生的冲击振动。即使在非常恶劣的噪声环境中，也能使维修工人清晰地分辨出机器杂音的部位和严重程度。

模块 7　其他常用工具设备与检测仪器

2. 听诊器的分类

听诊器可分为电子听诊器和机械听诊器两种，如图 18-1 所示。

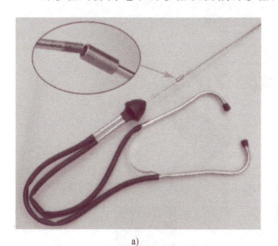
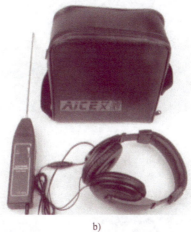

a)　　　　　　　　　　　　　　b)

图 18-1　车用听诊器

a) 机械听诊器　b) 电子听诊器

听诊器的结构

3. 听诊器的使用方法

1) 根据噪声位置的深浅，选择是否连接探针。

2) 在把耳管戴上之前，请将听诊器的耳管向外拉；金属耳管应向前倾斜，将耳管戴入外耳道，使耳窦与耳道紧密闭合。

3) 用手轻轻抚摸探针，从耳管里可以听到抚摸的"呼呼"声，以检查佩戴安装是否正确。

4) 将探针接触到运转中的机械某一部位，即可从耳管中清晰地听到机械转动中的各种振动。

5) 正确判断。当耳管里传出清脆尖细的声音时，说明振动频率较高，一般是相对较小的构件有较小的裂纹，强度相对较高的金属部件产生了局部缺陷。当耳管里传出较低沉混浊的噪声时，说明振动频率较低，一般是相对较大、较长的构件有较大的裂纹或缺陷，强度相对较低的材料有局部缺陷。当耳管里传出的噪声比平时大时，说明机器故障正在扩展，声音越大，故障越严重。如果耳管里传出的噪声不再是规律的间歇出现，而是随机的杂乱出现，这说明某个部件已松动，随时会出现意外事故。

18.3　冰点测试仪的使用

听诊器的使用

1. 冰点测试仪的认识

汽车维护使用的手持式冰点测试仪，因其使用对象不同，也称为密度计。冰点测试仪是根据不同浓度的液体具有不同的光折射率这一原理设计而成的，是一种用于测量防冻液冰点、铅酸蓄电池电解液密度的精密光学仪器，具有操作简单、携带方便、使用便捷、测量液少和准确迅速等特点，广泛应用于汽车维修等行业。

手持式冰点测试仪主要由盖板、折光棱镜、校准螺栓、光学系统管路、目镜、视度调节环等组成，如图 18-2 所示。

冰点测试仪的结构

2. 使用方法

1) 打开盖板，滴入 2~3 滴蒸馏水或标准溶液在折光棱镜表面上，如图 18-3 所示，合上盖板，让样品溶液盖满整个棱镜表面，不能留有气泡或空隙，让样液留在盖板上约 30s，

329

这样可以促使样品与手持式冰点测试仪周围的温度一致。

2）将手持式冰点测试仪置于光源下，通过目镜观察将会看到一个标有刻度的圆形区域，若图像不够清晰，可通过调节视度调节环使刻度线更清楚些，区域上面部分为蓝色，下面部分为白色，如图 18-4 所示。

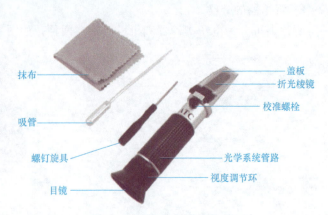

图 18-2　手持式冰点测试仪

冰点测试仪的使用 1

冰点测试仪的使用 2

图 18-3　放置标准溶液

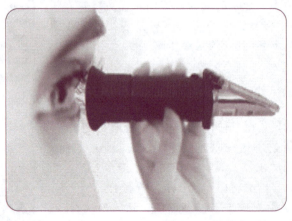 

图 18-4　测试后目镜显示

3）调节校准螺栓直至蓝色和白色区域交界线与"0"刻度线完全重合，此时调校完毕。尽量确保周围的温度在 20℃，这样不影响测量的准确性。当工作环境的温度波动超过 5℃ 时，应重新调校，以保证测量结果的准确、可靠。如果手持式冰点测试仪配有自动温度补偿

模块 7 其他常用工具设备与检测仪器

系统，不管仪器何时重新调校，必须保证调校周围环境的温度为 20℃。一旦调校完成，周围环境的温度可在允许的范围内波动（10~30℃）而不会影响测量的准确性。

4）用所要测量的样品溶液代替蒸馏水或调校液，然后重复步骤 1）~3），读取蓝白分界线的刻度值，如图 18-5 所示，此刻度值即为该样品溶液浓度的准确测量值。

  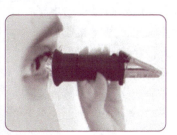

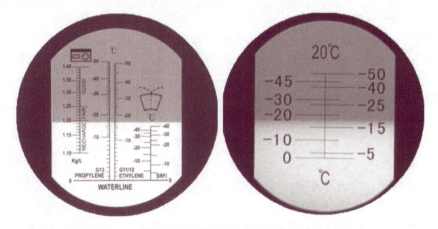

图 18-5　手持式冰点测试仪的使用方法与目镜显示

3. 使用注意事项

1）使用完毕后，严禁用水直接冲洗，避免光学系统管路进水。

2）在使用与维护中应轻拿轻放，不得任意松动仪器各连接部分，不得跌落、碰撞，严禁发生剧烈振动。

3）在测量蓄电池电解液时，注意不要溅到皮肤和眼睛上，以防烧伤。

4）使用完毕后，要用软湿布把仪器擦干净，以免造成腐蚀和弄脏光学元件，使测量结果不准确。

冰点测试仪的使用注意事项

5）光学零件表面不能碰伤和划伤。

6）应在干燥、无尘、无腐蚀性气体的环境中保存仪器，以免光学零件表面发霉。

18.4　红外测温仪的使用

18.4.1　红外测温仪的认识

在生产过程中，红外测温技术在产品质量控制和监测、设备在线故障诊断和安全保护以及节约能源等方面发挥了重要作用。近 20 年来，非接触红外人体测温仪在技术上得到迅速发展，性能不断完善，功能不断增强，品种不断增多，适用范围也不断扩大。比起接触式测温方法，非接触红外人体测温仪有着响应时间快、非接触、使用安全及使用寿命长等优点。

汽车维修常用工具与仪器设备的使用

红外测温仪测量物体表面温度，测温仪的光学元件将发射的、反射的以及透射的能量会聚到探测器上。红外测温仪的电子元件将此信息转换成温度读数，并显示在红外测温仪的显示面板上。红外测温仪的激光仅作为瞄准之用。图 18-6 所示为非接触红外人体测温仪。

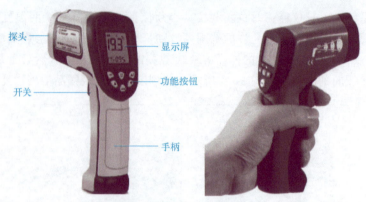

图 18-6 非接触红外人体测温仪

18.4.2 红外测温仪的分类

非接触红外人体测温仪包括便携式、在线式和扫描式三大系列，并备有各种选件和计算机软件，每一系列中又有各种型号。在不同型号的测温仪中，正确选择红外测温仪型号对使用者来说是十分重要的。

18.4.3 红外测温仪的应用

在汽车维修作业中常用于汽车空调系统的制冷温度、排气系统的三元催化转化器温度等的测量，红外测温仪使用是车辆维修手段和方法的改进，进一步提高了车辆维修的效率和质量。

红外测温仪的使用

18.4.4 红外测温仪的使用方法

本文以雷泰 ST60 红外测温仪为例介绍其应用。其基本操作使用方法如下：

要测量温度，请将测温仪对准物体并扣动扳机。务必考虑距离和测量点的比例和视场。激光只作为瞄准之用。

1. 环形激光瞄准

环形激光为八个激光点形成的环状激光，如图 18-7 所示。环形区域为被测区域，在光线较暗的条件下，会有更高的光点出现在激光环的周围，这些光点不能用于瞄准目标，只能用激光环来瞄准。

2. 用户界面显示

用户界面显示如图 18-8 所示，显示界面标示如下：

图 18-7 环形激光

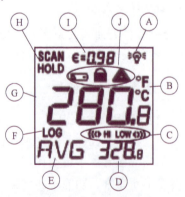

图 18-8 用户界面显示

模块7 其他常用工具设备与检测仪器

A：背景光标准。

B：C/F 标志。

C：高、低温报警标志。

D：温度最大值 MAX、最小值 MIN、差值 DIF、平均值 AVG、高温报警值 HAL、低温报警值 LAL。

E：MAX、MIN、DIF、AVG、HAL、LAL、PRB。

F：LOG 图标表示数据储存模式。

G：当前温度值。

H：SCAN 或 HOLD 标志。

I：发射率标志和发射率值。

J：电池不足，锁定和激光开启标志。

3. 功能按钮

红外测温仪的功能按钮如图 18-9 所示。

①：SET 按钮（设置高温、低温报警和发射率）。

②：向上向下按钮。

③：MODE 按钮（用于设置各种功能）。

④：激光/背景光开/闭按钮（扣动扳机按下按钮，以激活激光/背景光）。

⑤：LOG 按钮（用于储存数据）。

在 SCAN（读数随时变动）模式，LCD 屏显示当前温度Ⓖ和已选的模式功能Ⓓ、Ⓔ是℃还是℉Ⓑ。当释放扳机后，仪器会保持最后读数 7s；并且标志"HOLD"也会出现Ⓗ。当电池不足时，电池图标就会显示，但仪器仍可继续使用；当电池耗尽时，屏幕就会无显示，仪器也不能再使用。要激活激光和背景光，扣动扳机，按下激光/背景光按钮，按一次激活背景光，按两次激活激光和背景光，按三次使它们都关闭。

要打开仪器手柄，按动扳机旁的按钮，然后向仪器上方移位，如图 18-10 所示。要转换℃/℉，将顶部的开关Ⓐ扳到正确位置。

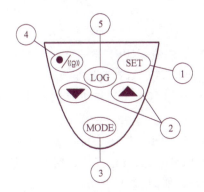

图 18-9 红外测温仪的功能按钮

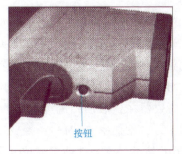
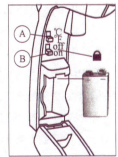

图 18-10 更换电池

要锁定仪器以便进行测量，将按钮开关Ⓑ扳到下边。当仪器锁定时扣动扳机，激光和背景光假如在激活状态就会开启，当仪器锁定时释放扳机，激光就会关闭，但是背景光仍然开着，除非按激光/背景光按钮才会关闭。当想用扳机测量时，要将锁定开关关掉。

4. 定位热点或冷点

要找到热点或冷点，将测温仪指向目标区域，然后在这块区域上下扫描，直到定位好热点或冷点。

5. 视场

确保目标要比测点大，目标越小，就应当越靠近目标。当测量精度要求很高时，要确保目标不小于测点的两倍，如图 18-11 所示。

6. 发射率

发射率描述了材料辐射能量的特性。大多数有机材料和涂有油漆或氧化的表面具有 0.95 的发射率（在测温仪中预先设定。）测量发亮或抛光的金属表面将导致读数不准确。解决的办法是用黑胶带或黑色油漆盖住测定表面，让胶带有足够时间达到与其覆盖材料相同的温度，然后测定胶带或油漆的表面温度。

图 18-11　视场

7. 距离和光点大小

随着测温仪与物体间距离（D）的增大，光点直径（S）增大，如图 18-12 所示。

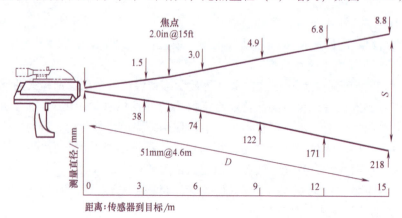

图 18-12　距离和光点大小

8. MODE 按钮的功能

红外测温仪可测量温度最大值（MAX）、最小值（MIN）、差值（DIF）和平均值（AVG），每次测量都可得到一个读数，都可通过 MODE 按钮③来储存和重调，直到测量新的。

① DIF 表示测量的最大值最小值之间的差值。②AVG 表示每次扣动板机时或仪器锁定时流量的温度读数的平均值。

当扳机再次扣动时，仪器在最后选择的模式下测量。按 MODE 按钮还可设置高温报警（HAL）和低温报警（LAL）、发射率（EMS）、探针温度（PRB—只有连接探针时）和数据记录（LOG）。每按 MODE 按钮一次，功能模式按顺序循环，如图 18-13 所示。

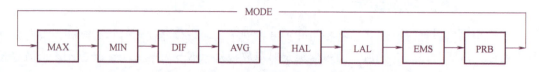

图 18-13　MODE 按钮功能循环

模块 7　其他常用工具设备与检测仪器

注意：只有当接触探针和仪器连接时，PRB（探针）才出现在 MODE 循环中。

9. 选择功能

选择功能如图 18-14 所示，要选择 MAX、MIN、DIF 或 AVG 模式，先扣动扳机并保持不动，按下 MODE 按钮③时直至合适的图标出现在显示屏Ⓔ的左下角。每按 MODE 按钮一次，功能模式按顺序循环一次。

10. 设置高温报警、低温报警和发射率（EMS）

要设置高、低温报警值和发射率，先扣动扳机并保持不动，按下 MODE 按钮③直到合适的图标出现在显示屏Ⓔ的左下角。用上下键②（图 18-9）来调节想要的值。要激活报警，按 SET①（图 18-9）。

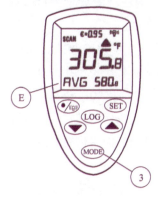

图 18-14　选择功能

11. 保持和重调

扳机释放后，仪器的显示仍会保持 7s（除非仪器锁定）；HOLD 会出现在屏幕的左上角Ⓗ。在出现 HOLD 时或仪器关闭后，无须扣动扳机，可按 MODE（3）按钮重调已储存的测量值，每按 MODE 按钮一次，功能模式按顺序循环一次。当扳机再次被扣动时，仪器在最后选择的模式下测量。

12. 储存数据

储存数据如图 18-15 所示，本测温仪可储存 12 个测点的数据，此外还可储存红外温度、温标（℃或℉）及辐射温度。

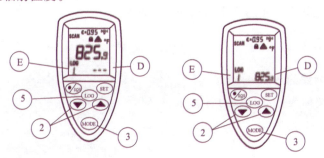

图 18-15　储存数据

当储存红外读出数据时，扣动扳机，同时按下 MODE 按钮③，直至显示屏Ⓔ的左下角出现 LOG 字样时为止；LOG 下面此时将显示一个记录点编号，如果在显示的 LOG 测点中没有温度记录，右下角将会显示三条短横线，将测温仪对准需记录的目标，然后按下 LOG 按钮⑤，当听到测温仪发出的响声时，则表明测点的温度已记录完毕。记录的温度将在右下Ⓓ处显示。若需选择另一个记录点，可按上下键②。

13. 重调数据点

关闭测温仪后若需重调储存的数据，按下 MODE 按钮③直到右下角Ⓔ显示 LOG 字样时为止，如图 18-16 所示。此时 LOGⒹ下面将显示一个 LOG 测点编号，而该测点的储存温度将在显示屏（D）的右下角处显示。若需移动到另一个 LOG 测点，可按上下键②。

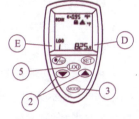

图 18-16　重调数据点

14. "LOG"清除功能

这一功能只能在 LOG 模式下使用，可快速清除所有储存的数据。"LOG"清除功能工作原理如下：

1）在 LOG 模式，扣动扳机，按"DOWN"（向下）键到"0"位（注意：只有扣动扳机时才能操作，用"UP"向上键不能进入到"0"位）。

2）当"0"位显示到右下角时，按 LOG 按钮，听到三声响后，LOG 位将自动变换到"1"，说明所有储存数据被清除。

18.4.5 使用仪器的注意事项

1）建议不要在光亮或抛光金属表面（不锈钢、铝等）测量。

2）仪器不能穿过透明表面进行测量，如玻璃和塑料，只能测量这些材料的表面温度。

3）蒸汽、灰尘和烟雾等会影响测量的准确性。

4）所有型号的测温仪均需避免以下情况：

① 电焊和感应加热器引起的电磁场（EMF）。

② 静电。

③ 热冲击（由于环境温度变化太大或突然变化引起，使用前测温仪需要 30min 时间进行恒定）。

④ 不要将测温仪靠近或放在高温物体上。

⑤ 不要将激光直接对准眼睛或指向反射性表面。

18.5 传动带张紧器的使用

18.5.1 传动带张紧器的认识

传动带张紧器又称为传动带张力计用来测量发动机传动带的张紧力，如图 18-17 所示。

18.5.2 传动带张紧器的分类

目前市场上品牌繁杂，外形尺寸各种各样。但总体来说，从测量方式上包含接触式和非接触式，从数据获取上包含机械式、电子式和数显式，从传动带状态包含动态和静态测量，从准确性上包含高精度和低精度。

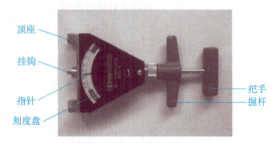

图 18-17 传动带张紧器

1. 机械式传动带张紧器

图 18-18 所示为机械式传动带张紧器，这种类型的张紧器一般也属于接触式传动带张紧器，只能进行低精度的静态测量。

2. 电子式传动带张紧器

图 18-19 所示为电子式传动带张紧器，此类型的张紧器也属于接触式传动带张紧器、数显式传动带张紧器。

模块 7　其他常用工具设备与检测仪器

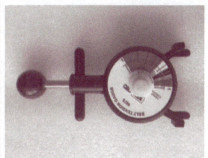
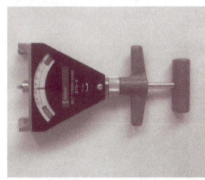

图 18-18　机械式传动带张紧器

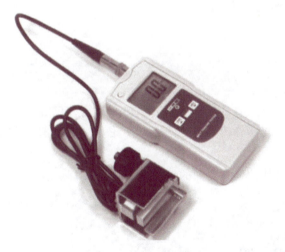

图 18-19　电子式传动带张紧器

3. 非接触式传动带张紧器

图 18-20 所示为非接触式传动带张紧器，此种类型的张紧器也属于电子式传动带张紧器、动态式传动带张紧器。

4. 激光式传动带张紧器

图 18-21 所示为激光式传动带张紧器，此种类型的张紧器也属于电子式传动带张紧器、非接触式传动带张紧器和动态传动带张紧器。

图 18-20　非接触式传动带张紧器

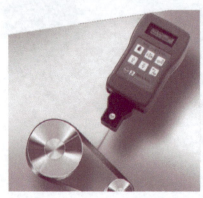
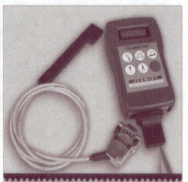

图 18-21　激光式传动带张紧器

18.5.3　张紧器的使用

操作方法如下：

1. 归"0"操作

传动带张紧器的数值显示为指针式，所以测定前一定要将指针归到"0"位置。把归"0"按钮（中央凸起小按钮）往箭头方向拨，把指针拨到刻度盘归"0"位置（红色部分范围）。

2. 测定

1) 紧握张紧器的把手和方向盘，把挂钩钩在要测的传动带上，如图18-22所示。

图 18-22　放置张紧器到传动带上

模块7　其他常用工具设备与检测仪器

2）缓缓加力，内部的弹簧使传动带弯曲，这时指针就表示出传动带的张力值。

3）为使指针稳定读数，要反复操作以上两项。

4）再次紧握住张紧器，把计测器从传动带上脱开。

5）指针指向的数值就是传动带的张力值（单位为N）。传动带的正确张力，根据传动带种类而不同，要参照维修手册。图18-23所示为传动带张紧器的刻度盘指示。

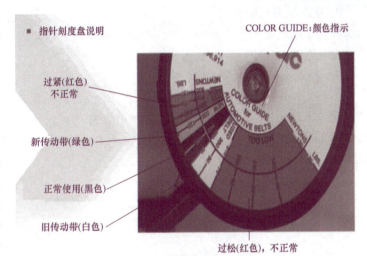

图18-23　传动带张紧器的刻度盘指示

18.5.4　使用传动带张紧器的注意事项

1）传动带张紧器属于计测器，在不用时，请装在专用袋子妥善保管。

2）不要摔打和撞击仪器，不要扭曲挂钩。如果发生扭曲变形不能正常滑动，则无法正确测试。

3）张力明显低弱的传动带请不要测试，因为有可能导致指针的扭曲和内部齿轮的损坏。

4）树脂材质的外壳不要粘上矿物系和石油系的油，如果粘上，应马上擦干净，避免测试结果不正常。

5）禁止随意拆分调整仪器。

6）定期使用检测规（选件）进行精度检测。

18.6　空调检漏仪的使用

1. 空调检漏仪的认识

空调检漏仪又称为制冷剂检漏仪，它一端为红外源（或发射源），另一端为红外能量检测器，两者之间是滤光器的取样单元。图18-24所示为各个类型的空调检漏仪。

 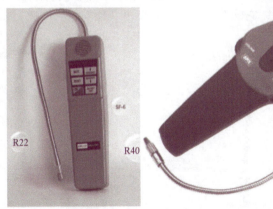

图18-24　各个类型的空调检漏仪

空调检漏仪的结构

2. 空调检漏仪的作用

在汽车的日常维修作业中，空调检漏仪用来检测空调和制冷系统中制冷剂的泄漏，以便快速确认空调系统中存在的泄漏位置。

3. 空调检漏仪的使用

D-TEK Select 是德国英福康公司 INFICON 推出的一款高灵敏度的制冷剂检漏仪。D-TEK Select 制冷剂检漏仪对所有制冷剂的灵敏度相同。本文以常用的 D-TEK Select 制冷剂检漏仪为例讲解其使用方法，图 18-25 所示为 D-TEK Select 制冷剂检漏仪。

空调检漏仪的使用

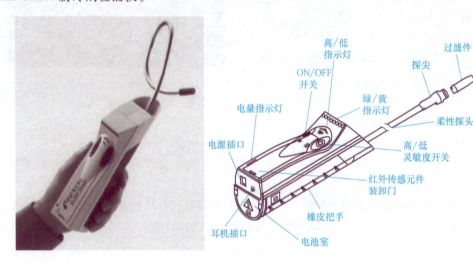

图 18-25　D-TEK Select 制冷剂检漏仪

1）按下 D-TEK Select 的电源开关，将检漏仪电源置于 ON 位置，绿色 ON 指示灯亮，黄色指示灯将在红外传感元件预热的过程中从左亮到右（约60s）。当仪器预热并准备使用时，黄色指示灯熄灭，同时听到稳定的"哔哔"声，如图 18-26 所示。

2）将空调检漏仪探头的探尖尽可能接近可疑漏孔部位。探头离可能漏源的距离保持在约 6mm 以内。慢速地（约 25~50mm/s）移动探头，通过每个可能的漏点。D-TEK Select 能够检测从漏孔中泄漏出来的制冷剂浓度变化。移动探头的探尖通过漏孔可得到正确的读数。

3）当仪器检测到漏源时，它的黄灯会亮，并发出一种变异的声调，如图 18-27 所示。

图 18-26　黄色指示灯

图 18-27　泄漏指示灯

模块 7　其他常用工具设备与检测仪器

4）当 D-TEK Select 出现泄漏信号时，将探头从漏孔移开片刻，然后再回到漏孔，以确定漏点的位置。

5）如果是大漏孔，制冷剂气体的浓度高，在重新将探头移回可疑漏源前将灵敏度开关转换至 LOW 灵敏度档。低灵敏度设定值将更有助于确定大漏孔的确切部位。

6）一旦已经将漏源隔离，将灵敏度开关恢复至 HIGH 档，继续使用 D-TEK Select 检漏。

4. 使用空调检漏仪的注意事项

1）利用防护罩防止灰尘、水汽和油脂阻塞探头。

2）使用空调检漏仪前，均要检查探头和防护罩确无灰尘或油脂。

3）禁止用汽油、松节油和矿物油等溶剂，因为它们会残留在探头上并降低仪器灵敏度。

4）定期更换探头。

空调检漏仪的使用注意事项

18.7　四轮定位仪的使用

18.7.1　四轮定位仪的认识

汽车四轮定位仪是用于检测汽车车轮定位参数，并与原厂设计参数进行对比，指导使用者对车轮定位参数进行相应调整，使其符合原设计要求，以达到理想的汽车行驶性能，即是操纵轻便、行驶稳定可靠、减少轮胎偏磨损的精密测量仪器。汽车四轮定位仪主要测量探头和主机两大部分，如图 18-28 所示。

图 18-28　百斯巴特四轮定位仪

18.7.2　四轮定位仪的分类

四轮定位仪有前束尺和光学水准定位仪、拉线定位仪、CCD 定位仪、激光定位仪和 3D 影像定位仪等几种。其中 3D 影像定位仪、CCD 定位仪和激光定位仪是目前市场上的三大主流产品，如图 18-29 所示。3D 影像定位仪是目前市场上最先进的四轮定位仪，测量方式先进、测量时间仅为传统定位仪的 1/5。

18.7.3　四轮定位仪的使用方法

本文以常用的百斯巴特四轮定位仪介绍其应用。

四轮定位仪——　　四轮定位仪——　　四轮定位仪——　　四轮定位仪——　　四轮定位仪——
刹车、方向盘、底　　传感器的结构　　　配件车、卡具　　　四柱举升机　　　　的使用
座固定杆、线束

1. 上车前准备工作

在被测车辆开上举升机之前，需要做以下的定位前准备工作：

341

汽车维修常用工具与仪器设备的使用

图 18-29 常用类型的定位仪
a) 3D 影像定位仪 b) CCD 定位仪 c) 激光定位仪

（1）轮胎检查 需要检查四个车轮的胎压是否符合标准，轮胎花纹是否严重磨损，如图 18-30 所示。

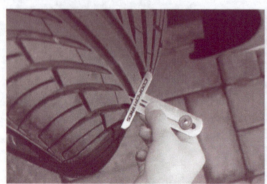 

图 18-30 检查轮胎

（2）底盘检查 正确转动方向盘，检查确认转向系统间隙是否正常；检查底盘悬架部件的状态是否正常；目检有无断裂和变形等；检查减震器的状态是否正常；目检有无漏油、断裂和变形等；检查确认车轮轴承间隙是否正常；检查车辆是否配备高度调节装置，如有高度调节装置，应关闭点火开关，拔出供气装置的保险丝，以免往下或往上进行高度调节，如图 18-31 所示。

图 18-31 检查车辆底盘

（3）确认举升位置 测量车辆的轴距和轮距，确定举升机两个承载板的宽度与被测车辆的前、后轴距一致，然后将举升机降至最低点，确保转角盘和后滑板的固定销都插好之后，再将被测车辆开上举升机，如图 18-32

模块 7　其他常用工具设备与检测仪器

所示。

车辆在举升机上应处于正前方向，不要使车身歪斜。车辆的两前轮要落在两转角盘的中心上，同时转角盘的圆盘要均匀分布在轮胎的两侧，如图 18-33 所示。

车辆熄火后，拉上驻车制动，摇下左前侧车窗玻璃，驾驶人离开车辆。操作员需要分别用力压车身的前部和后部，以使车辆的悬架复位，之后是安装四个夹具。

图 18-32　车辆位于举升机上

图 18-33　车轮与转角盘位置

2. 安装夹具

根据所测车辆的车轮尺寸对夹具进行调整，对准夹具的定位销与轮辋的定位孔将夹具放置到相应的轮胎上，然后两手同时推动夹具上的活动杆，使卡臂能够卡在胎面沟槽内，然后挂上安全钩，检查夹具是否安装牢固，如图 18-34 所示。

图 18-34　安装夹具

3. 安装定位仪

（1）安装传感器　将四个传感器按照对应车轮的位置安装到夹具上，并初步调整水平，如图 18-35 所示。

要注意在传感器的定位轴上涂抹稀的润滑油（不能涂黄油），以防止长时间插拔后造成定位轴磨损，无法准确安装到位，影响测量精度。

（2）连接电缆　连接通信电缆和转角盘电缆。把电缆插头上的箭头和插座上的箭头标记对好之后，就可以直接插入。四根电缆的差别只是长度不同，两根6.5m的电缆是用来连接定位仪和两个前轮上的传感器，两根4.5m的电缆是在前后传感器之间互相连接。每个传感器上有三个插座，上面两个是完全一样的，最下面的一个是用来连接转角盘，如图18-36所示。

图18-35　安装传感器

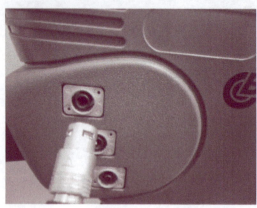 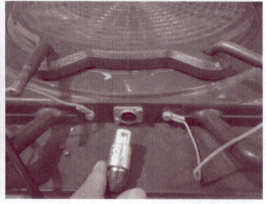

图18-36　连接电缆

（3）解除固定销　电缆连接好之后，拔掉转角盘和后滑板上的固定销，如图18-37所示。

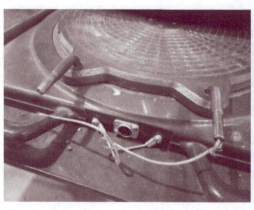 

图18-37　解除固定销

（4）传感器调整　将车辆举升后落到举升机最低一格的安全锁止位置，以保证举升平台处在水平状态。定位仪开机，传感器上的电源指示灯亮，按R键或相应的位置键激活各个传感器，把传感器放水平后拧紧固定旋钮，水平气泡处在大致中央的位置，如图18-38

模块7 其他常用工具设备与检测仪器

所示。

4. 操作定位仪

开机之后,批处理程序会自动进入测量程序的初始状态,等待用户进行下一步的操作。按F3键可前进到下一步。屏幕上出现"TEST",表示系统正在刷新所记忆的上次测量的信息,然后程序开始运行。测量步骤主要分为四步,首先是测量前的准备工作,包括输入登记表格、选择车型和偏位补偿。

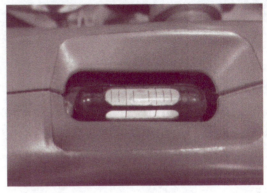

图 18-38 水平气泡位置

(1)输入登记表格 输入登记表格包含了各项客户信息,可以任意选择要输入的项目,并且将来可以根据所输入的项目来调出此次测量结果数据。一般可以车辆牌照号或维修单编号来输入相应条目,以便将来调取。输入信息可以是英文字母或数字,没有汉字输入。填完表格之后,按F3键进入车型选择界面。选择出对应于所测车辆的车型之后,如果需要做偏位补偿,则按F3键前进,否则按F4键停止。

(2)偏位补偿 如果所使用的夹具是快速夹具,则只有在钢圈损坏程度较严重时,才需要做偏位补偿(对于Audi A6或Passat B5,测量前必须做偏位补偿);如果所使用的是自定心夹具,则对所有车辆必须做偏位补偿。做偏位补偿的要点:轮胎转动方向应为车辆正常行驶时的转动方向。

(3)调整前检测

1)安装好定位仪设备附带的制动锁,如图18-39所示。

2)进入调整前检测步骤,屏幕上会出现方向盘对中提示图案。在绿色区域内,表示可以接受的范围,但是在绿色范围左右两侧的测量结果,会相差5左右。因此,最好是将箭头对中绿色区域的中间黑线处。转动转向盘的顺序为:先对中,然后向右20°,

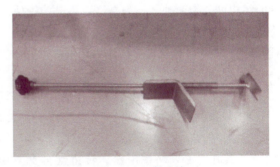

图 18-39 制动锁

再向左20°,接着对中。此时屏幕上出现测量得到的前轮前束时。按F3键进入测量最大总转角的步骤,使用电子转角盘的定位仪可以通过这个步骤自动测量出最大总转角。先对中转向盘,然后按照屏幕提示,取下两个前部传感器。待屏幕上显示出测量等待画面后,连续向右转动转向盘直到转不动为止,然后稳定住不松手。等到测量结束后,再连续向右转动转向盘直到转不动为止,然后稳定住不松手。等到测量结束后,屏幕自动显示出所有的测量数据。再装上两个前部传感器,如果测量出的数据中,可调数据有超出允许范围的,则可进入定位调整的步骤。

(4)定位调整前准备 做定位调整前,先用方向盘锁将方向盘固定成水平状,如图18-40所示为固定方向盘的转向盘固定器。

再升起举升机到合适调整的高度,将举升机锁止在水平安全位置,并用固定器将车辆与举升机固定，如图18-41所示。

将四个传感器调整为水平状态，再操作定位仪进入定位调整操作。调整程序会先显示车辆后轴各参数的测量值，如果车辆后轴参数是可调的（多数车辆的后轴定位参数是不能调整的），则可参照屏幕上显示的数据进行调整，屏幕显示的数据会随时显示当前调整后的参数数据，如图18-42所示。

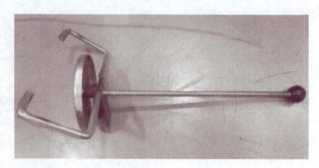

图18-40　转向盘固定器

图18-41　车辆固定器

图18-42　定位数据

后轴定位参数调整完后，按F3键可进入前轴调整步骤。前轴外倾角的调整按照车辆底盘的结构可分为两种，一种是需要举升前轴使前轴车轮悬空才能调整外倾角，另一种是不需要举升前轴就可调整外倾角。

18.7.4　使用四轮定位仪的注意事项

1）保持四轮定位仪周围环境清洁、干燥。

2）当车落定在定位支架上后用轮挡块将前后轮卡死。

3）传感器连线在使用和用完后要小心插接，并盘绕好，严禁猛力拔插扯拽，避免连线损坏。

4）操作时必须将侧滑盘、转角盘与支架良好接触，最好在已完成补偿后再放置转角盘、侧滑盘，然后再将车放置上面，并拉紧驻车制动，以防止损坏转角。

5）系统柜要保持清洁，用完后及时套上防尘套。

6）举升架要定期进行校准，每月进行润滑保养，每日进行检查、清洁。

任务总结

1. 听诊器可用于判断发动机异响等车辆故障。
2. 当发动机运行时，应防止听诊器触碰到发动机传动带、带轮等运转部件。
3. 定时对冰点测试仪进行低校准。
4. 冰点测试仪使用完毕后，应将测试液清洁干净后再归位放置。
5. 不要将激光直接对准眼睛或指向反射性表面。
6. 仪器不能穿过透明表面进行测量，如玻璃和塑料，只能测量这些材料的表面温度。

模块 7　其他常用工具设备与检测仪器

7. 传动带张紧器树脂材质的外壳不要粘上矿物系和石油系的油。
8. 禁止随意拆分调整仪器。
9. 定期使用检测规（选件）对传动带张紧器进行精度检测。
10. 使用空调检漏仪前，均要检查探头和防护罩确无灰尘或油脂。
11. 定期更换空调检漏仪的探头。
12. 应定期对四轮定位仪进行保养维护和校准。
13. 四轮定位仪只能用于四轮定位和车辆检查的作业，禁止在四轮定位仪上进行维修作业。

作　业

完成"学习工作页"任务 18 各项作业。

参 考 文 献

[1] 王怀建. 汽车维修常用工具及设备使用 [M]. 北京：机械工业出版社，2009.
[2] 张宪辉. 汽车修配工具与检测设备 [M]. 北京：化学工业出版社，2016.
[3] 夏雪松. 汽车维修工具与设备使用图解 [M]. 北京：化学工业出版社，2014.
[4] 姚科业. 图解汽车维修诊断工具及使用 [M]. 北京：化学工业出版社，2013.
[5] 机械工业职业技能鉴定指导中心. 钳工常识 [M]. 北京：机械工业出版社，1999.

目 录

任务 1　汽车维修常用工具与仪器设备的初步认识 ………………………………………… 1
任务 2　套筒类扳手的使用 …………………………………………………………………… 4
任务 3　其他常用扳手的使用 ………………………………………………………………… 6
任务 4　活塞拆装常用工具的使用 …………………………………………………………… 13
任务 5　气门修理常用工具的使用 …………………………………………………………… 15
任务 6　机油滤清器常用拆装工具的使用 …………………………………………………… 20
任务 7　其他发动机常用拆装工具的使用 …………………………………………………… 22
任务 8　底盘拆装常用工具的使用 …………………………………………………………… 25
任务 9　内饰饰板拆装常用工具的使用 ……………………………………………………… 30
任务 10　钳子类常用工具的使用 ……………………………………………………………… 32
任务 11　丝锥和板牙的使用 …………………………………………………………………… 39
任务 12　锉削工具的使用 ……………………………………………………………………… 42
任务 13　其他钳工工具的使用 ………………………………………………………………… 45
任务 14　尺类测量量具的使用 ………………………………………………………………… 48
任务 15　压力测量量具的使用 ………………………………………………………………… 58
任务 16　电气测量设备与检测仪器的使用 …………………………………………………… 66
任务 17　其他常用工具设备的使用 …………………………………………………………… 71
任务 18　其他常用检测仪器设备的使用 ……………………………………………………… 76

学习工作页

任务1 汽车维修常用工具与仪器设备的初步认识

1. 任务

汽车维修作业最基本的工作是拆卸和装配,而在拆卸过程中使用最频繁的是通用工具。通用工具的种类很多,用途也各不相同,通用工具使用得正确与否,直接关系到维修工作的效率。本工作页将会加强对汽车常用工具、仪器与设备的认识,并在检修过程中提高工具的使用效率。

要求如下:

1) 学生认真独立完成。
2) 教师检查学生任务完成情况。
3) 教师检查学生的任务操作情况。

2. 程序步骤与要求

1) 根据工作页所给出的步骤实施操作。
2) 请做好安全保护措施,防止发生人身和设备安全事故。

3. 工作实施

1) 汽车在拆装和维修过程中,常用的维修工具和仪器有哪些类型?

① _____ ;
② _____ ;
③ _____ ;
④ _____ ;
⑤ _____ ;
⑥ _____ ;
⑦ _____ 。

2) 根据下列给出的各种工具、设备和仪器图片,写出其名称。

A: _____

B: _____

汽车维修常用工具与仪器设备的使用

C：_____

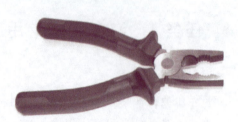

D：_____

E：_____

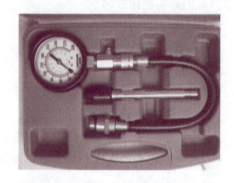

F：_____

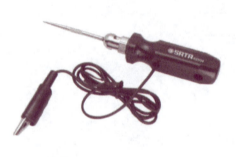

G：_____

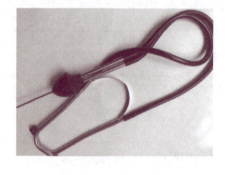

H：_____

3）题中所列出的工具属于哪种类型？
A：_____；B：_____；
C：_____；D：_____；
E：_____；F：_____；
G：_____；H：_____。

4）扭力类拆装工具的选用原则是什么？
_____
_____

5）下图给出的两个套筒，其标识有何区别？

学习工作页

6）根据所分配到的工具，初步认识汽车维修工具箱和工具车所配备的各种类型的工具，并列出工具名称。

汽车维修常用工具与仪器设备的使用

任务2 套筒类扳手的使用

1. 任务

套筒类扳手一般配合手柄、接杆等多种附件组成完整的拆装工具,特别适用于拧转位置十分狭小或凹陷很深处的螺栓或螺母。当螺母端或螺栓端完全低于被连接面,且凹孔的直径不能用于呆扳手或活动扳手及梅花扳手,就用套筒扳手,另外就是螺栓件空间限制,也只能用套筒扳手。本工作页将通过拆装练习加强对套筒类扳手的认识和使用,并在检修过程中提高工具的使用效率。

要求如下:
1)学生认真独立完成。
2)教师检查学生任务完成情况。
3)教师检查学生的任务操作情况。

2. 程序步骤与要求

1)根据工作页所给出的步骤实施操作。
2)请做好安全保护措施,防止发生人身和设备安全事故。

3. 任务实施

1)根据自己班组所配备的工具,熟悉该工具箱内所配备的各种套筒扳手及附件。

2)列出套筒类扳手的七大类型,在工具箱中找到相应类型的扳手并记录。

_____;
_____;
_____;
_____;
_____;
_____;
_____。

3)补充套筒转换器的名称并列出适用于手动拆卸时的转换器有哪些规格?

4）根据所配备的工具箱，列出工具箱中所配备的接杆类型。

_____；
_____；
_____；
_____；
_____；

5）根据所配备的工具箱，列出工具箱中所配备套筒手柄的类型。

_____；
_____；
_____；
_____；
_____。

6）根据所配备的工具箱，列出工具箱中所配备棘轮扳手的类型。

_____；
_____；
_____；
_____。

7）请总结套筒类扳手的使用注意事项。

_____；
_____；
_____；
_____；
_____；
_____；
_____；
_____。

任务3 其他常用扳手的使用

1. 任务

在汽车维修保养工作中,还涉及很多的其他常用工具,包括梅花扳手、梅花棘轮扳手、油管扳手、呆扳手、活动扳手、外六角扳手、动力扳手和扭力扳手等。本工作页将通过拆装练习加强其他常用扳手的认识和使用,并在检修过程中提高工具的使用效率。

要求如下:

1) 学生认真独立完成。

2) 教师检查学生任务完成情况。

3) 教师检查学生的任务操作情况。

2. 程序步骤与要求

1) 根据工作页所给出的步骤实施操作。

2) 请做好安全保护措施,防止发生人身和设备安全事故。

3. 任务实施

1) 工具箱配备的工具认识。

① 根据自己班组所配备的工具,熟悉该工具箱内所配备的其他常用扳手的类型。

② 列出工具箱中所配备的其他常用扳手。

_____ ;
_____ ;
_____ ;
_____ ;
_____ ;
_____ 。

2) 梅花扳手。

① 请列出梅花扳手的分类。

_____ ;
_____ ;
_____ ;
_____ ;
_____ 。

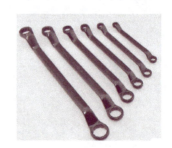

② 请列出梅花扳手的使用注意事项。

_____ ;
_____ ;

学习工作页

_____;
_____;
_____;
_____。

3) 梅花棘轮扳手。

① 请补充下图中的名称。

② 请列出梅花棘轮扳手的使用注意事项。

_____;
_____;
_____;
_____;
_____。

4) 呆扳手。

① 请列出呆扳手的类型。

_____;
_____;
_____。

② 根据图片提示,补充说明该图片所表示的使用注意事项。

———— ————

汽车维修常用工具与仪器设备的使用

_____　　　　　　　　　_____

③在转向系统示教台架上使用呆扳手拆装转向器外横拉杆，练习呆扳手的使用，并记录拆装过程注意事项，教师抽查。

_____；

_____；

_____。

5）油管扳手。

①补充油管扳手的结构名称。

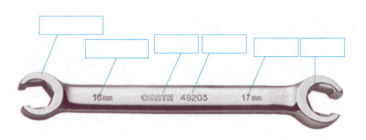

②列出油管扳手的使用注意事项。

_____；

_____；

_____；

_____；

_____。

③在制动系统示教台架上利用油管扳手拆装制动管路，练习油管扳手的使用，并记录拆装过程注意事项，教师抽查。

_____；

_____；

_____。

6）活扳手。

①列出活动扳手的类型。

_____；

_____；

学习工作页

_____;
_____。

② 补充活扳手的结构名称。

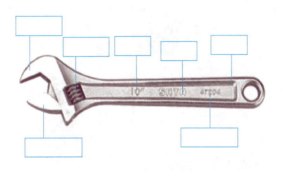

③ 列出活扳手的使用注意事项。

_____;
_____;
_____;
_____;
_____。

7) 内六角扳手。

① 列出内六角扳手的分类。

_____;
_____;
_____;
_____;
_____。

② 列出内六角扳手的优点。

_____;
_____;
_____;
_____;
_____;

9

汽车维修常用工具与仪器设备的使用

_____。

8）动力扳手。

① 补充气动扳手的结构名称。

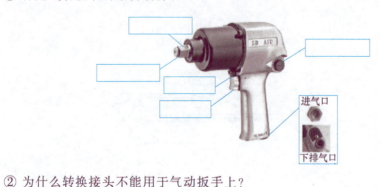

② 为什么转换接头不能用于气动扳手上？

_____；
_____；
_____；
_____。

③ 为什么在拧紧螺栓和螺母时，应先用手将螺栓和螺母对准螺纹并带入至少三个螺纹？

_____；
_____；
_____。

④ 列出电动扳手的使用注意事项。

_____；
_____；
_____；
_____；
_____；
_____；
_____；
_____；
_____。

9）扭力扳手。

① 补充扭力扳手的结构名称。

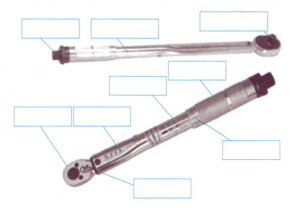

② 列出指针式扭力扳手的使用注意事项。

_____ ；
_____ ；
_____ ；
_____ ；
_____ ；
_____ 。

③ 根据图片提示，补充该图片所表示的预置力式扭力扳手的使用注意事项。

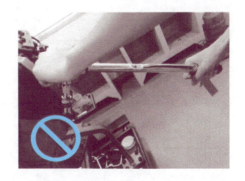

④ 表盘式扭力扳手的使用方法与指针式、预置力式两种扭力扳手的使用方法的区别有哪些？

_____；
_____；
_____；
_____；
_____。

⑤ 补充电子数显式扭力扳手的结构名称。

⑥ 电子数显式扭力扳手为高精度工具，在使用时具备前面几种扭力扳手的注意事项之外，还需要注意哪些方面？

_____；
_____；
_____；
_____；
_____。

⑦ 小组利用所配备的各种规格的扭力扳手，对轮胎螺母、凸轮轴螺栓、曲轴螺栓和油底壳螺栓进行最终紧固练习，并记录相关注意事项，教师检查。

_____；
_____；
_____；
_____；
_____。

学习工作页

任务4 活塞拆装常用工具的使用

1. 任务

发动机拆装过程中会涉及很多的工具、量具的使用，其中会使用到一些专用的拆装工具，活塞环拆装钳、活塞环压缩器。本工作页将通过对活塞及活塞环的拆装练习加强对活塞拆装工具的认识和使用，并在检修过程中提高工具的使用效率。

要求如下：

1）学生认真独立完成。

2）教师检查学生任务完成情况。

3）教师检查学生的任务操作情况。

2. 程序步骤与要求

1）根据工作页所给出的步骤实施操作。

2）请做好安全保护措施，防止发生人身和设备安全事故。

3. 任务实施

1）活塞环拆装钳。

① 根据自己班组所配备的工具，熟悉该工具箱内所配备的活塞拆装工具。

② 补充活塞环拆装钳的结构名称。

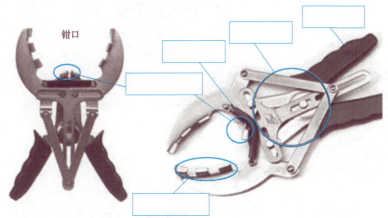

钳口

③ 列出使用活塞环拆装钳的注意事项。

_____；

_____；

_____；

_____。

④ 根据提供的活塞，练习活塞环拆装钳的使用并记录拆装步骤及注意事项。

_____；

_____；

13

汽车维修常用工具与仪器设备的使用

_____；
_____；
_____。

2）根据图片提示，填写活塞环压缩器的名称。

_____ _____ _____

① 补充活塞环压缩器的结构名称。

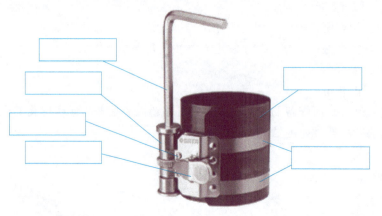

② 请列出安装活塞环之前应做的准备工作。

_____；
_____；
_____；
_____。

14

任务5 气门修理常用工具的使用

1. 任务

发动机配气机构（内燃机配气机构）是按照发动机每一气缸内所进行的工作循环和点火顺序的要求，定时开启和关闭各气缸的进、排气门，使新鲜的可燃混合气（汽油机）或空气（柴油机）及时进入气缸，使废气及时从气缸排出，在压缩与做功行程中，关闭气门保证燃烧室的密封。本工作页将通过理论学习，拆装实践加强对气门修理常用工具的认识和使用，并在检修过程中提高工具的使用效率。

要求如下：

1）学生认真独立完成。

2）教师检查学生任务完成情况。

3）教师检查学生的任务操作情况。

2. 程序步骤与要求

1）根据工作页所给出的步骤实施操作。

2）请做好安全保护措施，防止发生人身和设备安全事故。

3. 任务实施

1）气门弹簧压缩器。

① 补充气门组的结构名称。

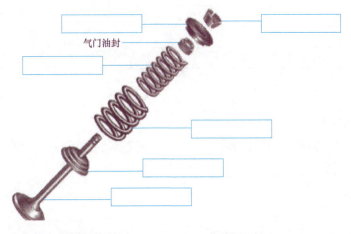

② 根据图片提示，补充工具名称。

汽车维修常用工具与仪器设备的使用

③ 根据提供的气缸盖，利用气门弹簧压缩器对气门进行拆装，练习工具的使用，并记录拆装步骤和注意事项。

拆装步骤：
_____；
_____；
_____；
_____；
_____；
_____；
_____；
_____。

注意事项：
_____；
_____；
_____；
_____；
_____；
_____。

2) 气门油封钳。

① 请补充气门油封钳的结构名称。

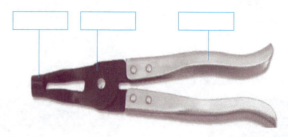

② 根据提供的气门盖，练习气门油封钳的使用，记录拆装步骤及注意事项，教师检查练习情况。

拆装步骤：

_____；
_____；
_____；
_____。

注意事项：
_____；
_____；
_____；
_____。

3) 气门铰刀。
① 根据图片提示，补充该图片的铰刀名称。

_____　　_____　　_____

② 列出气门铰削前的准备工作。
_____；
_____；
_____；
_____；
_____。

③ 根据提供的气缸盖，对气门进行铰削练习，记录铰削步骤及注意事项，教师检查练习情况。

铰削步骤：
_____；
_____；
_____；
_____；
_____；
_____；
_____；

汽车维修常用工具与仪器设备的使用

_____；
_____。
注意事项：
_____；
_____；
_____；
_____；
_____；
_____；
_____。

④ 铰削完成后为什么要对气门进行气密性检查？
_____；
_____；
_____；
_____。

4）气门研磨器。
① 气门研磨器的作用是什么？
_____；
_____。

② 补充气动气门研磨器的结构名称。

[ ] 皮碗 [ ] [ ]
[ ]
[ ]
[ ]

③ 列出研磨前的准备工作。
_____；
_____；
_____；
_____；
_____。

④ 根据提供的气缸盖，利用气动气门研磨器对气门进行研磨，并记录研磨步骤及注意事项，教师抽查。

研磨步骤：

_____ ;
_____ ;
_____ ;
_____ ;
_____ 。

注意事项：

_____ ;
_____ ;
_____ ;
_____ ;
_____ ;
_____ 。

⑤ 气门研磨完毕后，如果气门的工作面太窄会导致什么后果？太宽会导致什么后果？

_____ ;
_____ ;
_____ ;
_____ ;
_____ 。

汽车维修常用工具与仪器设备的使用

任务6　机油滤清器常用拆装工具的使用

1. 任务

发动机在工作过程中，会产生金属屑和尘土，高温下被氧化的积炭和胶状沉淀物、水等不断混入润滑油，机油滤清器的作用就是滤掉这些机械杂质和胶质，保持润滑油的清洁，延长润滑油的使用期限，以洁净的润滑油供给曲轴、连杆、凸轮轴、增压器和活塞环等运动副，保护发动机的正常运行。本工作页将通过拆装练习加强对机油滤清器扳手的认识和使用，并在检修过程中提高工具的使用效率。

要求如下：

1）学生认真独立完成。

2）教师检查学生任务完成情况。

3）教师检查学生的任务操作情况。

2. 程序步骤与要求

1）根据工作页所给出的步骤实施操作。

2）请做好安全保护措施，防止发生人身和设备安全事故。

3. 任务实施

1）请列出机油滤清器扳手的类型。

　　_____；
　　_____；
　　_____；
　　_____；
　　_____；
　　_____。

2）请列出使用各种机油滤清器扳手的注意事项。

　　_____；
　　_____；
　　_____；
　　_____；
　　_____；
　　_____。

3）根据提供的发动机台架或者实车，拆装机油滤清器，记录拆装步骤和注意事项，教师检查。

　　_____；
　　_____；
　　_____；
　　_____；

学习工作页

_____；
_____；
_____；
_____。

任务7 其他发动机常用拆装工具的使用

1. 任务

在进行发动机的日常维修工作当中,维修技师经常会用到相应的拆装专用工具进行拆装一些相对特殊的部件,如发动机带轮、火花塞和氧传感器等,普通的常用工具无法满足拆装需求,如果不用专用工具就会损坏相关零部件。本工作页将通过拆装练习加强对发动机其他常用工具的认识和使用,并在检修过程中提高工具的使用效率。

要求如下:
1) 学生认真独立完成。
2) 教师检查学生任务完成情况。
3) 教师检查学生的任务操作情况。

2. 程序步骤与要求
1) 根据工作页所给出的步骤实施操作。
2) 请做好安全保护措施,防止发生人身和设备安全事故。

3. 任务实施
1) 氧传感器拆装工具。

根据提供的发动机台架或者实车,进行氧传感器拆装练习,记录拆装步骤和注意事项。

拆装步骤:

_____;
_____;
_____;
_____;
_____;
_____;
_____。

注意事项:

_____;
_____;
_____;
_____;
_____;
_____;
_____。

2) 曲轴带轮拆装工具。

根据提供的发动机台架,进行曲轴带轮的拆装练习,记录拆装步骤和注意事项,教师检查。

拆装步骤：

_____；
_____；
_____；
_____；
_____；
_____；
_____。

曲轴带轮

注意事项：

_____；
_____；
_____；
_____；
_____；
_____；
_____；
_____。

3）火花塞套筒扳手。

① 请列出火花塞套筒扳手的类型。

_____；
_____；
_____；
_____；
_____。

② 根据提供的发动机台架或者实车，练习火花塞套筒扳手的使用，记录拆装步骤和注意事项，教师检查。

拆装步骤：

_____；
_____；
_____；
_____；
_____。

曲轴带轮

注意事项：

23

_____；
_____；
_____；
_____；
_____。

4）铲刀。

① 根据提供的发动机台架，清洁发动机气缸盖和气缸体表面的密封层，记录铲刀的使用方法和注意事项，教师检查。

使用方法：
_____；
_____；
_____；
_____；
_____。

注意事项：
_____；
_____；
_____；
_____；
_____。

② 如果铲刀进行清洁后，仍然残留了部分密封材料，应该如何处理？如果不处理会导致发动机出现哪些故障？

_____；
_____；
_____；
_____；
_____。

学习工作页

任务 8 底盘拆装常用工具的使用

1. 任务

底盘拆装过程中会涉及很多的工具、量具的使用,其中会使用到一些专用的拆装工具,如拉拔器、减振器拆装工具和球头分离器等。本工作页将通过理论学习和拆装练习加强对底盘拆装常用工具的认识和使用,并在检修过程中提高工具的使用效率。

要求如下:

1)学生认真独立完成。

2)教师检查学生任务完成情况。

3)教师检查学生的任务操作情况。

2. 程序步骤与要求

1)根据工作页所给出的步骤实施操作。

2)请做好安全保护措施,防止发生人身和设备安全事故。

3. 任务实施

1)减振器弹簧压缩器。

① 根据图片提示,补充图片名称。

25

② 根据提供的减振器弹簧压缩器进行减振器弹簧的拆装练习,记录拆装步骤及注意事项,教师检查。

拆装步骤:

_____ ;
_____ ;
_____ ;
_____ ;
_____ 。

注意事项:

_____ ;
_____ ;
_____ ;
_____ ;
_____ 。

2)球头分离器。

① 请列出球头分离器的类型。

_____ ;
_____ ;
_____ 。

② 根据提供的球头分离器,对横拉杆球头进行拆装练习,记录拆装步骤及注意事项,教师检查。

拆装步骤:

_____ ;
_____ ;
_____ ;
_____ ;
_____ 。

注意事项:

_____ ;
_____ ;
_____ ;
_____ ;
_____ ;

　　_____；
　　_____。

③ 在紧固球头锁止螺母到规定转矩后，如果锁止螺母的槽口与锁销口错位时，能否将锁止螺母拧松后再安装锁销？为什么？

　　_____；
　　_____；
　　_____；
　　_____。

3）拉拔器。

① 请列出拉拔器的类型。

　　_____；
　　_____；
　　_____；
　　_____；
　　_____；
　　_____。

② 根据提供的拉拔器，对三轴式手动变速器的输出轴的支承轴承进行拆装，记录拆装步骤及注意事项，教师检查。

拆装步骤：

　　_____；
　　_____；
　　_____；
　　_____；
　　_____。

注意事项：

　　_____；
　　_____；
　　_____；
　　_____；
　　_____；
　　_____。

4）制动分泵活塞压缩器。

① 请补充制动分泵活塞压缩器的结构名称。

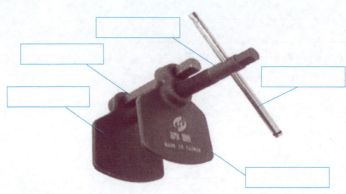

② 根据提供的制动分泵压缩器，对分泵活塞进行压缩练习，记录操作步骤及注意事项，教师检查。

拆装步骤：
_____；
_____；
_____；
_____；
_____。

注意事项：
_____；
_____；
_____；
_____；
_____；
_____。

5) 冲子。
① 请列出冲子的类型。
_____；
_____。

② 根据提供的销冲，练习其使用方法，记录使用注意事项。
_____；
_____；
_____；
_____。

6) 錾子。

学习工作页

① 请列出錾子的类型。

_____ ；

_____ 。

② 根据图片提示，补充錾子握法名称。

_____   _____   _____

任务9 内饰饰板拆装常用工具的使用

1. 任务

车辆内饰主要有车门饰板、门柱饰板和仪表饰板等,这些饰板的安装除了常用的螺栓固定外,还利用到塑料胶扣、塑料胶钉进行固定,而这些部件属于橡胶部件、皮革部件等,在进行拆装作业时必须用到塑料撬棒、塑料撬刀和胶扣起子进行拆装,否则容易损坏。本工作页将通过拆装练习加强对内饰饰板拆装常用工具的认识和使用,并在检修过程中提高工具的使用效率。

要求如下:

1)学生认真独立完成。

2)教师检查学生任务完成情况。

3)教师检查学生的任务操作情况。

2. 程序步骤与要求

1)根据工作页所给出的步骤实施操作。

2)请做好安全保护措施,防止发生人身和设备安全事故。

3. 任务实施

1)撬棒。

① 在进行车内饰板如车门饰板的拆装时为什么要使用撬棒?

_____;
_____;
_____;
_____;
_____。

② 根据提供的撬棒,对车门饰板进行拆装练习,记录拆装步骤和注意事项,教师检查。

拆装步骤:

_____;
_____;
_____;
_____;
_____;
_____;
_____。

注意事项:

_____;

_____；
_____；
_____；
_____。

2）胶扣起子。

① 请列出胶扣起子的类型。

_____；
_____；
_____。

② 根据提供的胶扣起子，对发动机舱的盖板胶扣进行拆装练习，记录拆装注意事项，教师检查。

_____；
_____；
_____；
_____；
_____；
_____；
_____。

汽车维修常用工具与仪器设备的使用

任务10　钳子类常用工具的使用

1. 任务

钳子是一种利用杠杆原理，用于弯曲小的金属材料、夹持扁形或圆形零件、切断软的金属丝等的工具。本工作页将通过各种练习加强对钳子类工具的认识和使用，并在检修过程中提高工具的使用效率。

要求如下：

1）学生认真独立完成。

2）教师检查学生任务完成情况。

3）教师检查学生的任务操作情况。

2. 程序步骤与要求

1）根据工作页所给出的步骤实施操作。

2）请做好安全保护措施，防止发生人身和设备安全事故。

3. 任务实施

1）根据图片提示，补充钳子的名称。

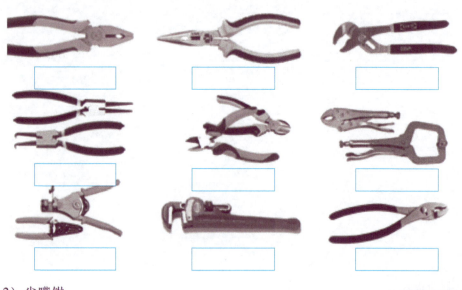

2）尖嘴钳。

① 请列出尖嘴钳的类型。

_____；

_____；

_____。

② 请列出尖嘴钳的使用注意事项。

_____；

_____;
_____;
_____;
_____;
_____;
_____。

3)钢丝钳。

① 根据图片提示,补充钢丝钳的结构名称。

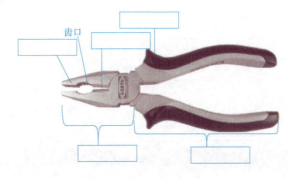

② 请列出钢丝钳的使用注意事项。

_____;
_____;
_____;
_____;
_____;
_____;
_____。

4)鲤鱼钳。

① 根据图片提示,补充鲤鱼钳的结构名称。

② 利用鲤鱼钳,练习拆装发动机台架上的空气软管卡箍,记录使用注意事项,教

师检查。

_____；
_____；
_____；
_____；
_____；
_____；
_____；
_____；
_____。

5）大力钳。

① 根据图片提示，补充大力钳的结构名称。

手柄

② 根据提供的图片，补充各种大力钳的名称。

刃口

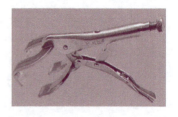

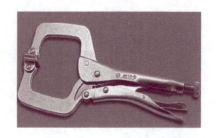

③ 根据各个小组配备的大力钳，练习大力钳的使用，记录使用注意事项，教师检查。

_____；
_____；
_____；
_____；
_____；
_____；
_____；
_____。

6）剥线钳。

① 根据提供的图片，补充剥线钳的结构名称。

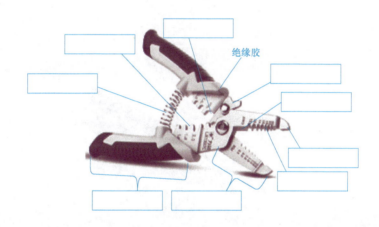

② 根据提供的旧汽车线路，练习剥线钳的使用，记录使用注意事项，教师检查。

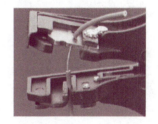

_____；
_____；
_____；
_____；
_____；
_____；
_____；
_____。

7）斜口钳。

① 根据提供的图片，补充斜口钳的结构名称。

汽车维修常用工具与仪器设备的使用

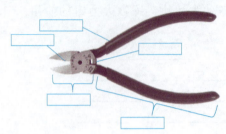

② 请列出斜口钳的使用注意事项。

_____；
_____；
_____；
_____；
_____。

8）水泵钳。

① 根据提供的图片，请补充水泵钳的结构名称。

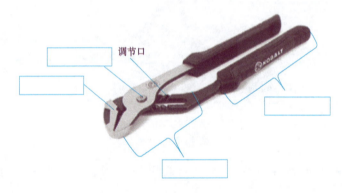

调节口

② 根据提供的水管工件，拆装水管的接口螺母，练习水管钳的使用，记录使用注意事项，教师检查。

_____；
_____；
_____；
_____；
_____；
_____；
_____。

9）卡簧钳。

① 根据提供的图片，补充卡簧钳的名称。

学习工作页

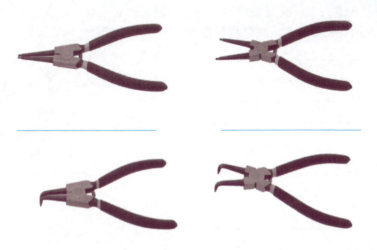

_____; _____;

_____; _____;

② 根据提供的卡簧钳，练习卡簧的使用方法及注意事项，教师检查。

_____;

_____;

_____;

_____;

_____。

10) 台虎钳。

① 请列出台虎钳的类型。

_____;

_____;

_____;

_____;

_____;

_____。

② 根据提供的图片，补充台虎钳的结构名称。

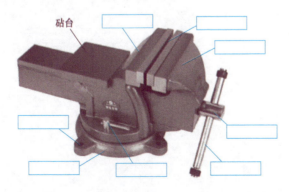

砧台

37

③ 根据提供的台虎钳，夹紧提供的工件，并对工件进行加工作业，练习台虎钳的操作，记录台虎钳的使用注意事项，教师检查。

_____；
_____；
_____；
_____；
_____；
_____；
_____；
_____；
_____。

任务 11　丝锥和板牙的使用

1. 任务

丝锥和板牙是加工内、外螺钉的工具。本工作页将通过螺栓螺纹、螺孔螺纹的加工练习加强对丝锥和板牙的认识和使用，并在检修过程中提高工具的使用效率。

要求如下：

1）学生认真独立完成。

2）教师检查学生任务完成情况。

3）教师检查学生的任务操作情况。

2. 程序步骤与要求

1）根据工作页所给出的步骤实施操作。

2）请做好安全保护措施，防止发生人身和设备安全事故。

3. 任务实施

1）根据提供的图片，请补充丝锥和板牙的组成名称。

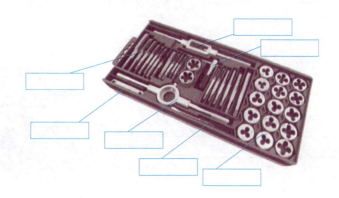

2）丝锥。

① 根据提供的图片，请补充丝锥的结构名称。

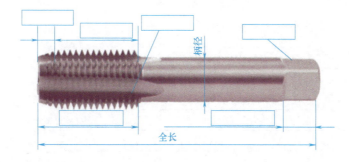

② 根据提供的丝锥图片，补充丝锥的类型名称。

汽车维修常用工具与仪器设备的使用

_____   _____

_____   _____

③ 根据提供的丝锥套件，对螺栓孔进行螺纹加工作业，记录加工步骤和注意事项，教师检查。

加工步骤：

_____；
_____；
_____；
_____；
_____；
_____；
_____；
_____。

注意事项：

_____；
_____；
_____；
_____；
_____；
_____；
_____；
_____。

3）板牙。

学习工作页

① 根据图片提示，补充板牙名称。

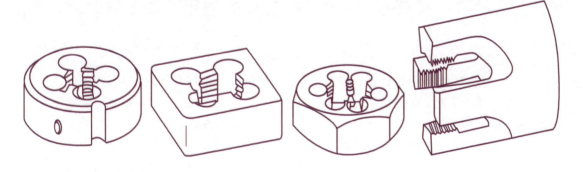

② 根据提供的板牙和螺栓，利用板牙对损坏的螺栓螺纹进行加工，记录加工步骤和注意事项，教师检查。

加工步骤：

_____；
_____；
_____；
_____；
_____；
_____；
_____。

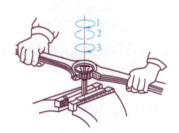

注意事项：

_____；
_____；
_____；
_____；
_____；
_____。

汽车维修常用工具与仪器设备的使用

任务 12　锉削工具的使用

1. 任务

锉刀一般采用碳素钢经轧制、锻造、退火、磨削、剁齿和淬火等工序加工而成,是手工锉削的主要工具。锉削就是对工件表面进行切削加工,使其尺寸、形状、位置和表面粗糙度都达到要求的加工方法。本工作页将通过拆装练习加强对锉削类工具的认识和使用,并在检修过程中提高工具的使用效率。

要求如下:
1)学生认真独立完成。
2)教师检查学生任务完成情况。
3)教师检查学生的任务操作情况。

2. 程序步骤与要求
1)根据工作页所给出的步骤实施操作。
2)请做好安全保护措施,防止发生人身和设备安全事故。

3. 任务实施
1)锉刀。
① 根据提供的锉刀图片,补充其结构名称。

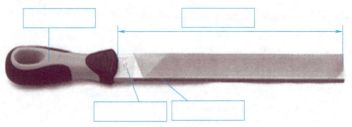

② 列出锉刀的类型。

　　　　　　　　　　　　　　　　　　　　；
　　　　　　　　　　　　　　　　　　　　；
　　　　　　　　　　　　　　　　　　　　；
　　　　　　　　　　　　　　　　　　　　；
　　　　　　　　　　　　　　　　　　　　；
　　　　　　　　　　　　　　　　　　　　；
　　　　　　　　　　　　　　　　　　　　；
　　　　　　　　　　　　　　　　　　　　；
　　　　　　　　　　　　　　　　　　　　；
　　　　　　　　　　　　　　　　　　　　；

学习工作页

③ 根据图片提示,请补充锉刀的锉削方法名称。

_____ _____ _____

④ 根据提供的锉刀和工件,利用锉刀加工出一个完整的直角形,记录加工步骤和注意事项。

加工步骤:

_____;
_____;
_____;
_____;
_____;
_____。

注意事项:

_____;
_____;
_____;
_____;
_____;
_____;
_____。

2) 手锯。

① 根据提供的图片,请补充手锯的结构名称。

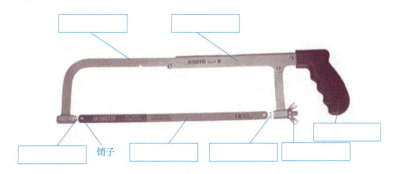

② 根据提供的手锯和细钢条，利用手锯将细金钢条锯断，记录作业步骤和注意事项，教师检查。

加工步骤：
_____；
_____；
_____；
_____。

注意事项：
_____；
_____；
_____；
_____；
_____。

任务13 其他钳工工具的使用

1. 任务

螺钉旋具俗称改锥或起子或螺丝刀,主要用于旋拧小转矩、头部开有凹槽的螺栓和螺钉;锤子也称为榔头或手锤,属于锤击类工具。主要用于锤击錾子、冲子等工具或用来敲击工件,使工件变形,产生位移、振动,从而达到校正、整形等目的,因此,可通过敲击来拆卸和更换零件。另外,也可以根据锤击的声音来测试螺栓的松紧度。本工作页将通过拆装练习加强对螺钉旋具和锤子的认识和使用,并在检修过程中提高工具的使用效率。

要求如下:

1) 学生认真独立完成。
2) 教师检查学生任务完成情况。
3) 教师检查学生的任务操作情况。

2. 程序步骤与要求

1) 根据工作页所给出的步骤实施操作。
2) 请做好安全保护措施,防止发生人身和设备安全事故。

3. 任务实施

1) 螺钉旋具。

① 根据自己班组所配备的工具,熟悉该工具箱内所配备的各种螺钉旋具规格并列出其类型。

_____;
_____;
_____;
_____;
_____;
_____;
_____;
_____。

② 利用螺钉旋具拆卸教师指定的车内饰板,记录拆卸步骤及使用注意事项,教师检查。

作业步骤:

_____;
_____;
_____;

_____；
_____；
_____；
_____；
_____；
_____。

注意事项：
_____；
_____；
_____；
_____；
_____；
_____；
_____；
_____。

2）锤子。

① 根据图片提示，请补充锤子握法的名称。

_____　　　　　　　_____

② 根据图片提示，请补充锤子的挥锤方法。

_____　　_____　　_____

③ 根据提供的锤子和发动机台架，进行曲轴后油封的安装作业，记录安装步骤和注意事项，教师检查。

学习工作页

安装步骤:

_____；
_____；
_____；
_____；
_____。

注意事项:

_____；
_____；
_____；
_____；
_____；
_____。

47

汽车维修常用工具与仪器设备的使用

任务14　尺类测量量具的使用

1. 任务

在汽车修配工作中，会经常进行工件尺寸、配合间隙或磨损量大小的测量，这就需要用到各种不同种类的测量工具。本工作页将通过拆装练习加强对尺类量具的认识和使用，并在检修过程中提高尺类量具的使用效率。

要求如下：

1）学生认真独立完成。

2）教师检查学生任务完成情况。

3）教师检查学生的任务操作情况。

2. 程序步骤与要求

1）根据工作页所给出的步骤实施操作。

2）请做好安全保护措施，防止发生人身和设备安全事故。

3. 任务实施

1）钢直尺。

根据提供的工件和钢直尺，练习钢直尺的使用并记录工件的尺寸和使用注意事项。

测量操作：

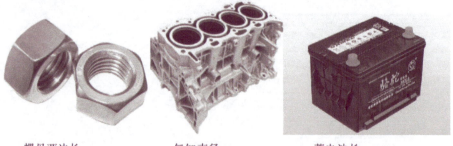

螺母两边长_____　　气缸直径_____　　蓄电池长_____

使用注意事项：

_____；

_____；

_____；

_____；

_____；

_____。

2）卷尺。

根据提供的工件和卷尺，练习卷尺的使用并记录工件的尺寸和使用注意事项。

使用注意事项：

_____；
_____；
_____；
_____；
_____；
_____；
_____；
_____。

测量操作：

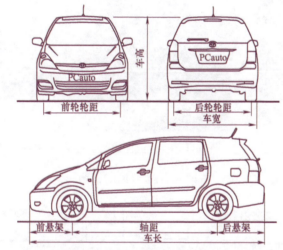

前轮轮距：_____ 后轮轮距：_____ 车宽：_____ 车长：_____

轴距：_____ 前悬架：_____ 后悬架：_____

3）游标卡尺。

① 根据提供的图片，补充游标卡尺的结构名称。

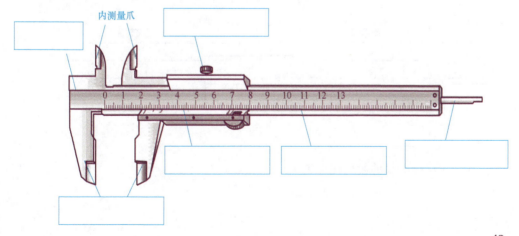

49

② 根据提供的图片，补充游标卡尺的类型名称。

③ 根据提供的游标卡尺和工件，测量工件的相关数据并记录，教师检查。

气门长度：_____　　气缸缸径：_____　　缸盖厚度：_____

④ 根据列出的测量结果图片，记录游标卡尺的读数。

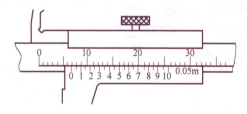
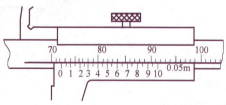
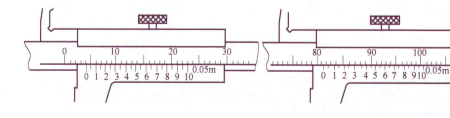

⑤ 请列出游标卡尺的使用注意事项。

_____；

_____；

_____ ；
_____ ；
_____ ；
_____ ；
_____ ；
_____ 。

4）高度尺。

① 根据提供的图片，补充高度尺的类型名称。

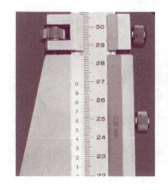 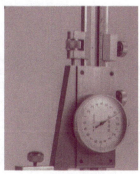 

_____　　_____　　_____

② 根据提供的图片，补充高度尺的结构名称。

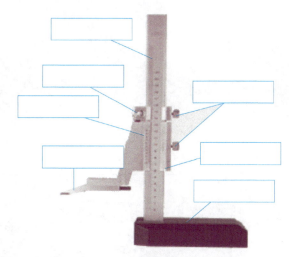

根据提供的高度尺和工件，练习高度尺的使用，记录测量结果和使用注意事项，教师检查。

工件尺寸：

_____ 。

使用注意事项：

_____ ；
_____ ；

_____；
_____；
_____；
_____；
_____。

5) 外径千分尺。

① 根据提供的图片，请补充外径千分尺的结构名称。

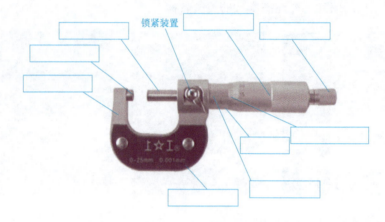

锁紧装置

② 根据提供的图片，请补充千分尺的类型名称。

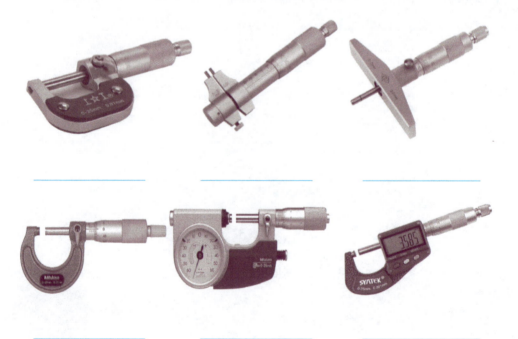

③ 根据提供的外径千分尺，测量凸轮轴的轴颈直径，并记录测量步骤和注意事项，教师检查。

学习工作页

测量步骤：

_____；
_____；
_____；
_____；
_____；
_____。

使用注意事项：

_____；
_____；
_____；
_____；
_____；
_____；
_____；
_____；
_____；
_____。

④ 根据列出的测量结果图片，记录外径千分尺的读数。

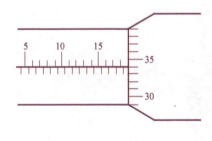

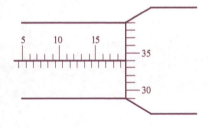

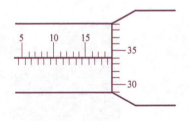

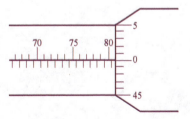

6）百分表。

汽车维修常用工具与仪器设备的使用

① 根据提供的图片，请补充百分表的结构名称。

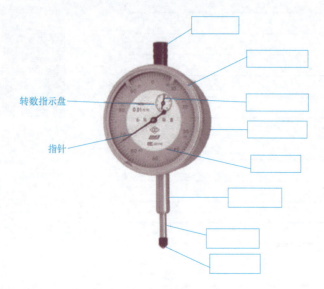

② 根据提供的图片，请补充磁性表座的结构名称。

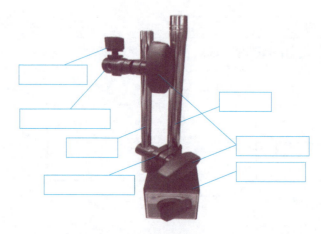

③ 根据提供的图片，请补充百分表的类型名称。

④ 根据提供的磁性表座和百分表，测量发动机曲轴的跳动量，记录测量步骤和注意事项，教师检查。

测量步骤：

_____；
_____；
_____；
_____；
_____；
_____。

使用注意事项：

_____；
_____；
_____；
_____；
_____；
_____；
_____；
_____；
_____。

7）塞尺。

① 请列出塞尺的类型。

_____；
_____；
_____；
_____；
_____。

② 根据提供的塞尺，测量发动机进排气门的气门间隙和气缸盖平面度，记录测量数据、步骤及注意事项，教师检查。

测量步骤：

_____；
_____；
_____；
_____；
_____；
_____。

注意事项：

_____；
_____；
_____；
_____；
_____。

8）花纹深度卡尺。

① 根据提供的图片，请补充花纹深度卡尺的类型名称。

_____　　_____　　_____

② 根据提供的花纹深度卡尺，测量轮胎花纹深度，记录测量数据、步骤和注意事项，教师检查。

测量步骤：

_____；
_____；
_____；
_____。

注意事项：

_____；
_____；
_____；
_____；
_____。

9）直角尺。

① 根据提供的图片，请补充直角尺的类型名称。

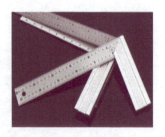  

② 根据提供的直角尺和塞尺，测量气门弹簧的垂直度，记录测量数据、步骤及注意事项，教师检查。

测量步骤：
_____；
_____；
_____；
_____；
_____。

注意事项：
_____；
_____；
_____；
_____；
_____。

10）塑料间隙规。

① 请列出塑料间隙规三种规格的颜色及测量范围值。
_____；
_____；
_____。

② 根据提供的塑料间隙规，测量发动机连杆轴颈的径向间隙，记录测量数据、步骤及注意事项，教师检查。

测量步骤：
_____；
_____；
_____；
_____；
_____；
_____；
_____。

注意事项：
_____；
_____；
_____；
_____；
_____。

汽车维修常用工具与仪器设备的使用

任务15　压力测量量具的使用

1. 任务

汽车在维修作业过程中，很多时候需要用到如机油压力表、真空表等压力测量量具对系统的运行压力进行测试，从而判断系统运行压力的状态，缩小故障范围，以达到排除故障的目的。本工作页将通过压力测试操作加强对压力测量量具的认识和使用，并在检修过程中提高工具的使用效率。

要求如下：

1）学生认真独立完成。

2）教师检查学生任务完成情况。

3）教师检查学生的任务操作情况。

2. 程序步骤与要求

1）根据工作页所给出的步骤实施操作。

2）请做好安全保护措施，防止发生人身和设备安全事故。

3. 任务实施

1）机油压力表。

① 根据提供的图片，补充机油压力表的类型名称。

② 为了保证机油压力测试的准确性，在测试之前应对发动机润滑系统进行必要的检查，根据提供的车辆，进行相关检查，并列出检查项目。

_____；
_____；
_____；
_____；
_____；
_____；

学习工作页

_____。

③ 根据提供的车辆，对发动机机油压力进行检查，记录检查步骤、检查数据和注意事项，教师检查。

检查步骤：

_____；
_____；
_____；
_____；
_____。

检查数据：

怠速时机油压力值：_____；
加速时机油压力值：_____；
2000r/min 时机油压力值：_____；
3000r/min 时机油压力值：_____。

注意事项：

_____；
_____；
_____；
_____。

2）真空表。

① 请列出真空表的类型。

_____；
_____；
_____；
_____。

② 根据提供的发动机运行台架或者车辆，利用真空表对发动机进气歧管（节气门后方）真空度进行检查，记录检查步骤、检查数据和注意事项，教师检查。

检查步骤：

_____；
_____；
_____；
_____。

检查数据：

发动机静止时：_____；

发动机起动时：_____；
发动机怠速时：_____；
发动机加速时：_____；
发动机 2000r/min 时：_____；
发动机 3000r/min 时：_____。
注意事项：
_____；
_____；
_____；
_____；
_____。

③ 根据检查得到的真空压力值，分析发动机的运行状况，教师检查。
_____
_____
_____

3）燃油压力表。

① 根据提供的发动机运行台架或者车辆，对燃油供给系统进行压力测试，记录检查步骤、检查数据和注意事项，教师检查。

检查步骤：
_____；
_____；
_____；
_____；
_____。

检查数据：
发动机静止时：_____；
发动机起动时：_____；
发动机怠速时：_____；
发动机加速时：_____；
发动机 2000r/min 时：_____；
发动机 3000r/min 时：_____；
熄火后的残余油压：_____。
注意事项：
_____；
_____；
_____；
_____。

② 如果没有进行燃油供给系统泄压处理，会导致什么后果？
_____
_____

③ 根据检查得到的燃油压力值，分析发动机燃油供给系统的运行状况，教师检查。
_____
_____
_____

4）气缸压力表。
① 根据提供的图片，补充气缸压力表的类型名称。

_____ _____ _____

② 根据提供的发动机运行台架或者车辆，对发动机进行静态气缸压力检查，记录检查步骤、检查数据和注意事项，教师检查。

检查步骤：
_____;
_____;
_____;
_____;
_____;
_____。

检查数据：
1 缸：_____;
2 缸：_____;
3 缸：_____;
4 缸：_____。

注意事项：
_____;
_____;
_____;
_____;
_____。

③ 根据检查得到的压力值，分析发动机气缸的状态，教师检查。
_____
_____
_____
_____

5）排气背压表。
① 请列出排气背压过大的原因。
_____；
_____；
_____。

② 根据提供的发动机运用台架或者车辆，对发动机排气系统的背压进行检查，记录检查步骤、检查数据和注意事项，教师检查。

检查步骤：
_____；
_____；
_____；
_____；
_____；
_____。

检查数据：
怠速时：_____；
发动机 2000r/min 时：_____；
发动机 3000r/min 时：_____。
注意事项：
_____；
_____；
_____；
_____；
_____。

6）冷却系统压力测试仪。
① 根据提供的发动机运行台架或者车辆，对发动机冷却系统的散热器盖进行运行检查，记录检查步骤、检查数据和注意事项，教师检查。

检查步骤：
_____；
_____；
_____；
_____；

学习工作页

_____。
检查数据：
开启压力值：_____。
注意事项：
　_____；
　_____；
　_____；
　_____。

② 根据提供的发动机运行台架或者车辆，对发动机冷却系统进行泄漏测试，记录检查步骤和注意事项，教师检查。

检查步骤：
　_____；
　_____；
　_____；
　_____；
　_____。

注意事项：
　_____；
　_____；
　_____；
　_____。

7）空调压力表。

① 根据提供的图片，补充空调压力表的结构名称。

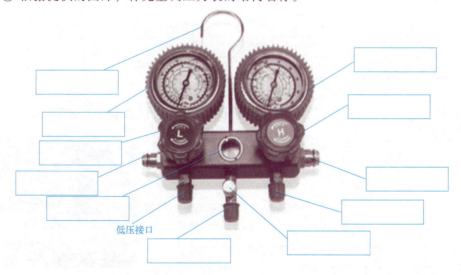

低压接口

63

② 根据提供的空调压力表，将其组装后安装到空调运行台架或者车辆上，记录组装步骤及注意事项，教师检查。

组装步骤：
_____;
_____;
_____;
_____;
_____。

注意事项：
_____;
_____;
_____;
_____;
_____。

③ 安装压力表到车辆后对空调系统进行抽真空作业，记录操作步骤、注意事项，教师检查。

作业步骤：
_____;
_____;
_____;
_____;
_____;
_____。

注意事项：
_____;
_____;
_____;
_____;
_____。

④ 对空调系统进行制冷剂加注作业，记录作业步骤及注意事项，教师检查。

作业步骤：
_____;
_____;
_____;
_____;
_____;
_____。

注意事项：

_____；
_____；
_____；
_____；
_____。

8）轮胎气压表。

① 根据提供的图片，补充轮胎气压表的结构名称。

② 根据提供的轮胎气压表，对轮胎进行气压检查及充气作业，记录作业步骤和注意事项，教师检查。

作业步骤：

_____；
_____；
_____；
_____；
_____。

注意事项：

_____；
_____；
_____；
_____；
_____。

任务16 电气测量设备与检测仪器的使用

1. 任务

随着电控技术在汽车上的使用,汽车故障诊断与排除在很大程度会使用到各式各样的电气测量设备和检测仪器,对汽车电路、电子设备、电子元件及信号进行检测,电气测量设备及检测仪器包括了万用表、测电笔等。本工作页将通过测量及检测练习加强对电气测量设备及检测仪器的认识和使用,并在检修过程中提高工具的使用效率。

要求如下:
1)学生认真独立完成。
2)教师检查学生任务完成情况。
3)教师检查学生的任务操作情况。

2. 程序步骤与要求
1)根据工作页所给出的步骤实施操作。
2)请做好安全保护措施,防止发生人身和设备安全事故。

3. 任务实施
1)万用表。
① 根据提供的图片,熟悉万用表的结构名称。
② 根据提供的万用表,对所提供的元件进行电阻测量练习,记录检查步骤、测量数据及使用注意事项,教师检查。

检查步骤:
_____;
_____;
_____;
_____。

测量数据:
导线电阻:_____;
高压分火线电阻:_____;
继电器电阻:_____;
火花塞中心电极搭铁电阻:_____。

注意事项:
_____;
_____;
_____。

③ 根据提供的万用表,在发动机运行台架或者车辆上指定的相关系统进行电源电压检测,记录检查步骤、检查数据及注意事项,教师检查。

检查步骤:

_____；
_____；
_____；
_____；
_____。

检测数据：

_____；
_____；
_____；
_____；
_____；
_____。

注意事项：

_____；
_____；
_____；
_____。

2）测电笔。

① 根据提供的图片，补充测电笔的结构名称。

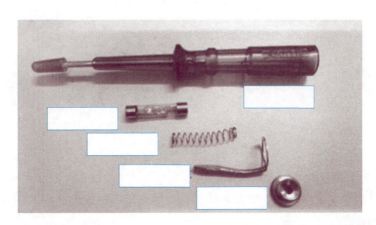

② 根据提供的测电笔，在发动机运行台架或者车辆上指定的相关系统进行电源供电检测，记录检查步骤及注意事项，教师检查。

检查步骤：

_____；
_____；
_____；
_____；
_____。

注意事项：
_____；
_____；
_____。

③ 测电笔亮起是否代表所测量的对象的电源供电正常？为什么？
_____
_____
_____

3）高率放电计。

根据提供的高率放电计，对蓄电池进行检查测试，记录测试步骤、测试数据及注意事项，教师检查。

检查步骤：
_____；
_____；
_____；
_____；
_____。

测试数据：
蓄电池电压：_____；
测试电压：_____；
电池状态判断：_____。

注意事项：
_____；
_____；
_____。

4）蓄电池测试仪。

根据提供的蓄电池测试仪，对蓄电池进行检查测试，记录测试步骤、测试数据及注意事项，教师检查。

检查步骤：
_____；
_____；
_____；
_____；
_____。

测试数据：
蓄电池电压：_____；

学习工作页

蓄电池内阻：_____；
蓄电池容量：_____；
蓄电池寿命：_____；
电池状态判断：_____。
注意事项：
_____；
_____；
_____；
_____。

5）示波器。

① 根据提供的图片，补充示波器的类型名称。

_____   _____

② 根据提供的示波器，对发动机的进气歧管绝对压力传感器信号进行测试检查，记录检查步骤、波形图及注意事项，教师检查。

检查步骤：
_____；
_____；
_____；
_____。

波形图：

注意事项：
_____；
_____；
_____；

69

汽车维修常用工具与仪器设备的使用

_____。

6）故障诊断仪。

① 根据提供的故障诊断仪，熟悉故障诊断仪的结构及操作。

② 根据提供的故障诊断仪，进行故障诊断，记录作业步骤、故障码及注意事项，教师检查。

作业步骤：

_____；

_____；

_____；

_____。

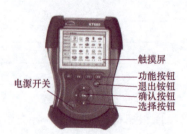

故障码：

_____；

_____；

_____。

注意事项：

_____；

_____；

_____。

任务 17　其他常用工具设备的使用

1. 任务

车辆在维修作业过程中，会使用到很多的辅助设备或者工具进行作业，其中包括了轮胎动平衡机、液压压床等，本工作页将通过拆装练习加强对其他常用工具设备的认识和使用，并在检修过程中提高工具的使用效率。

要求如下：

1）学生认真独立完成。

2）教师检查学生任务完成情况。

3）教师检查学生的任务操作情况。

2. 程序步骤与要求

1）根据工作页所给出的步骤实施操作。

2）请做好安全保护措施，防止发生人身和设备安全事故。

3. 任务实施

1）轮胎动平衡机。

根据提供的轮胎动平衡机，对车轮进行动平衡作业，记录作业步骤、检测数据及注意事项，教师检查。

作业步骤：

_____；
_____；
_____；
_____；
_____；
_____；
_____；
_____；
_____。

检测数据：

_____；
_____。

注意事项：

_____；
_____；
_____；

_____;
_____;
_____;
_____。

2）扒胎机。

根据提供的扒胎机，进行轮胎更换作业，记录作业步骤及注意事项，教师检查。

作业步骤：

_____;
_____;
_____;
_____;
_____;
_____;
_____;
_____;
_____。

注意事项：

_____;
_____;
_____;
_____;
_____;
_____;
_____。

3）液压压床。

根据提供的液压压床，进行如轴承等部件的更换作业，记录作业步骤及注意事项，教师检查。

作业步骤：

_____;
_____;
_____;
_____;
_____;
_____;
_____;

_____；
_____；
_____。

注意事项：

_____；
_____；
_____；
_____；
_____。

4）千斤顶。

① 根据提供的图片，补充千斤顶的类型名称。

_____   _____

_____   _____

② 根据提供的千斤顶，对车辆进行顶起作业，记录作业步骤及注意事项，教师检查。

作业步骤：

_____；
_____；
_____；
_____；
_____；
_____；
_____；

_____；
_____。

注意事项：

_____；
_____；
_____；
_____；
_____；
_____。

5）举升机。

① 根据提供的图片，补充举升机的类型名称。

_____

_____

_____

_____

_____

_____

② 根据提供的举升机，对车辆进行举升作业，记录作业步骤及注意事项，教师检查。

作业步骤：

_____；

学习工作页

_____；
_____；
_____；
_____；
_____；
_____；
_____；
_____；
_____。

注意事项：
_____；
_____；
_____；
_____；
_____；
_____；
_____；
_____；
_____。

汽车维修常用工具与仪器设备的使用

任务18 其他常用检测仪器设备的使用

1. 任务

车辆在维修作业过程中，会使用到很多辅助的检测仪器进行作业，其中包括了听诊器、红外测温仪等，本工作页将通过拆装练习加强对其他常用检测仪器的认识和使用，并在检修过程中提高工具的使用效率。

要求如下：

1) 学生认真独立完成。

2) 教师检查学生任务完成情况。

3) 教师检查学生的任务操作情况。

2. 程序步骤与要求

1) 根据工作页所给出的步骤实施操作。

2) 请做好安全保护措施，防止发生人身和设备安全事故。

3. 任务实施

1) 听诊器。

① 根据提供的图片，补充听诊器的类型名称。

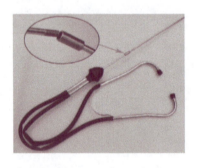

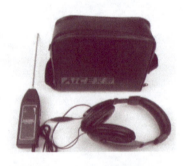

_____　　　　　_____

② 根据提供的听诊器，练习听诊发动机运行声音、轮胎轴承运行声音，记录听诊器使用步骤及注意事项，教师检查。

使用步骤：

_____；

_____；

_____；

_____；

_____。

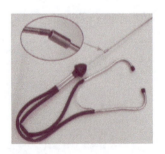

2）冰点测试仪。

① 根据提供的图片，补充冰点测试仪的结构名称。

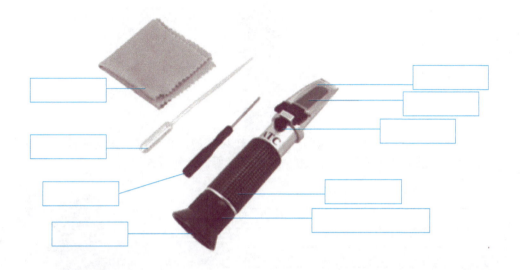

② 根据提供的冰点测试仪，检测冷却液冰点、雨刮液冰点、蓄电池电解液密度，记录检查步骤、检查数据及注意事项，教师检查。

检查步骤：
_____；
_____；
_____；
_____；
_____。

记录数据：
冷却液冰点：_____；
雨刮液冰点：_____；
蓄电池电解液密度：_____。

注意事项：
_____；
_____；
_____；
_____；
_____。

3）红外测温仪。

① 根据提供的图片，补充红外测温仪的结构名称。

77

汽车维修常用工具与仪器设备的使用

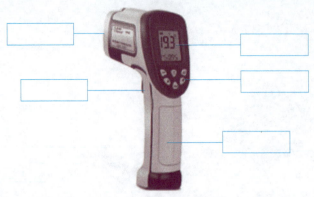

② 根据提供的红外测温仪，探测三元催化转化器的工作温度、发动机外壳温度和散热器温度等，记录检查步骤、检查数据及注意事项，教师检查。

检查步骤：
_____；
_____；
_____；
_____；
_____；
_____。

检查数据：
三元催化转化器的工作温度：_____；
发动机外壳温度：_____；
散热器温度：_____。

注意事项：
_____；
_____；
_____；
_____；
_____。

4）传动带张紧器。

① 根据提供的图片，补充传动带张紧器的结构名称。

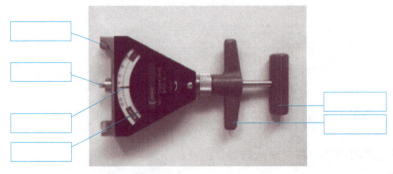

78

② 根据提供的传动带张紧器，检测发动机传动带的张紧度，记录检查步骤及注意事项，教师检查。

检查步骤：

_____；
_____；
_____；
_____；
_____。

注意事项：

_____；
_____；
_____；
_____；
_____。

5）空调检漏仪。

① 根据提供的图片，补充空调检漏仪的结构名称。

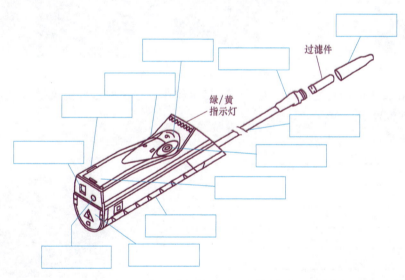

过滤件
绿/黄指示灯

② 根据提供的空调检漏仪，对空调系统进行泄漏测试，判断空调系统是否存在泄漏，记录检查步骤及注意事项，教师检查。

检查步骤：

_____；
_____；
_____；
_____；

79

汽车维修常用工具与仪器设备的使用

_____；
_____。

注意事项：
_____；
_____；
_____；
_____；
_____。

6）四轮定位仪。

① 根据提供的图片，补充四轮定位仪的类型名称。

_____ _____ _____

② 根据提供的四轮定位仪，进行四轮定位作业，记录四轮定位仪操作步骤及注意事项，教师检查。

操作步骤：
_____；
_____；
_____；
_____；
_____；
_____；
_____；
_____；
_____；
_____；
_____；
_____。

注意事项：
_____；

学习工作页

_____；
_____；
_____；
_____；
_____；
_____；
_____。